일본의 식민지

조선통치 해부

NIHON TOCHIKA NO CHOSEN
by Kentaro Yamabe
ⓒ1971, 1992 by Yoichiro Fujiwara
Originally published 1971 by Iwanami Shoten, Publishers, Tokyo.
This Koran edition published 2011
by Amoonhaksa, Seoul
by arrangement with the proprietor c/o Iwanami Shoten, Publishers, Tokyo.
이 책의 한국어판 저작권은 (주)엔터스코리아를 통한 일본의 Iwanami Shoten, Publishers와의 독점계약으로 도서출판 어문학사가 소유합니다.
신 저작권법에 의하여 한국 내에서 보호를 받는 저작물이므로 무단전재와 무단복제를 금합니다.

일본의 식민지 조선통치 해부

야마베 겐타로山邊健太郎 지음

최혜주 옮김

어문학사

머리말

 이 책은 저자의 『日韓合併小史』(이와나미 신서)에 뒤이어 일본통치 아래의 조선, 즉 총독부시대의 조선을 다룬 것이다. 일본의 35년간 (1910~45)에 걸친 조선통치의 실태와 한국 민중의 모습, 그리고 민중의 저항과 투쟁을 그렸다. 이제까지 이 시기를 다룬 통사는 거의 나오지 않은 것 같다.

 다만 조선총독부가 발간한 『施政三十年史』 같은 책이 두세 권 있을 뿐이다. 그렇지만 이것들은 통치자가 자기가 한 일을 선전하고 조선통치가 얼마만큼 잘 이루어졌는가를 보여주기 위하여 쓴 것이다. 통치에 대한 반성은 조금도 하고 있지 않다. 그리고 조선총독부 관계자들 가운데에는 제2차 세계대전이 끝난 오늘에도 "일본은 조선에서 선의의 악정을 했다"고 말하는 사람이 많다. 이것이 일본의 조선통치에 대한 반성이라고 할 수 있을까?

 이 책에서는 조선통치의 실태를 사실과 자료에 의해서 구명하려고 시도하였다. 그렇게 하기 위해서 자료와 통계를 많이 사용했다. 그러나 공표된 자료가 심하게 분식粉飾 된 것이 많기 때문에 이것들을 될 수 있으면 사용하지 않고, 통치자들이 그들 내부에서 비밀리에 보고하거나 혹은 의논할 때 쓰던 자료들을 사용했다. 그렇지만 이 자료들은 모두가 통치자 측의 자료이다. 지배를 받던 민중 측의 자료는 매우 적을 뿐만 아니라 그것을 입수하기란 매우 힘이 들었다. 그래서 통치자 측의 문서에 의해서 민중의 동태를 파악하려고 하면서도 사정이 허락하는 한 '광주학생사건'과 같이 현지에서 사건의 경과를 알린 투서 같은 것들을 이용했다.

일본의 총리대신 이케다 하야토池田勇人(1899~1965)는 「한일조약」 문제와 관련해서 "조선과 일본 사이의 과거 35년간에 걸친 불행한 역사라고 하지만 과문寡聞한 탓인지 그 당시 어떤 일이 있었는지 알지 못합니다"라는 말을 의회에서 발언한 바 있다. 이 발언은 참으로 무책임하기 짝이 없는 말이다. 한국이 일본의 식민지였다는 사실을 모르는 사람은 아마 없을 것이다. 한국인의 불행은 모두 이 한국의 식민지화에서 비롯된 것이다. 그러나 일본인들은 과거 35년간의 한국사를 잘 알지 못한다. 아니 잘 알려져 있지 않다고 하는 것이 옳을 것이다.

이 책이 한국과 일본 사이의 과거 35년간에 걸친 역사 가운데 특히 일본의 통치 실태에 대한 자료를 다소나마 일본의 독자들에게 제공할 수 있었으면 하는 것이 나의 염원이다.

방대한 원고를 이와나미 신서에 알맞게 정리하는 작업은 대단히 힘들었다. 그동안 친구인 사루와다리猿渡新作 군과 이와나미 신서 편집부의 이와자키岩崎勝海 군이 몇 번이고 원고를 읽고 각기 적절한 조언을 해 주었고, 제작과 교정에 관계한 사람들에게도 많은 신세를 졌다. 그리고 자료에 있어서는 국립국회도서관의 헌정자료실과 동양문고에도 신세를 졌다. 이들 기관과 개인 여러분께 감사의 뜻을 전하는 바이다.

한 가지 더 첨부해 두고 싶은 것은 이 책의 독자들께서 나카즈카 아키라中塚明의 『近代日本と朝鮮』(三省堂)과 박경식朴慶植의 『朝鮮人强制連行の記錄』(未來社)을 한번 읽어 주시면 하는 바람이 있으며 본인도 가까운 장래에 이 책에서 충분히 취급하지 못한 한국독립운동사를 정리해 보고 싶다는 점이다.

1971년 1월

야마베 겐타로

차례

머리말 4

1. 조선총독부　　한국병합의 의의 13

　　　　　　　　조선총독부의 개설 22

　　　　　　　　데라우치 총독의 언론 탄압 28

　　　　　　　　헌병정치 32

2. 조선의 사회 상태　동양척식주식회사 45

　　　　　　　　회사령의 공포와 그 의의 52

　　　　　　　　토지조사 57

　　　　　　　　임야조사 67

　　　　　　　　농민의 상태 72

　　　　　　　　금융과 무역 76

3. 3·1운동과 발단과 배경 91
   민족독립운동의 발전 독립선언 102
   운동의 경과 109
   3·1운동의 진압 136
   3·1운동의 성격 142

4. 사이토 총독의 문화정치 통치의 타협형태 147
   산미증식계획 155
   문화정치의 본질 163

5. 노동자·농민의 운동 조선공산당 177
   신간회 188
   원산총동맹파업 193
   광주학생운동 205
   1930년대 운동의 발전 213
   항일무장투쟁 218

6. 만주사변과 조선　　우가키 가즈시게와 '만주' 223

　　　　　　　　　　　우가키 총독의 농촌진흥운동 227

　　　　　　　　　　　만보산사건 251

　　　　　　　　　　　만주사변 전후의 조선공업 256

7. 대륙병참기지　　　조선경제의 재편성 267

　　　　　　　　　　　이른바 대륙루트에 대하여 276

　　　　　　　　　　　창씨개명 287

8. 태평양전쟁 하의 조선　전시 인플레이션 293

　　　　　　　　　　　공출미와 징용 295

　　　　　　　　　　　지원병제에서 징병제로 301

　　　　　　　　　　　조선어학회사건 304

9. 조선통치의 총결산 309

* 연표 320
* 옮긴이의 말 322
* 색인 325

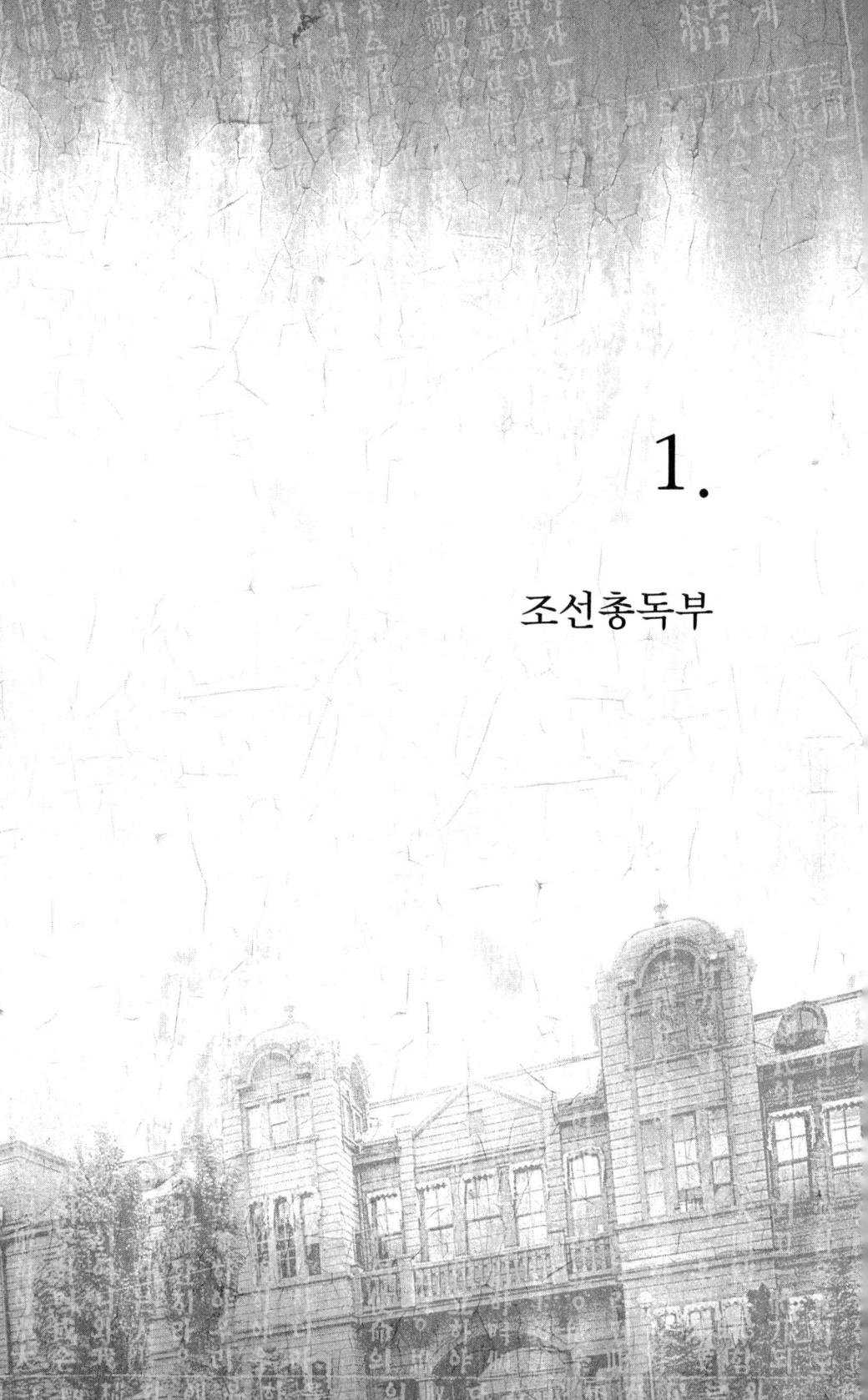

1.

조선총독부

한국병합의 의의

일본이 한국을 '병합'한 것은 1910년(메이지 43년) 8월 29일이지만 병합조약의 조인은 8월 22일이다. 병합이 29일에 이루어졌다는 것은 이 날짜의 「한국을 제국에 병합하는 건」이라는 조서와 조약의 발표가 29일에 있었다는 것 외에 별다른 뜻은 없다. 병합 후의 통치 형태나 총독부관제의 대강 등은 1년 전인 1909년 7월 6일이나 12일 각의에서 이미 결정되어 있었다. 나의 전 저서 『일한합병소사』(이와나미 신서)에는 병합 방법, 순서 조목 등을 써 놓은 구라치 데츠키치倉知鐵吉(전 외무차관)의 각서 별지 제2호의 내용을 소개하지 않았지만 그것은 아래와 같다.

- 조선에는 당분간 헌법을 시행하지 않고 대권大權1에 의해 이를 통치한다.
- 총독은 천황에 직예直隸2하고 조선에서 일체의 정무를 통할하는 권한을 갖는다.
- 총독에게는 대권의 위임에 따라 법률사항에 관한 명령을 내릴 수 있는 권한을 부여할 것. 단 본 명령은 별도로 법령 또는 율령 등 적당한 명칭을 붙인다.
- 조선의 정치는 가능한 한 간이하게 함을 주지主旨로 한다. 따라서 정치기관도 또한 이 주지에 따라 개폐한다.
- 총독부의 회계는 특별회계로 한다.
- 총독부의 정비政費(정무에 필요한 비용-옮긴이)는 조선의 세입으로 충당하는 것을 원칙으로 하나 당분간 일정한 금액을 정해서 본국정부로부터 보충한다.
- 철도와 통신에 관한 예산은 총독부 소관으로 한다.
- 관세는 당분간 현행대로 둔다.
- 관세수입은 총독부의 특별 회계에 귀속토록 한다.
- 한국은행은 당분간 현행조직을 개편하지 않는다.
- 합병실행을 위해 필요한 경비는 금액을 결정하고 예비금에서 이를 지출한다.
- 통감부와 한국정부에 재직하는 제국관리 중 필요하지 않은 자는 귀환

---

1 메이지헌법 하의 천황의 통치권. 특히 제국의회의 참여에 의하지 않고 천황이 행사하는 권한을 말함.

2 천황 또는 중앙정부에 직접으로 소속하는 것.

또는 휴직을 명한다.
- 조선에서의 관리는 그 계급에 따라 가급적 다수의 조선인을 채용하는 방침을 택한다.

부附 헌법의 석의釋義

제국헌법은 한국을 병합한 이상 당연히 이 신 영토에 시행되는 것으로 해석한다. 그러나 사실에서는 신 영토에 대해서 제국헌법의 각 장을 시행치 않는 것이 적당하다고 인정되므로 헌법의 범위 내에서 제외 법규를 제정할 것.

이 결정을 보고 당시 일본에 귀국했던 데라우치 마사다케寺內正毅(1852~1919)[3] 통감은 다음의 병합 처리방안을 각의에 제출하고 결정을 본 후에 이것을 가지고 1910년 7월 23일 인천에 도착했다. 그 요항은 다음과 같다.

---

[3] 야마구치(山口) 현 출신. 프랑스 유학 후 육군사관학교장에 취임하고 청일전쟁 때에는 병참의 최고책임자인 운수통신장관을 지내고, 교육총감(1898), 참모차장(1900)을 지냈다. 육상이 되어 러일전쟁에 공헌하고 한국통감과 조선총독을 겸직하였다. 1916년 총독을 사임하고 내각총리대신이 되었으나 쌀 소동이 일어난 1918년 사임하였다.

제1 국칭의 건(칙령)

한국을 개칭해서 조선으로 한다.

제2 조선인의 국법상 지위

조선인은 특히 법령 또는 조약으로서 별단別段(특별한-옮긴이)의 취급을 할 것을 규정한 경우를 제외하고는 내지인(일본인-옮긴이)과 동일한 지위를 갖는다.

간도 재주자에 대해서는 전항의 조약의 결과로서 현재와 같은 지위를 갖는 자로 간주한다.

외국에 귀화해서 현재 이중의 국적을 갖는 자에 대해서는 추후 국적법이 조선 내에서 시행될 때까지 아국의 이해관계에서는 일본 신민으로 간주한다.

데라우치 마사다케

여기에서 말하는 국적 문제는 여러 가지 재미있는 문제를 포함하고 있다. 데라우치가 일본에 갔을 때에 이 문제를 야마다 사부로山田三良(당시 도쿄제대 교수)에게 물었고, 야마다는 다음과 같은 의견서를 데라우치에게 제출했다. 의견서의 날짜가 7월 15일인 것을 보면 이보다 상당히 오래전에 데라우치가 문의했을 것이다.

병합 후 한국인의 국적 문제

한국을 우리 제국에 병합함에 있어 한국인의 국적 문제에 대해 감히 두세 가지의 졸견을 간략하게 진술해서 청감淸鑒(보시는 데-옮긴이)에 도움이 되고자 한다.

한 나라가 타국을 병합하는데 그 주민 다수의 희망에 따른 것임을 표시하기 위해 소위 국민투표(plebiscite)를 하도록 한 두세 개의 선례가 없는 바는 아니다. 그러나 국제법상 일정한 관례로 하기에는 부족할 뿐 아니라 국법상에서도 이를 인정할 이유가 없기 때문에 한국인민이 병합을 희망하고 안함을 고려할 필요가 없는 것은 명백하다.

그러므로 통감각하가 한국의 병합을 협정하여 우리 정부가 열국에 이를 선언할 때에는 종래 한국 신민이었던 자는 모두 우리 제국의 신민이 되고 우리 국적을 취득해야 하는 것으로 한다.

미국이 하와이를 병합하자 1900년 4월 30일의 조례로서 종래 하와이의 국적을 가졌던 자는 모두 미국 국적을 취득했음을 언명했다.

그러나 한국에는 종래에 확연한 국적법이 존재하지 않았기 때문에 어떠한 인민이 한국인민인지를 알기가 곤란하다. 특히 종래에 이사청理事廳[4]에서는 행정상의 편의를 위해 청국인에게 출가한 한국 여자를 그대로 한국인으로 취급했던 것과 같다. 만약 과연 그렇다고 하면 이는 큰 오해라고 생각한다. 원래 국적은 어느 나라에서도 혈통주의를 원칙으로

---

[4] 1905년 을사조약에 의해 통감부와 함께 설치되었던 지방통치를 위한 기관. 통감부를 경성에, 이사청을 경성·인천·부산·원산·진남포·목포·마산 기타 필요한 곳에 두고 조약에 의한 제반 사무를 맡게 했다. 『주한일본공사관기록』 289호.

하고 있다(일, 러, 청의 국적법도 그러함). 내국인의 자子는 내국인임을 인정하기 때문에 한국에서도 이 원칙에 따라 어떤 사람이 한국인일까를 정해야 할 것이다. 아무리 유치한 국가에서라도 내외의 상혼相婚을 인정하는 이상은 외국인의 처가 된 내국여자는 내국적을 상실하고 남편의 국적을 취득한 것을 인정한다. 그렇기 때문에 한국에서도 또한 반대의 명문이 없는 한 외국인(청국인)의 처가 된 자는 외국인이 되었음을 인정하지 않을 수 없다. 이사청이 이를 아직 한국인으로 취급함과 같은 일은 심한 실태로 생각한다.

국적은 혈통주의를 원칙으로 한다고 해도 이주민이 많은 국가에서는 반드시 이 원칙을 따를 수 없으므로 예외로써 출생지주의를 채택하여 내국에서 출생한 자는 외국인의 자식이라고 해도 이를 내국인으로 한다. 또 내국에 이주해서 그 본국으로 복귀할 의사가 없는 자는 이를 내국인으로 간주하는 경우가 있다. 한국에서는 청국의 국적을 갖고 있는지 그렇지 않은지가 분명치 않은 자로서 한국에 영주할 의사를 갖고 있는 자가 적지 않을 것이다. 이런 인민에 대해서는 일단 일본 국적의 취득을 인정해도 일정한 방식에 의해 그 본국 국적을 선택할 수 있는 자유를 인정함이 정당하다고 생각된다. 이와 같이 종래에 한국인이었지만 병합 당시 외국(제3국)에 거주하고 병합 후 다시 귀국할 의사가 없는 자는 이를 외국인으로 간주해야 할 것이다.

이를 요컨대 종래에 한국 신민이었던 자는 병합에 따라 당연히 일본 국적을 취득한다고 해도 이 때문에 한국인이 전혀 일본인과 동일하게 된 것은 아니므로 오직 외국에 대해 일본 국적을 취득한 것에 불과한 것임을 주의하지 않으면 안 된다. 만약 내국에서의 일본인과 한국에서의 일본인(한국인이었던 일본인과 일본인이었던 일본인)과 공법상의 어떠한 차별을 둘 것인가는 국법상의 문제이다.

1910년 7월 15일 야마다 사부로

이중국적을 인정한 것은 이때까지 한국에는 귀화에 관한 법률이 없었고 미국, 러시아, 중국에 귀화한 조선인이 조선에 돌아와서 독립운동을 하다가 잡히면 외국인으로서의 권리를 주장해서 일본정부를 곤란하게 만들었기 때문이다.

천황의「병합조서」가 나온 같은 날에「한국병합에 관한 조약」이 발표되었다. 이 조약의 제1조는 "한국 황제폐하는 한국 전부에 관한 일체의 통치권을 완전히 그리고 영구히 일본국 황제폐하에게 양여한다"로 되어 있다. 이 조문은 지금까지 여러 가지 곡해와 속설이 있어 온 조문이다. 요컨대 한국을 일본이 병합한 것은 침략에 의한 것이 아니고 통치권의 원만한 양여讓與에 의한 것이라고 하는 것이다.

그렇지만 엄정한 국제법의 학설에 의하면 이와 같은 속설은 성립될 수가 없다. 병합 당시부터 국제법의 학설에 근거해서 이 문제를 취급했던 자가 없었던 것은 아니다. 일본의 입장을 설명하는 데는 이런 속설 쪽이 사정상 유리하기 때문에 학문상의 의론은 그다지 행해지지 않았다. 그러나 다음의 글은 논지가 명쾌하고 또 병합의 의의를 바르게 포착한 것이라고 생각한다.

소위 병합이란 것은 한국의 국제법상의 인격자로서의 존재를 없애고 본래 한국의 영토였던 토지를 일본 영토로 하고, 본래 한국의 국적을 소유했던 인민으로 하여금 일본 국적을 소유하도록 하는 것이다. 바꾸어 말하면 한국이라는 국가를 소멸시키고, 한국 영토권의 목적물이었던 그 신민을 일본 통치권의 목적물로 만드는 것이다. 그렇지만 법리를 바르게 말할 때에는 일본은 한국의 통치권을 양여 받는 것이 아니라 일본 고유의 통치권이 한국의 구 영토에 확대 행사되기에 이른 것이다.[5]

또 내가 앞에서 이미 쓴 것처럼 병합은 그 경과로 보더라도 일본군의 강대한 무력을 배경으로 한국 상층의 일부를 매수해서 이루어진 것이 명백하다.

일본은 병합과 동시에 한국과의 사이에 조약을 체결하거나 한국에서 최혜국 대우를 누리게 된 독일, 미국, 오스트리아, 헝가리, 벨기에, 청국, 덴마크, 프랑스, 영국, 이탈리아, 러시아 등 각국 정부에 대해 4개항에 걸친 선언을 했다. 그 요지는 아래와 같다.

1. 조선에 재류하는 외국인은 일본의 법권法權[6] 아래에 둔다. "현재 조선에 있는 외국영사재판소에 계속繫屬 중인 사건은 최후 결정에 이르기까지 그 재판을 속행할 것을 허락할 것"
2. "금후 10년간 조선에서 외국에 수출하고 또는 외국으로부터 조선

---

[5] 立作太郎, 「韓國合倂國際法觀」, 『法學協會雜誌』 제23권 11호.
[6] 국제법상 한 나라가 외국인에 대해 갖는 민사·형사의 재판권을 말함.

에 수입하는 화물과 조선 개항에 들어오는 외국 선박에 대해서 현재와 동률의 수출입세와 톤세를 부과할 것"
3. 일본과 조약국의 선박에게 금후 조선 개항과의 무역은 그대로 금후 10년간에 한하여 허락한다.
4. 마산포를 폐쇄하고 새로 신의주를 개항하며, 그 외의 개항장은 본래대로 한다.

그 밖에 아르헨티나, 브라질, 칠레, 콜롬비아, 스페인, 그리스, 멕시코, 노르웨이, 네덜란드, 페루, 포르투갈, 태국, 스웨덴, 스위스 등의 각국 정부에 대해서도 일본은 금후 이들 국가와의 조약은 적용할 수 있는 한 조선에도 적용한다는 선언을 동시에 했다. 이로써 일본의 한국병합은 정치상으로나 외교상으로도 완성됐다고 해도 좋을 것이다.

조선총독부의 개설

한국을 병합한 다음 달에 조선총독부관제가 제정됐는데 중요한 조문은 아래와 같다.

> ▶ 조선총독부 설치에 관한 건 발췌(메이지 43년 칙령 제319호)
>
> 조선에 조선총독부를 둔다.
>
> 조선총독부에 조선총독을 두고 위임된 범위 내에서 육해군을 통솔하고 일체의 정무를 통할토록 한다.
>
> 통감부와 그 소속관서는 당분간 이를 존치存置하고 조선총독의 직무는 통감으로 하여금 이를 집행하도록 한다.
>
> 종래 한국정부에 속했던 관청은 내각과 표훈원表勳院7을 제외하고 조선총독부 소속관서로 간주하고 당분간 이를 존치한다. (이하 생략)

---

7 훈장·記章·賞輿의 일을 맡아본 관청. 고종 31년(1894) 충훈부를 紀功局으로 고쳐 의정부에 속하게 하고, 1899년 표훈원을 설립해서 독립시키고 1905년에 표훈사로 고쳐 다시 의정부로 옮겼다가 그해에 표훈원으로 독립하였다.

▶ 조선총독부관제 발췌(메이지 43년 칙령 제354호)

제1조 조선총독부에 조선총독을 둔다. 총독은 조선을 관할한다.

제2조 총독은 친임親任(천황이 직접 임명하는 것-옮긴이)으로 하며 육해군대장으로서 이에 보한다.

제3조 총독은 천황에 직예하며 위임된 범위 내에서 육해군을 통솔하고 조선 방비防備의 일을 관장한다. 총독은 제반 정무를 통할하여 내각총리대신을 거쳐서 상주하고 재가를 받는다.

제4조 총독은 그의 직권 또는 특별한 위임에 의해 조선총독부령을 발하며 이에 1년 이하의 징역 또는 금고, 구류, 200원 이하의 벌금 또는 과료科料의 벌칙을 부과할 수 있다.

제5조 총독은 관할관청의 명령 또는 처분으로서 규제에 위배되고 공익을 해치든지 또는 권한을 범하는 것이 있다고 인정할 시는 그 명령 또는 처분을 취소 또는 정지할 수 있다.

제6조 총독은 소관부서의 관리를 총독統督하며 주임奏任문관의 진퇴는 내각총리대신을 거쳐서 이를 상주하고 판임判任문관 이하의 진퇴는 이를 전행專行8한다.

제7조 총독은 내각총리대신을 거쳐서 소관부서 문관의 서위敍位 서훈敍勳을 상주한다.

제8조 총독부에 정무총감을 둔다. 정무총감은 친임으로 한다. 정무총감은 총독을 보좌하고 각 부국의 사무를 감독한다.

---

8 자신의 판단으로만 행하는 것을 말함.

제9조 총독부에는 관방官房과 다음의 5부를 둔다.

총무부 내무부 탁지부 농상공부 사법부

(중략)

제21조 총독부에 총독 부속의 무관 2인과 전속부관 1인을 둔다.

이 제21조는 총독이 조선에서 군사상의 권력을 장악하고 있기 때문에 설치된 것으로, 총독부 소속 무관은 육해군 소장 또는 좌관佐官[9]이었으며 그 직무는 참모였다.

또 그 기구는 다음 표와 같지만 소속관서란 종래의 한국정부에 소속했던 것 가운데 내각과 표훈원을 제외하고 조선총독부에 소속시킨 것이다.[10]

그러나 이 총독부관제로 보아서는 조선의 입법을 어떻게 하는 것인지를 알 수가 없다. 정부는 긴급칙령으로 조선총독에게 입법권을 위임하려고 했지만 제27회 제국의회에서는 승인을 얻지 못했다. 다음 해인 1911년(메이지 44년) 같은 의회에 법률로 제출해 가결됨으로써 법률 제30호로서 공포되었다. 전문은 다음과 같다.

---

9 군대 계급의 하나로 將官의 아래, 尉官의 위에 위치한다.
10 조선총독부, 『朝鮮ノ保護及倂合』에 게재된 〈도표1〉에 의해 제작(1911년 3월 말 현재).

도표1 • 조선총독부기구

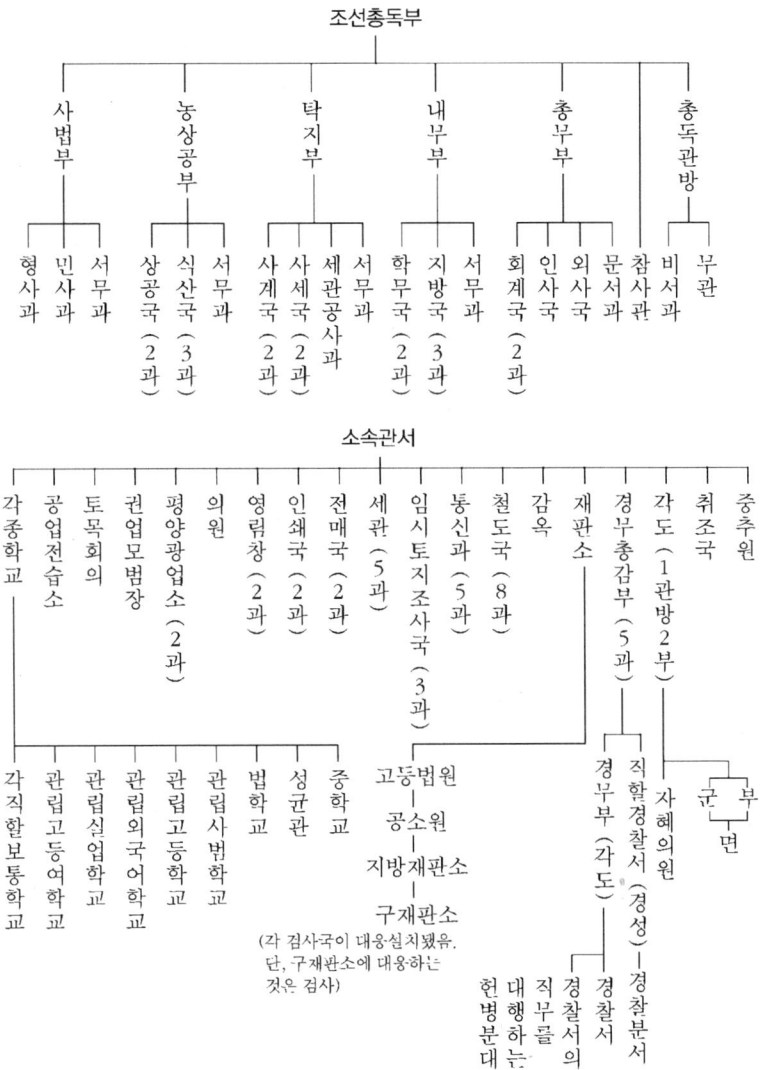

1. 조선총독부

▶ 조선에 시행할 법령에 관한 법률

제1조 조선에서는 법률을 요하는 사항은 조선총독의 명령으로서 이를 규정할 수 있다.

제2조 전조前條의 명령은 내각총리대신을 거쳐서 칙재勅裁11를 주청奏請해야 한다.

제3조 임시 긴급을 요하는 경우에는 조선총독은 즉각 제1조의 명령을 발포할 수 있다. 전항의 명령은 발포 후 즉시 칙재를 청해야 한다. 만약 칙재를 받을 수 없을 때에는 조선총독은 즉시 그 명령이 그 후부터 효력이 없음을 공포해야 한다.

제4조 법률의 전부 또는 일부를 조선에서 시행함을 요하는 것은 칙령으로서 이를 정한다.

제5조 제1조의 명령은 제4조에 의해 조선에서 시행하는 법률과 특히 조선에서 시행할 목적으로 제정한 법률과 칙령에 위배할 수 없다.

제6조 제1조의 명령은 제령制令12이라 칭한다.

부칙 본법은 공포일로부터 이를 시행한다.

조선총독은 이 제령 공포권을 가지고 조선의 사법, 행정, 입법의 3권을 한손에 장악하게 되었다.

---

11 메이지헌법 하, 천황이 다른 기관의 참여를 기다리지 않고 직접으로 재결하는 것.
12 조선총독이 勅裁를 거쳐 발하는 내지의 법률에 대신하는 명령이다.

병합 직후 초기의 총독부청사(위)와
경무국(아래)

이 점은 대만총독도 마찬가지로 대만에서는 총독을 토황제土皇帝13라고 했는데, 조선에서도 총독은 토황제인 것이다. 다음에 이 토황제가 한 것을 보기로 하자.

---

13 토는 토착의 의미. 일본은 1895년 시모노세키조약의 체결부터 1945년까지 대만을 통치했다. 대만총독은 내각총리대신, 내무대신, 척무대신의 지휘 감독을 받게 되었으며, 천황 직예의 조선총독보다 지위가 낮았다.

1. 조선총독부 **27**

데라우치 총독의 언론 탄압

데라우치 총독의 무단정치는 정평이 나 있었는데, 당시 조선에 있었던 일본인 기자 샤쿠오 도호釋尾東邦14는 "각종 취체령取締令을 남발해서 이를 극단으로 힘쓰게 하고 일반 인민의 자유를 구속해서 마치 군대에 있는 것 같이 생각되게 함으로써 조선반도는 완전히 군영화되었다"15라고 말했는데 실제로 그대로였다. 이제 그가 한 일을 구체적으로 열거해 보자.

첫째로 일체의 정치결사를 해산한 일이다. 결사에는 일진회, 대한협회, 서북학회, 국민동지찬성회國民同志贊成會, 국민협성회國民協成會, 유생협동회儒生協同會, 합방찬성건의소合邦贊成建議所, 진보당, 정우회, 평화협회, 국시유세단國是遊說團, 국민대연설회가 있었다. 1주일 동안 잔무 정리 유예기간을 주고 해산시켰다.

---

14 오카야마(岡山) 현 출신으로 철학관(도요대학의 전신)을 졸업하고 1900년 부산의 개성학교에서 교편을 잡았다. 1903년 이후 경성에서 조선을 연구하고 잡지 〈朝鮮〉, 〈朝鮮及滿洲〉를 경영한 언론인이다.

15 釋尾東邦, 『朝鮮倂合史』, 朝鮮及滿洲社, 1926.

경성일보사

다음에는 일체의 정치집회, 강연회, 연설회를 금지했다. 신문은 닥치는 대로 발매를 금지했는데 단순히 기사의 취체뿐만이 아니라 어용신문 이외의 신문을 조선으로부터 일소해 버리려고 한 것이다. 그러기 위해 우선 가장 강경한 반일신문이었던 〈대한매일신보〉의 경영자 베델 Ernest Thomas Bethel(1872~1909)이 죽은 후 이를 바로 매수해서 〈경성일보〉라는 어용신문으로 만들어 버렸다. 그로부터 이 신문의 주간은 총독이 갈릴 때마다 바뀌었고, 운영은 총독부의 보조금으로 운영되도록 했다. 그 밖에 〈서울프레스〉라는 대외 선전용의 어용영자신문을 만들었으며, 조선인이 경영하는 〈매일신보〉도 어용신문으로 만들었다. 이로써 일본인용, 조선인용, 대외선전용으로 세 가지 신문이 총독부의 어용신문이 된 것이다.

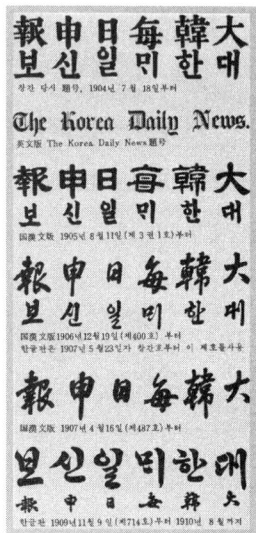

아카시 모토지로   대한매일신보의 제호

조선인의 신문으로는 이 〈매일신보〉외에는 모두 폐간시킨 것은 말할 필요가 없다. 이와 같은 방법에 의한 신문 박멸은 주로 조선주차 헌병사령관 아카시 모토지로明石元二郞(1864~1919)[16]의 헌책獻策에 근거한 것이다. 지방지 가운데도 일본인이 경영하는 것이 있었지만 한 도시에 한 개의 신문이 고작이었고, 조선인이 경영하는 신문은 전부 금지하였다.

데라우치 총독의 방법이 일본의 신문업계에 상당히 평판이 나빴던 것은 일본에서 오는 신문이라도 총독부를 비판하는 기사가 있는 것은

---

[16] 후쿠오카(福岡) 현 출신. 육사·육군사관학교 졸업. 프랑스공사관 무관·러시아공사관 무관, 러일전쟁에서 첩보활동. 1910년 데라우치 통감 아래에서 헌병사령관과 경무총감을 겸하고 한국병합 과정에서 무단정치를 추진하였다. 6사단장을 거쳐 1918년에 대만 총독을 지내고 육군대장에 승진하였다.

전부 이입을 금지했기 때문이다. 당시 일본의 언론계는 반일적인 조선 신문의 금지에 대해서는 찬성하고 있었다.

헌병정치

경찰기구는 조선의 치안을 유지하기 위해 총독부의 행정권에서 독립하여 다음과 같은 기구로 되어 있었다. 이는 총독 직속의 기관으로서 통감부시대의 기구를 그대로 이어받은 것이다.

> ▶ 통감부 경찰서관제 발췌(메이지 43년 칙령 제296호)
> 제1조 통감부 경찰관서는 통감의 관리에 속하며 한국에서 경찰사무를 관장한다.
> 제2조 통감부 경찰관서는 경무총감부警務總監部, 경무부와 경찰서로 한다.
> 제3조 경무총감부는 이를 경성에 두고 한국에서 경찰사무를 총리하며 겸하여 황궁皇宮과 경성의 경찰사무를 관장한다.
> 제4조 경무부는 이를 각 도에 두고 도내의 경찰사무와 관내 경찰서의 감독을 관장한다. 경찰서는 필요한 곳에 이를 설치하며 관내의 경찰사무를 관장한다. 경무부와 경찰서의 위치와 관할구역은

통감이 이를 정한다.

(중략)

제6조 경무총장은 한국주차헌병의 장인 육군장관으로서 이에 충당한다. 경무총장은 경무총감부의 장이 되며 통감의 명을 받아 부무部務를 총리하고 경찰관서의 직원을 지휘 감독한다.

(중략)

제8조 경무부장은 각 도 헌병의 장인 헌병 좌관佐官으로서 이에 충당하며 경무총장의 명을 받아 부무를 장리掌理하고 부하직원과 관내 경찰서의 직원을 지휘 감독한다.

제9조 경무총장은 경성에서, 경무부장은 그 관내에서 효력을 갖는 명령을 각기 그 직권 또는 위임에 의해 발할 수 있다.

제10조 경찰서장은 경시 또는 경부로서 이에 충당하며 상관의 명을 받아 서무를 장리하고 부하 직원을 지휘 감독한다.

(이하 생략)

병합 후에는 이 규정에 몇 글자만 바꾸어 놓고 다음과 같이 추가했을 뿐이다. 이것으로 헌병정치의 법적 기구가 완성된 셈이다.

▶ 통감부 경찰관서관제 중 개정발췌(메이지 43년 칙령 제358호)

'통감'을 '조선총독'으로 '한국'을 '조선'으로 개정함.

제8조에 다음의 1항을 첨가함. 경무부장은 도장관의 명에 의해 도행정의 집행에 협조하고 또는 지방경찰사무에 관해 도장관의 명을 받아

필요한 명령을 발하고 또는 처분을 해야 한다.

제9조 경무총장과 경무부장은 각기 그 직권 또는 위임된 범위 내에서 명령을 발할 수 있다.

한편 헌병조령憲兵條令도 다음과 같이 결정되었다.

▶ 조선주차헌병조령(메이지 43년 9월 10일 칙령 제343호)

제1조 조선주차헌병은 치안유지에 관한 경찰과 군사경찰을 관장한다.

제2조 조선주차헌병은 육군대신의 관할에 속하며 그 직무의 집행에 대해서는 조선총독의 지휘감독을 받고 군사경찰에 대해서는 육군대신과 해군대신의 지시를 받는다.

제3조 헌병장교, 준사관准士官, 하사, 상등병에 대해서는 조선총독이 정하는 바에 따라 재직인 채로 경찰관의 직무를 집행토록 할 수 있다.

제4조 전조前條의 규정에 따라 경찰관의 직무를 집행하는 자는 그 경찰사무에 관한 직권을 갖는 상관으로부터 명령을 받았을 때에는 곧 이를 시행해야 한다.

(중략)

제17조 헌병대에 헌병보조원을 부속한다. 헌병보조원의 취급은 그 직무에 상응해서 헌병 상등병 또는 육군 일, 이등 졸병에 준한다.

제18조 헌병의 복무와 헌병보조원에 관한 규정은 조선총독이 이를

정한다.

부칙   본령은 공포한 날로부터 이를 시행한다.

메이지 40년 칙령 제323호는 이를 폐지한다.

다음은 악명 높은 헌병정치의 내용인데 조선에는 문관인 경찰관이나 경찰이 있기는 했지만 경찰의 주력은 헌병이었다. 그 임무는 1. 첩보수집, 2. 폭도토벌, 3. 장교와 하사의 검사사무 대리, 4. 범죄의 즉결, 5. 민사소송의 조정, 6. 집달리 업무, 7. 국경세관 업무, 8. 산림감시, 9. 민적 사무, 10. 외국여권, 11. 우편 호위, 12. 여행자 보호, 13. 종두, 14. 도수屠獸 검사, 15. 수출우 검역, 16. 우량관측, 17. 수위측량, 18. 해적, 밀어선, 밀수입의 경계 취체, 즉 경비선에 관한 업무, 19. 해수害獸 구제驅除, 20. 묘지 취체, 21. 노동자 취체, 22. 재류 금지자 취체, 23. 일본어 보급, 24. 도로 개수, 25. 국고금 및 공금의 경호 26. 식림농사 개량, 27. 부업 장려, 28. 법령 보급, 29. 납세 권고 등에까지 영향력을 행사했다.

조령 제17조로 정식화 된 헌병보조원은 이 조령이 제정되기 이전부터 있었다. 주로 헌병 분견소分遣所 소재지에서 모집한 남자에게 한국정부가 부담하는 무기를 지급하고 직접 헌병의 수족으로 부렸던 것이다. 처음에는 우선 약 4,000명이 모집되었고, 1909년(메이지 42년) 1월에는 헌병 1명에 세 사람 꼴로(약 6,000명) 증원했다. 그렇게 해서 헌병 분견소도 457개 소로 늘어나서 매우 세분된 지역을 담당하게 되었다. 헌병보조원은 1개월에 8원에서 16원을 지급받는 것 외에 특별수당, 야근수당 등도 수여되어 꽤 좋은 대우를 받았다. 헌병보조원의 참가로 일본군은 지방의 사정을 상세히 알 수 있게 되었다. 헌병보조원 중에는 의병 속에 숨어들어 첩보활동을 해서 일본군을 도운 자도 있었다.

헌병보조원이 호랑이의 위세를 빌려서 나쁜 짓을 한 것은 대단했다. 당국(일본당국-옮긴이)에서조차 "그들은 입대 후에 점차 규율에 익숙해지고 근무에 숙달되었기 때문에 일반적으로 경찰력을 증가해서 벽지에 이르기까지 헌병의 위력을 보급시켜 치안을 유지하는 데 지대한 효력을 거두었다. 하지만 본래 교육을 못 받은 자가 많아서 자주 관청의 위세를 남용해서 부정행위를 감히 행하는 자가 있는 것은 처음부터 어쩔 수 없는 형편이었다"17고 말했다.

그리고 이 헌병보조원은 의병운동이 수그러짐에 따라 정비되고, 사이토 마코토齋藤實(1858~1936)18 총독의 이른바 '문화정치'에 의해 1919년(다이쇼 8년) 헌병정치가 폐지됐을 때에 전원 순사로 채용되었다. 1910년 12월 말 현재 경찰기관의 배치와 직원 수는 다음의 〈표1〉과 같다.

조선인의 헌병정치에 대한 공포는 병합 전의 러·일 전쟁 당시의 군율로 거슬러 올라간다.

사이토 마코토 총독

---

17 조선주차군 사령부편, 『朝鮮駐箚軍歷史』

18 오슈(奧州) 시 출신. 해군병학교를 졸업하고 여러 보직을 거쳐 해군대신(1906)에 취임하였다. 해군대장에 진급하고 2년 뒤 해군대신을 사임하여 예비역에 편입되었다. 1919년과 1929년 두 차례 조선총독에 취임한 이래 총리대신, 외무, 문부대신을 역임하였다. 1936년 2·26사건으로 암살당한다.

헌병정치는 우선 서울에서 시행됐고 뒤에 한국 전토全土에 이르게 되었다. 처벌 대상도 처음에는 군용전선이나 철도에 피해를 준 자는 총살한다는 규정이 나중에는 군용 영조물, 무기, 탄약, 군수품을 절취·훼손한 자에까지 미쳤다. 그런 사건을 수사하는 것이 헌병이었기 때문에 조선인이 헌병을 얼마나 무서워했을까를 알 수 있을 것이다. 또한 군율 위반자가 마을 안에서 생겼을 경우에는 전 촌민에게 책임을 지우고 "가해자가 나포되지 않을 경우에는" 촌장을 수좌首座로 하는 부락의 중심이 된 자를 "태벌笞罰 또는 구류에 처한다", "구류 중에는 침구와 음식은 본인이 마련한다"고 하는 규정을 내세웠다.

원래 조선주차 헌병대가 시행한 군사경찰이라고 하는 것은 "보통경찰에 대한 호칭이 아니고 치안경찰을 군에서 시행한 것을 뜻하는 것"이기 때문에 앞에 열거한 헌병의 임무는 러·일 전쟁 때부터 계속되었던 것이다.

표1 · 경찰기관의 배치

(1910년 12월 말 현재)

종별	배치수							경무직원수					
보통경찰	경무부	경찰서	경찰분서	수상경비소	순사주재소	순사파출소	계	경무부장	경무관	경시	경부	순사	순사보	계
	13	100	5	2	269	91	480	13	3	44	268	2,234	3,131	5,693
경찰관의 직무를 행하는 헌병	헌병분대	헌병분견소	헌병파견소	계	장교	하사	상등병	보조원	계
	77	502	61	640	77	188	742	1,012	2,019

(비고) 표 가운데 조선인 직원은 경무관 1명, 경시 14명, 경부 101명, 순사 181명, 순사보 전부 3,131명, 총계 3,428명. 헌병보조원 1,012명은 전부 조선인(『朝鮮總督府 施政年報』 메이지 43년 판)

조선의 경찰제도에서 일본의 제도와 많이 다른 것은 1910년(메이지 43년) 12월 제령 제10호로 공포된 범죄즉결례犯罪卽決例다. 이것은 다음과 같은 죄에 대해서는 경찰서장 또는 이와 동일한 직무를 취급하는 헌병 분대가 재판소의 재판에 의하지 않고 즉결할 수 있다는 규정이다. 그 죄는 다음과 같다.

1. 구류, 태형(태형은 조선인에 한함) 또는 과료의 형에 해당하는 죄.
2. 3개월 이하의 징역 또는 100원 이하의 벌금이나 과료의 형에 처할 도박죄, 구류 또는 과료의 형에 처해야 할 상해에 미치지 않는 죄.
3. 구재판소區裁判所의 재판권에 속하는 사건으로 구한국 형법대전에 규정되어 있는 3개월 이하의 징역형에 처할 상해죄.
4. 구재판소의 재판권에 속하는 사건으로 3개월 이하 또는 100원 이하의 형벌에 처해야 할 행정법규를 위반한 죄.

그런데 일본에서 경찰서장이 즉결할 수 있는 죄의 한도는 20원 이하의 과료와 30일 이하의 구류에 처할 범죄까지였다. 조선총독부는 조선에서 즉결처분의 범위가 넓어진 이유를 다음과 같이 말하고 있다.

즉결처분을 받는 자의 다수는 사실상 조선인으로 그들은 습관상 권리에 대한 관념이 부족하다. 따라서 범죄에 대해 사법 관아에서 재판을 받거나 행정관청에서 즉결되거나 그간에 어떠한 차별이 있는 것조차 알지 못하는 자들이다. 물론 즉결처분에 불복하는 자는 그가 내지인(일본인 –

옮긴이)이건, 외국인이건 또는 조선인이건 불문하고 어떠한 경우에도 자유로이 정식 재판을 청구할 수 있는 길이 있다. 뿐만 아니라 사회상 상당한 지위를 갖는 자에 대해서는 경찰관청에서 즉결처분을 하기 전에 관할 지방재판소 검사정檢事正의 지휘를 받아야 하는 규정이 있으므로 본 즉결처분은 비교적 안전한 처분법이라고 할 수 있다.[19]

요컨대 일본인은 정식 재판을 받을 수 있지만 조선인은 행정관에 의해 형벌을 받는 것이다.

이와 같은 제도를 만든 것이 총독의 위임입법을 규정한 제령이다. 조선이나 대만은 일본의 영토지만 헌법이 시행되지 않고 총독이 사법, 행정, 입법의 삼권을 한손에 움켜쥐고 법률에 대신하는 총독의 명령을 낼 수가 있기 때문이었다. 이 명령을 조선에서는 제령制令, 대만에서는 율령律令이라고 했다.

이 율령에 관한 것은 처음 의회에서 문제가 되었다. 대만에서 헌법이 시행되는 것인가 아닌가 하는 문제로 의회에서 논쟁이 계속되어 학자들 사이에도 논란이 있었다. 정부도 이 의논으로 곤란을 겪고 있어서 조선에서는 애당초 헌법을 시행하지 않을 의도를 갖고 있었다. 또 대만의 식민지 지배로 이익을 얻은 일본인의 사고방식이 바뀌어 있었기 때문에 조선에서 헌법을 시행할 것인지의 여부는 전혀 논의될 일이 없었던 것이다.

---

19 『朝鮮總督府施政年報』 메이지 43년판.

다음은 잔혹한 태형에 대해 살펴보자. 이것도 조선인에게만 적용하는 형벌이었다. 대체로 근대법 아래에서는 생각할 수 없는 형벌이다.

이 태형은 1912년(다이쇼 1년) 12월 30일 훈령 제40호의 태형집행요령에 의해 수형자를 형판에 붙들어 매고, 수형자의 울부짖는 소리가 외부에 들리지 않게 입을 틀어막는 헝겊을 대고, 둔부를 노출케 한 채 태를 친다는 매우 잔학한 형벌이었다. 뿐만 아니라 이렇게 간단히 시행될 수 있는 형벌이었기에 아무렇게나 남용되었다.

예를 들면 면화를 재배시킬 때는 "군청으로 군수를 방문하고 청을 드려 재배자를 물색해서 호출하고, 꼭 파종하도록 엄중히 말을 전하도록 했다.

태형 집행 광경

그런데 그 사람이 아주 완고해서 여간해서는 응하지를 않았다. 그래서 군수는 이에 태형을 명하고 처음에는 가볍게 때렸는데 그래도 승낙을 하지 않아 점점 세게 때리도록 해서 볼기를 20대 때려 거의 국부가 빨갛게 부풀어 오를 때쯤 되자 드디어 항복하고 파종할 것을 승낙했습니다." 이것이 조선 농회의 좌담회에서 실제를 본 사람이고 또 조선인에게 면화재배를 시켰던 지바千葉喜千彌의 담화이기에 어이없는 일이 아닐 수 없다.

2.

조선의 사회 상태

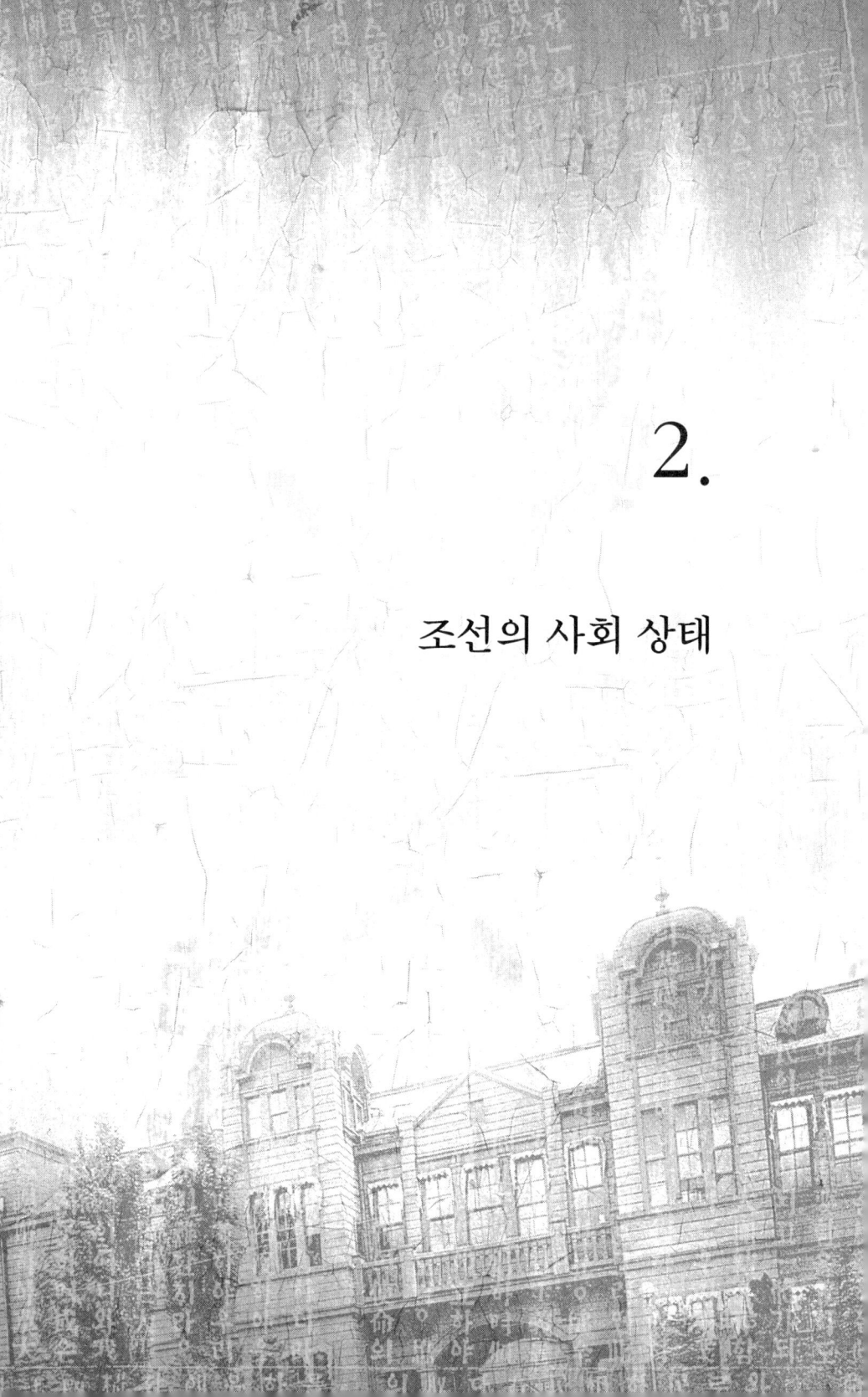

동양척식주식회사

일본 통치하에서 조선의 사회 상태를 논할 때 동양척식주식회사東洋拓殖株式會社(이하 동척으로 약함)의 존재를 무시할 수 없다. 동척의 성립은 병합 이전이지만 설립의 주도권은 일본 정부가 가지고 있었다. 회사 설립안은 1907년 (메이지 40년) 12월 가쓰라 타로桂太郞(1848~1913)[20]가 회두로 있던 동양협회로부터 내각에

가쓰라 타로

한국의 '척지식민拓地殖民'을 위해 식민회사를 만들어야 한다는 의견이 제출되면서부터 만들어졌다. 각의도 이 의견을 받아들여 다음 해 3월 '동양척식주식회사법안'을 제24회 제국의회에 제출하여 중의원에서 두세 가지의 수정을 가한 후 1908년 3월 26일 양원을 통과하였다.

---

[20] 야마구치 현 출신으로 메이지유신 후 독일에 유학하였다. 귀국 후 야마가타 아리토모에게 군제를 익히고 육군차관, 대만총독을 역임한 뒤, 육군대신과 수상에 취임하였다. 다쿠쇼쿠(拓植)대학의 전신인 대만협회학교를 창설했다.

동양척식주식회사

당시는 아직 형식상으로는 한국이 독립국이었기 때문에 한국에서도 이 법률에 상응하는 법률을 8월 27일에 공포하고 동시에 한일 간의 계약에 따라 회사의 감독권을 일본정부에 위임했다.

동양척식주식회사법의 제11조에서 회사의 업무를 규정하고 있는데 그것에 의하면,

1. 농업
2. 척식을 위해 필요한 토지의 매매와 대차貸借
3. 척식을 위해 필요한 토지의 경영과 관리
4. 척식을 위해 필요한 건축물의 축조 매매와 임대
5. 척식을 위해 필요한 한일 이주민의 모집과 분배

6. 이주민과 한국 농업자에게 척식상 필요한 물품의 공급과 그 생산 또는 획득한 물품의 분배

7. 척식상 필요한 자금의 공급

이라고 되어 있다. 그렇지만 제5항의 한일 이주민의 한韓 이주민과 제6항의 한국 농업자라는 말은 그냥 장식에 불과한 것이다. 또 한국척식이라고 하지 않고 '동양척식'이라고 한 것도 의회의 설명에서는 타국의 국명을 가지고 아국의 법률로 하는 것은 온당치 않기 때문에 '동양'이라고 했다는 주지의 설명을 하고 있다. 한국 측 발기인인 한상룡韓相龍의 말대로 '한국척식'이라고 하면 한국민의 반감을 사게 되므로 '동양척식'으로 했다고 하는 것이 진정한 이유일 것이다.

어쨌든 회사의 설립이 법률로 결정되었기 때문에 한국정부가 임명한 설립위원 33명, 일본정부가 임명한 82명은 9월 21일 도쿄에 모여서 회사의 정관을 결정하였다. 자본금은 1,000만 원(1주 50원, 20만 주)으로 하고 10월에 주식을 모집했다. 주주는 한·일 양국인에 한정되어 있고 한국정부 출자분 6만주, 중역 우선주 1,000주를 공제한, 139,000주에 대해 4,665,621주로 실로 35배의 신청이 있었다. 제1회 불입은 4분의 1로서 8,300주를 한국과 일본의 황실, 황족에게 주는 우선주로 하고, 나머지는 신청주에 대해 나누어서 모집주의 수를 할당했다. 한국정부의 불입출자는 현물, 즉 토지였다. 12월 14일 제1회 불입이 끝나 28일에 창립총회를 개최하고 임원 인사를 결정했다. 임원은 총재와 부총재는 임기 5년으로 정부 임명이고, 이사는 3명 이상으로 임기는 4년으로

50주 이상의 주주 중에서 2배의 후보자를 선발해서 정부가 그중에서 임명했다. 감사의 임기는 2년으로 30주 이상의 주주 중에서 총회가 선임했다. 역대 총재는 전부 일본인이고 부총재는 처음에 민영기閔泳綺가 있었던 외에는 전부 일본인이었다. 이사는 한상룡만을 제외하고 나머지는 전부 일본인이었으며, 감사에는 조선인이 다섯 사람밖에 없었다(1945년까지).

회사의 영업상황과 경영 토지는 〈표2-1〉대로며, 정부 임대지라고 하는 것은 제1회 현물출자 토지의 인도를 받은 나머지의 불입출자 예정지로서 임대해 받은 것이다. 이상의 토지 외에 따로 매수한 토지는 〈표2-2〉와 같다. 1910년도의 임대지와 매수지에 다소의 차이가 있는 것은 임대지의 일부를 돌려주고 유리한 대지와 교환하고, 또 새로이 토지를 매입했기 때문이다. 이들 토지는 이민 대부지貸付地 외에는 전부 조선인에게 소작을 주고, 토지 관리를 위해 각지에 출장소를 두고 경기도 뚝섬에 직영농장을 만들었다.

일본정부는 또 회사설립 후 8년 동안은 매년 30만 원円의 보급금을 내고 사채社債 2,000만 원 한도 내에서 원리보증元利保證도 했다. 회사의 자본금은 최초 1,000만 원이었던 것을 1918년(다이쇼 7년)의 주주총회의 결의에 따라 자본금을 다시 1,000만 원 증액했다.

"한국을 지도 계발함으로써 조선민족으로 하여금 문명의 혜택을 받도록 하는 국제적 사명"과 "식산흥업을 진흥함으로써 조선민족의 생활을 향상시킴과 동시에 국가재정의 자원을 배양한다"는 것이 회사설립의 취지였다. 그러나 이것도 간판뿐이지 실제로는 조선농민의 희생으로 극히 소수인 조선의 부르주아와 일본의 부르주아가 돈을 버는 것이 회사의 목적이었다는 사실을 보여주고 있다.

이러한 조치는 영리회사로서 당연한 일이다. 회사의 영업보고에도 "당사 수입의 대종을 이루는 것은 대부금 이식, 유가증권 수입과 농지 산림 수입의 세 가지이다. 대부금 이식이란 보통 대부금의 이식을 말하고, 유가증권수입이란 관계회사 투자에서 생기는 주식배당과 인수사채와 소유국채에 대한 이자 등을 말한다. 농지산림 수입의 주된 것은 농사경영에서 생기는 농산물 수입과 산림경영에서 생기는 임산물 수입 등"이라고 했다. 조선총독부의 전 재무국장도 이렇게 술회하고 있다.

"동척은 일반은행과 같이 예금을 하지 않는 금융기관이다. 그래서 돈을 대출할 때에는 저당을 잡는데, 토지 외에는 없다. 메이지 말년부터 다이쇼 초에는 저당 잡는 물건은 토지 외에는 없었다. 재산이라고 하는 것이 없었다. 토지를 저당으로 잡는다. 조선인에게는 돈을 돌려 줄 수 없었다. 토지는 저당 기한이 넘으면 모두 동척의 것이 된다. 이것이 일종의 원한이 된다. 돈을 빌려 주고 적지 않은 토지를 거둬들였다."

이런 짓을 해서 돈을 버는 것이 회사의 진정한 목적이었다. 영리를 목적으로 하지 않는 영리회사란 있을 리가 없다.

또 동척은 일본으로부터 농업 이민을 조선에 보내고 있었는데 이 이민의 모집은 1910년(메이지 43년)부터 시작해서 해마다 모집되었다. 1926년(다이쇼 15년)까지 17회에 걸쳐 실시해서 9,096호의 농가가 조선에 몰려왔다.

표2-1 • 동양척식주식회사 영업개황

(단위 : 원)

연도	자본금		구한국정부출자금	준비금	손익감정			배당금	배당률
	공칭	불입			총익금	총손금	이익금		
1908	10,000,000	2,500,000	750,000	15,300	311,975	159,754	152,221	26,000	0.6%
1909	10,000,000	2,500,000	750,000	55,500	661,407	260,700	400,707	150,000	0.6%
1910	10,000,000	2,500,000	750,000	126,000	1,268,569	564,714	703,854	150,000	0.6%

(비고) 표 중의 구한국정부출자금 75만 원은 이에 상당하는 토지를 제공한 것이다. 불입자본금 250만 원 내에 포함된 것으로 한다. 숫자는 각 연도 말 현재.

표2-2 • 동양척식주식회사 경영 토지

(단위 : 정)

연도	구한국정부 출자 토지			중부 임대지 면적				매수지 면적			
	논	밭	계	논	밭	대지천구중의 분	계	논	밭	잡종지	계
1909	1,830	606	2,436	5,505	1,778	—	7,283	2,082	266	—	2,348
1910	1,830	606	2,436	5,237	2,167	80	7,485	6,813	1,695	91	8,599

(비고) 숫자는 각 연도 말 현재.(『조선총독부시정연보』 메이지 43년 판)

농업이민을 식민지에 보내는 구상은 대만의 점령소유로부터 시작되었다. 대만에서 이 일을 담당했던 도고 미노루東鄕實(1881~1959)21가 이민의 목적은 식민지에서는 언젠가 민족적 자각이 생겨서 사회적 불안이 일어나게 되기 때문에 식민지의 요소에는 모국의 이민을 넣어 둘 필

---

21 가고시마(鹿兒島) 현 출신으로 농학자·식민정책학자·정치가. 1905년 삿포로농학교(지금의 홋카이도대학 농학부)를 졸업하고 베를린대학에서 유학한 뒤 돌아와 대만총독부의 기사, 관방조사과장이 되었다. 1924년 이후 정치가로 활동하고 다음과 같은 저술이 있다. 『日本植民論』(文武堂, 1906), 『臺灣農業植民論』(富山房, 1914), 『世界改造と民族心理』(1922), 『精神文化の建設』(1923), 『植民政策と民族心理』(岩波書店, 1925), 『植民夜話』(岩波書店, 1926).

요가 있다고 말한 것에 주의하고자 한다. 일본은 만주사변 이후에 만주에도 농업이민을 보냈다. 즉 대만에서 했던 일을 조선에서 했고, 다시 그것을 만주에서도 했다.

  1917년(다이쇼 6년)에 동양척식주식회사법의 개정을 단행해서 "한국에서 척식사업을 경영한다"를 "조선과 외국에서의 척식자금의 공급, 기타 척식사업의 경영"이라고 그 목적을 변경했다. 1917년이라고 하면 일본자본주의가 제1차 세계대전의 덕택으로 비약적인 발전을 했던 해였다. 동척의 발전도 일본의 제국주의적 발전에 힘입은 것이었다고 할 수 있다. 이 회사법 개정 이후 동척은 문자 그대로 동양척식주식회사가 되었다.

회사령의 공포와 그 의의

데라우치 총독의 악정 중에 일본인에게도 평판이 좋지 않았던 것은 회사령이었을 것이다. 이것은 1910년에 조선총독부 제령 제13호로 공포한 것인데 주요한 조문은 다음과 같다.

> ▶ 회사령(주요 조문)
> 제1조 회사의 설립은 조선총독의 허가를 받아야 한다.
> 제2조 조선 외에서 설립된 회사가 조선에 본점 또는 지점을 설치코자 할 때에는 조선총독의 허가를 받아야 한다.
> 제3조 회사가 본령 또는 본령에 근거해서 발포하는 명령, 허가의 조건에 위반하거나 또는 공공질서 혹은 선량의 풍속에 위반하는 행위를 했을 때에는 조선총독은 사업의 정지, 금지, 지점의 폐쇄 또는 회사의 해산을 명할 수 있다.
> 제6조 부실한 신고를 해서 제1조 또는 제2조의 허가를 받았을 때에는 조선총독은 그 허가를 취소할 수 있다.

제16조 본령은 메이지 44년 1월 1일부터 이를 시행한다.

이것은 공포한 날짜로도 알 수 있지만 일본이 한국을 병합하면서 동시에 제정한 제령이었다.

일본의 식민지 통치는 대체로 대만에서 한 것을 조선에서 했지만 회사령만은 조선에서 먼저 실시하였다. 대만에서는 조선의 회사령공포 후, 즉 1912년(메이지 45년)에 공포했다. 이 총독부령은 단순한 상호商號에 관한 규정이지만 실질적으로는 중국인의 회사설립을 금지하는 '대만회사령'이라고 할 수 있다.

그런데 이 두 법은 제정의 구실까지 비슷하기 때문에 꽤나 흥미롭다. 일본이 한국을 병합했을 때 병합에 공로가 있었던 조선인에게 공로금을 지급했다. 또 옛 귀족들을 위해서는 조선귀족령을 제정하고 일본식으로 공·후·백·자·남의 오작을 각기 신분에 따라 수여하고 이들에게도 일시금을 주었다. 즉 매국에 대한 보수금을 준 셈이다. 이 일시금을 회사열會社熱에 들떠서 낭비하지 않도록 한다는 '노파심'에서라고 총독부의 공식문서에도 나와 있다. 대만에서의 구실도 이와 같다. 1907년(메이지 40년)경부터 회사를 남설하는 풍조가 심해져서 회사를 조직할 필요도 없는 소규모 경영까지 회사로 만든다든가 또는 이 때문에 대만인 주주를 끌어들이는 데 열을 올리지만, 설립 후에는 회사의 장래를 돌보지 않았다. 그래서 이를 규제하기 위해서라고 말하는 것이다. 따라서 야나이하라 다다오矢內原忠雄(1893~1961)[22]도 말한 것처럼, 한쪽으로는 일본인의 회사 남조濫造(마구 제조함―옮긴이)를 방임하고, 또 한쪽으로는 대만의 대자본가에 의한 회사설립까지 저지하는 것은 매우 이상하다. 말할 것 없이 민족자본 억제를 위해 제정한 부령府令이다.

조선회사령은 1920년(다이쇼 9년)에 철폐됐지만 대만과는 달라서 민족자본이라고 할 만한 것이 없었던 조선에서는 벌써 모든 방면에 일본인의 지배권이 확립되어 있었기 때문에 이와 같은 제령 자체가 필요 없었다.

이 회사령에 대해서는 예상외로 일본인들 사이에도 오해가 있었다. 시부사와 에이이치澁澤榮一(1840~1931)23 등은 일본인 기업도 총독의 허가제로 한 것을 비난하고 있다. 데라우치 총독이 회사 기업을 억제했던 것은 주로 조선인 기업이었고 일본인 기업은 자진해서 불러들였다.

예를 들면 사이토는 후루가와古河광업24의 구성금신龜城金山, 구하라久原광업25의 갑산동산甲山銅山, 야마쿠치山口 현의 아키다상회秋田商會(광산, 선박경영) 등의 조슈벌長州閥26의 기업을 불러들였다. 오지제지王子製紙의

---

22 에히메(愛媛) 현 출신으로 경제학자·식민정책학자. 도쿄대학에 입학 후 요시노 사쿠조, 니도베 이나조의 사상적 영향을 받았다. 1920년 니도베의 후임으로 모교 경제학부의 조교수가 된다. 영국·독일 유학을 거쳐 1923년 교수로 취임하여 식민정책학을 강의하였다. 『植民政策講義案』(有斐閣, 1925), 『植民及植民政策』(有斐閣, 1926), 『植民政策の新基調』(弘文堂書房, 1927), 『人口問題』(岩波書店, 1928), 『帝國主義下の臺灣』(岩波書店, 1929), 『滿洲問題』(岩波書店, 1934) 등이 있다.

23 대장성 관료, 실업가로 제일국립은행과 도쿄증권(取引所)의 설립과 운영에 관여한 '일본자본주의의 아버지'로 알려져 있다.

24 후루가와 이치베에(古河市兵衛, 1832~1903)가 1875년에 草昌銅山의 개인경영을 개시하여 1905년에 후루가와광업회사가 되었다.

25 구하라 후사노스케(久原房之助, 1869~1965)가 설립한 구하라광업소는 1912년에 근대적 경영조직 체제로 구하라광업주식회사를 만들었다. 이는 구하라가 1920년 히다치(日立) 제작소를 창립한 기반이 되었다.

조선공장도 사이토 다음에 총독이 된 하세가와 요시미치長谷川好道(1850~1924)27 때에 오지제지의 후지와라 긴지로藤原銀次郞(1869~1960)28의 요청에 의해서 건립된 것이다.

이 회사령의 영향은 조선에 본점을 둔 일본인 기업과 조선인 기업과의 수와 자본금의 차이에 나타나 있어, 민족자본 억제의 역사적 사명은 충분히 달성했다고 할 수 있다.

하세가와 요시미치 총독

예를 들면 병합 당시인 1911년(메이지 44년)에는 조선인이 설립한 회사는 27사였는데 6년 후인 1917년(다이쇼 6년)에 이르러서도 37사밖에 안 돼 10사가 늘어나는 데 그쳤다. 한편 일본인이 설립한 회사는 1911년의 109사에서 1917년의 177사로 되어서 한꺼번에 68사가 늘어났다.

자본금 면에서 보면 그 격차는 더욱더 심하다. 조선인 기업에서는 1911년의 공칭公稱 자본금 7,395,000원, 불입자본금 2,742,355원이었던 것이 1917년에는 공칭자본금 11,518,140원, 불입자본금 5,871,242원으로 되어 대체로 2배 정도밖에 증가되지 않았다. 한편 일본인 기업

---

26 조슈 번은 스오노쿠니(周防國)와 나가토노쿠니(長門國)를 영토로 한 에도시대의 번으로 지금의 야마구치 현이다. 이 현 출신의 인맥을 조슈벌이라고 한다.

27 조슈 번 출신. 청일전쟁에 출정해서 전공을 세우고 러일전쟁 후 육군대장으로 진급했으며, 같은 해 조선주차군사령관이 되었다. 1912년 참모총장이 되고 1916년 데라우치의 후임으로 조선총독에 취임하였다.

28 일본의 실업가, 정치가. 미쓰이 재벌의 한 사람으로 오지제지 사장을 지냈다. 그 후 귀족원 의원, 요나이 내각의 상공대신, 도조 내각의 국무대신, 고이소 내각의 군수대신을 역임했다.

에서는 1911년에 공칭자본금 10,510,550원, 불입자본금 5,063,020원이었던 것이 1917년에는 공칭자본금 59,192,200원, 불입자본금 38,019,492원으로 일약 6배 가까이 증가되었다.

광업을 보면 조선인의 광산은 병합 전부터 가지고 있던 것을 계속 경영했을 뿐이며 새로이 광산을 시작한 예는 극히 드물다. 이것은 광산 액의 숫자에서도 뚜렷하게 나타나고 있다. 1910년에는 331,248원이었던 것이 그 후 감소되다가 겨우 1914년에 늘어나기 시작해 313,335원으로 되었다. 제1차 세계대전이 시작되어 광산물 값이 올랐기 때문이다.

1910년 병합 당시 외국인의 광산 액은 일본인의 광산 액 1,968,034원에 비해 2배에 가까운 3,768,670원이었다. 이것은 1896년(메이지 29년) 한국에서 러시아 세력이 강했을 때에 러시아가 일본세력을 압도했기 때문에 일본이외의 국가에게 광산이권을 빼앗겼던 결과다. 이 당시만 해도 일본인의 광산경영은 아직 적었다.

1916년(다이쇼 5년) 이후 일본인의 광산 액이 많이 증가해서 3,622,695원이 되고, 1918년(다이쇼 7년)에는 24,673,745원이 되어서 외국인의 광산 액 5,865,219원을 크게 웃돌아 단번에 역전이 되었다. 이것은 1916년(다이쇼 5년)에 한국광업법을 폐지하고 조선광업령을 공포해서 외국인이 새로 광업권을 취득하는 것을 금지했기 때문이며 동시에 금, 은, 철, 동에 대해서 광산세를 면제했기 때문이다.

토지조사

조선에서는 토지의 근대적인 사법상의 권리로서 토지사유권이 확립되어 있지 않았다. 조선에 진출한 일본인이 토지소유권을 제도상으로도 확립하는 것은 토지를 손에 넣기 위해 절대적으로 필요한 일이었다. 그래서 일본거류민의 토지소유를 법률상으로 확정하기 위해 한국정부로 하여금 급히 부동산법규를 만들도록 했다. 본격적이고 전반적인 토지소유권을 법적으로 확정하기 위해 토지조사를 1910년 3월에 한국정부가 시작했고 9월부터는 조선총독부가 이를 인계하였다. 총독부의 말에 따르면 다음과 같다.

"토지조사는 지세의 부담을 공평하게 하고 지적地籍29을 명확히 해서 그 소유권을 보호하고 그 매매양도를 간결, 민첩하고 확실하게 함으로써 토지의 개량과 이용을 자유롭게 하고, 또 그 생산력을 증진토록 하는 것으로 조선에서 긴요한 시설임은 말할 필요가 없다. 조선의 지세제

---

29 토지의 위치·형질 및 소유관계를 기록한 것.

도는 지금도 아직 수백 년 전의 결結 제도를 답습하고 있어 현재의 경제 상태에 적응할 수 없을 뿐만 아니라, 그 제도가 불완전한 결과 소위 은결隱結(토지대장에서 빠진 토지-옮긴이)이라는 것이 생겨 때때로 탈세를 기도하는 자가 있다. 또 경지면적의 호칭을 아직도 종래의 1두락(1말의 종자를 파종하는 면적) 또는 1일경-日耕(한 사람과 소 한 마리가 하루 동안에 가는 면적)의 단위를 사용하고 있어 그 실제 면적은 도저히 알 길이 없다. 또 토지에 관한 권리증명과 같은 것도 당사자 사이에 작성한 불완전한 문기나 정비되지 않은 서류장부에 근거한 군수의 증명에 의하는 외에는 방법이 없기 때문에 거짓 또는 불법 이득의 매매저당 등이 이루어지는 일이 있다. 이를 교정하기 위해 메이지 39년(1906년) 토지건물 증명규칙 및 토지건물전당집행규칙을 제정 공포해서 그 결과 공부등록 公簿登錄의 길이 열려 권리공인의 법이 구비됨으로써 다소 그 면모를 고쳤다. 그러나 전술과 같이 토지 면적을 표시하는 단위가 매우 불확실해서 지세제도가 극히 조잡케 되어 토지 이동 등이 역시 정리가 안 되고, 지적의 분란이 심해 이따금 황폐지로서 아직 부과가 면제되지 않은 것이 있는 동시에 기간지로서 오히려 과세가 되지 않는 것도 있다. 자연히 농사의 개선을 완만하게 하고 토지의 생산력을 저해한 사태가 있었다. 그러므로 상공업이 아직 발달되지 않고 토지를 유일한 생산의 근원으로 삼고 있는 조선에서는 특히 토지의 권리를 확실하게 해서 지세의 부담을 공평하게 함으로써 토지의 생산력을 증진할 필요성이 긴급하고 간절하다. 그러므로 이 목적을 달성하는 데는 반드시 완전한 대규모의 토지조사의 완성을 기다리지 않을 수 없다."

토지조사 광경

2. 조선의 사회 상태

결結이라고 하는 것은 본래 일정량의 수확을 거둘 수 있는 지적地積(토지의 면적-옮긴이)의 명칭이다. 토지의 비척肥瘠에 따라 6등분해서 1등결(1만 평방척)을 기준으로 삼고 등급이 내려감에 따라 그 면적이 늘어나는 것으로 되어 있는데 결結과 반별反別30과의 비교는 〈표2-3〉과 같다.

은결이라고 하는 것은 일본에서 말하는 '감추어진 밭'을 말한다. 문기라고 하는 것은 토지소유를 증명하는 사증서私證書를 말하는데 문기가 있었다는 것은 토지사유가 행해졌다는 증거다.

이 토지조사는 봉건시대에서는 연공年貢31징수를 늘리기 위해, 근대사회에서는 사유권 확립을 위해 어디서든지 실시했던 것이다. 조선에서 이 사업의 중심이 되었던 와다 이치로和田一郞32도 다음과 같이 말하고 있다.

표2-3 · 토지의 결 등급

결등급	1결의 면적		
	평방(척) (구 측지척)	환산평수	환산반별
1등지	10,000	3,025	1.00.25
2등지	11,764	3,558	1.18.18
3등지	14,285	4,321	1.44.01
4등지	18,181	5,499	1.83.09
5등지	25,000	7,562	2.52.02
6등지	40,000	12,100	4.03.10

(비고) 구 측지척(尺) 1척은 대략 일본의 곡척(曲尺) 3척 3촌에 해당한다. 화전 등은 등외 결(等外結)에 속한다. (『조선총독부시정연보』 메이지 43년 판)

---

30 논밭을 1단보씩 나누는 것.

31 전답·주택·토지 등에 부과하던 조세.

32 1922년 7월 3일부터 1924년 8월 13일까지 조선총독부 재무국장에 재직하였다.

토지조사사업은 한 나라에서 시정의 기초를 이루는 것으로서 어떠한 문명국에서도 이에 의해 토지제도와 지세제도의 혁신을 기하고 아울러서 제반행정의 소지를 만들지 않음이 없다. 각 식민지에서도 최근에는 인도와 이집트에서 이미 이를 실행하고 있으며 帝國은 10여 년 전에 대만과 오키나와沖繩에서 이미 이를 끝마쳤다. 관동주關東州에서도 현재 이를 시행 중에 있다.[33]

이렇게 해서 1912년(다이쇼 1년) 8월에 토지조사령이 발포되고 본격적인 토지조사가 시작되었다.

▶ 토지조사령(주요 조문)

제4조 토지의 소유자는 조선총독이 정하는 기한 내에 그 주소, 씨명 또는 소유지의 명칭과 소재, 지목地目, 자번호字番號, 사표四標, 등급, 지적地積, 결수結數를 임시토지조사국에 신고한다.

제5조 토지의 소유자 또는 임차인 기타 관리인은 그 토지의 사위의 강계에 표식을 세우고 지목과 지 번호와 아울러 민유지에서는 소유자의 씨명, 명칭, 국유지에서는 보관청명保管庁名을 기재한다.

제15조 토지소유자의 권리는 사정 또는 재정에 의해 확정한다.

---

[33] 和田一郎, 『朝鮮土地地稅制度調査報告書』, 宗高書房, 1967.

이 제4조의 규정이 '신고'에 의한 토지소유권의 인정이지만 그 당시의 농민은 근대법에 관한 경험도 지식도 없었기 때문에 '신고'를 게을리 한 사람이 많았다.

신고를 하지 않은 사람들의 토지는 무주지無主地로 몰수되었다. 본래 조선에는 토지의 근대적인 소유제가 확립되어 있지 않았기 때문에 가령 관습상 토지를 점유하고 있었다고 해도 토지소유의 증거를 제시해야 하는 경우 매우 힘이 들고, 증명이 안 되기 때문에 토지를 뺏긴 사람이 많았다. 그런데 지방의 호족들은 촌락의 공유지까지도 자기의 사유지라고 신고했다. 이들 호족들은 대체로 조선의 옛 관료들이었기 때문에 총독부도 이들을 매수하려는 뜻에서 이런 사람들의 신고에 대해서는 특별히 편의를 도모해 주었다.

토지조사에서는 경작자의 소유권은 인정되지 않았고 집조권자에게 토지소유권을 인정했던 것이다. 그 때문에 경작자가 세습적인 토지점유권을 잃어버리고 소작인이 되고 말았다. 지주와 소작의 관계는 형식만은 계약이라는 형태를 취하고는 있었다. 그러나 그 본질은 조선시대의 관료귀족과 전부佃夫(농민)와의 농노제적 관계였다. 따라서 소작료도 비싸서 평균해서 약 6할로서 도쿠가와德川시대의 일본에서 소작료[연공미]가 고고우고민五公五民34이라고 했지만 그 이상이었다. 이밖에도 조선에서는 지주가 내야 하는 세금도 소작인이 부담하고 있었기 때문에 실질적인 소작료는 한층 더 비쌌다.

---

34 에도시대의 조세징수의 비율로 수확의 반을 연공으로 징수하고 남은 반을 농민이 갖는 것.

당시의 조선에는 토지조사사업에 의해서 토지소유권이 확정된 토지 외에 역둔토驛屯土라고 하는 국유지가 있었다. 둔토에는 군둔전軍屯田과 관둔전官屯田이 있었다. 군둔전은 군수, 병량, 장교, 병사의 급료에 사용하던 토지였고, 역토는 공문서의 전달, 관리의 공용여행, 숙박의 비용, 관물의 운반에 충당하기 위한 토지였다. 이 두 가지는 모두 농민이 경작했고, 궁내부 내장원內藏院이 소작료를 받아 갔다. 이 역둔토는 전부 국유지였다.

　조선 전국 토지의 토지사유권은 토지조사에 의해서 확립되었다. 사유 사실을 증명하지 못해서 국유지로 된 논·밭과 갈대밭[芦田]은 26,800여 정보였고 택지는 50정보였다. 역둔토로서 국유지가 된 것은 1912년(다이쇼 1년)에 134,000여 정보(이것은 그 후에도 늘어났다)였다. 이렇게 해서 경작자가 토지를 잃고 구 관료의 토지수탈이 법적으로 공인됐던 것이다. 조선농민의 몰락은 여기에서 시작되었다고 해도 무방하다.

　토지소유권이 확립된 후에는 토지의 이동이 생기는 것이 당연한데 이 토지의 자금과 권력의 배경을 가진 일본인의 손에 집중된 것은 당연한 귀결이었을 것이다.

　방인邦人(일본인―옮긴이)으로서 그곳에서 토지를 소유한 자는 매매의 교역에 의해 소유권을 취득한 자가 적고, 다수는 대금貸金의 저당으로서 그 원리금의 반제를 받지 못하기 때문에 잠정적으로 우선 그 대신 토지 수확물의 수납권을 보유하는 것과 같다.[35]

---

[35] 오사카 商業會議所, 『韓國産業視察報告書』, 1904. 12.

말하자면 일본인이 조선에서 지주가 된 것은 토지의 매입에 의한 것이 아니고 조선인에게 돈을 빌려주고 저당의 유실을 이용해서 토지를 취득했던 것이다. 그래서 저당을 유실토록 하는 방법은 조선총독부에서조차 "현금 대부업을 경영하는 자 대부분이 채무를 독촉할 때에 혹자는 가혹에 지나쳐서 한민韓民의 원한을 사서 앙갚음을 당하는 재앙에 부딪치게 된다"36라고 말하고 있다. 구체적으로 예를 들면 다음과 같이 하는 것이다.

조선인이 토지를 저당해서 일본인 대금업자로부터 돈을 빌리고 그 돈을 갚는 기한을 어느 달 어느 날이라고 정한다고 하자. 이 기한은 대체로 100일 이내인데 약속한 변제 기일이 되면 시계의 바늘을 한 시간쯤 앞으로 당겨 놓는다. 이 간계를 모르는 조선인이 돈을 갚으려고 오면 약속한 시간이 지났다고 해서 저당을 유실시켜 버리는 좀처럼 생각할 수 없는 일이 일어나고 있었다.

매수에 의한 토지라고 해도 그것은 보통 일반적인 매입이 아니고 허리에 권총과 망원경을 가지고 토지를 사러 나가는 것이다. 이런 방법은 일본의 관리가 사용한 방법이다. 휴일에 망원경을 가지고 산언덕 위에 올라가서 마음에 드는 토지를 망원경으로 발견하면, 그곳에 아무개 소유의 말뚝을 세우고 사방에 새끼줄을 쳐 놓는다. 만약 소유자가 신고해 오지 않으면 대체로 말뚝을 세운 사람의 소유가 되고 만다.

이런 거짓말 같은 이야기는 모두 그 당시 경험자들의 말로 지금도 기

---

36 조선총독부, 『朝鮮の保護及び併合』, 우방협회, 1917.

록에 남아 있다. 예를 들면 가토 스에로加藤末郎의 『한국농업론』(1904, 裳華房)이나 『조선농회보』의 「25주년 기념호」에 나와 있는 농업경영자의 좌담회 등인데, 하나하나 인용하자면 한이 없다.

일본이 한국을 병합한 때를 전후해서 일본에서는 한국 실업안내에 관한 책이 많이 출판되었다. 그중에 소자본을 가진 자는 그곳(한국-옮긴이)에서 자금업을 경영하는 것이 가장 좋은 장사라고 쓰여 있다. 소자본 이외에 대자본을 가진 회사였던 한국흥업주식회사韓國興業株式會社는 그 이름이 보여주는 바와 같이 처음에는 대금업을 했다. 그 후 이 회사는 한국창고주식회사韓國倉庫株式會社를 합병(1910년)하고, 다음 해에는 한국척식주식회사를 합병하여 이 두 회사를 모두 흡수함으로써 창립 당시의 자본금 100만 원에서 150만 원의 대회사가 된 것이다.

이 한국흥업과 같이 크지는 않지만 다카마쓰高松 시에 본점을 두었던 한국권농주식회사韓國勸農株式會社도 대금업을 했는데, 동시에 농업경영도 했다. 이 회사는 자본금 20만 원의 소규모 회사였지만 1906년(메이지 39년)도에 가가와香川 현으로부터 3,000원의 보조금을 받았으며, 경상남도의 진주 지점에서 실제 영업을 하고 있었다.

이밖에 고리대금업자가 저당 유실된 토지에 손을 대 지주가 된 경우가 있다. 이들 개인 장사꾼이나 고리대금업자 중에는 악덕업자가 많았다. 총독부의 기사를 한 뒤 동척계 회사의 임원을 지냈던 가다 나오지賀田直治[37]는 다음과 같이 말하고 있다.

---

[37] 도쿄제대 농과대학을 졸업하고 대만총독부의 식산국에 들어갔다. 나중에 조선피혁주식회사 사장, 경성상공회의소 회두(1932~1939)를 역임하였다.

다음에는 대금과 토지 또는 농장의 경영으로 여러 해 동안의 고심참담한 노력의 결과로 그 근거를 쌓아 올린 자에 속한다. 때에 따라서는 수단을 가리지 않고 화폐를 위조하거나 거짓말을 하고 조선인을 학대, 횡령하는 것과 같은 사례를 듣기도 했지만 당시의 상황으로서는 스스로 이렇게 되지 않을 수 없게 만들었던 사정도 있다. 일정한 자산을 만듦과 동시에 태도를 고친 사람도 많았다. 그 당시의 내지인(일본인-옮긴이)의 상태는 지금 생각하면 극히 좋지 않았던 점을 인정하지 않을 수 없다. 그뿐만 아니라 당시 조선인의 상태도 또한 극히 무지하고 무력해서 비굴하여 두려워하고 허위적이었기 때문에 자연히 압박을 자초했다. 그렇지만 이를 한쪽으로는 잃었지만 한쪽으로는 자극 분발의 동기와 아울러 경영의 표본을 찾아냈다고는 할 수 있어 참으로 부득이했던 경로인 것 같다.[38]

이렇게 해서 이루어진 일본인 지주의 농장은 오쿠라大倉 농장[39], 이와자키岩崎(三菱)의 히가시야마東山 농장, 구마모토熊本 농장[40] 등인데 합병 당시에 각기 1,000정보 이상의 경영자였다.

---

38 賀田直治, 『朝鮮産業叢書-朝鮮産業ノ發達=關スル硏究』. 이 책은 公刊된 것이 아니고 프린트 물로 사이토(齋藤) 총독에게 증정했던 것이 국회도서관에 있다.
39 오쿠라 재벌의 설립자인 오쿠라 기하치로(大倉喜八郎, 1837~1928)가 설립한 농장, 그는 1899년에 관립상공학교로 선린상업고등학교를 설립하였다.
40 나가사키(長崎) 현 출신인 구마모토(熊本利平)가 1902년에 조선에 와서 이듬해 전라북도 옥구군 박면 내사리 및 태인군 화호리에 개설한 농장을 말한다.

임야조사

농지보다도 사유권이 분명하지 않은 것이 임야인데 조선에서는 입회산入會山이 많았다. 궁정과 군사용을 위한 어료림御料林과 같은 산은 봉산封山 또는 금산禁山이라고 해서 일반인의 이용은 금지되었다. 그 밖에 사찰 소유의 산이나 능묘에 부속된 산들도 풀베기 정도는 부근의 주민이 자유로이 할 수 있었다. 이들 분류에 들어가지 않는 것이 무주공산인데 부락의 공유재산이었다고 해도 좋다.

한국정부는 1908년(메이지 41년) 1월 법률 제2호로 삼림법을 공포했다. 이 삼림법의 제1조에서는 임야를 제실림帝室林, 국유림, 공유림, 사유림으로 구분하고 있다. 공유림은 관습에 따른 것이 많기 때문에 문서에 의한 소유관계를 밝히는 것은 어려웠고, 사유림은 호족의 소유가 많았기 때문에 소유권의 서증書證은 비교적 많았다.

임야소유의 실태는 대체로 이런 모습이었다. 삼림법의 제19조는 삼림소유에 대해 신고주의를 취해 "삼림 산야의 소유자는 본법 시행일로부터 3년 이내에 삼림·산야의 지적과 면적의 약도를 첨부해서 농상공부대신에게 계출屆出(신고-옮긴이)해야 한다. 기한 내에 신고가 없는 것은 모두 국유림으로 간주한다"로 되었기 때문에 관습에 따라 공동소유의 산림은 일단 국유로 되고 말았다.

그런데 삼림법이 공포됐어도 임야소유가 반드시 명확해진 것은 아니었다. 조선근대사의 연구자로서 처음 임야조사사업 문제를 취급한 권영욱權寧旭은 "봉건사회 말기(조선 말기)에 이르기까지 임야에 대한 소유권이 명료하지 않았던 것은 특별히 조선에서만이 아니고 일반적으로 어떤 나라에서도 근대사회 이전에는 그러했다. 일본에서도 1873년에 개시된 지조개정41 이전에서도 그러했고, 현재의 일본에서조차 부분적으로는 임야의 소유권(특히 입회권에 관련해서)을 둘러싸고 여러 가지 문제를 만들어내고 있는 것은 사실이다. 그 점을 무시하고 지조개정 이후 일본의 임야제도와 비교해서 '임야조사사업' 실시 당시의 조선 임야제도의 후진성을 일방적으로 강조해서는 안 된다"42라고 하는 것은 정당하다.

조선총독부는 한국정부의 임정林政을 이어 맡은 후 한층 더 강권적인 삼림령을 1911년(메이지 44년) 6월에 공포하고 9월 1일부터 시행하도록 했다. 그 결과 조선의 광대한 산림이 국유림으로 편입되고 일본 것이 되었다. 당시의 임적林籍은 국유림, 사유림으로 되어 있다. 임상별林相別로 보면 〈표2-4〉의 조사 성적대로 되어 있지만 이것은 병합 직전에 한국정부의 손에 의해 제주도와 기타 섬을 제외한 전 국토에 걸쳐 완성

---

41 메이지정부가 실시한 조세제도 개혁으로 처음 토지에 대한 사적 소유권이 확립되었다.
42 「朝鮮における日本帝國主義の植民地的山林政策」, 『歷史學硏究』 297호.

되어 있었다.

그러나 이 조사는 극히 불충분한 것으로서 본래 삼림법과 삼림령에는 임야조사의 확실한 증거가 없었기 때문에 임야소유 분쟁은 끊이질 않았다. 그래서 1918년(다이쇼 7년)에 조선임야조사령을 공포했다. 그 제3조에

> 임야의 소유자는 도장관이 정하는 기간 내에 씨명 또는 명칭, 주소 및 임야의 소재와 지적을 부윤 또는 면장에게 신고해야 한다.
>
> 국유임야에 대해서는 조선총독이 정하는 연고가 있는 자는 전항의 규정에 준해 신고할 것. 이 경우에는 그 연고까지도 신고해야 한다.
>
> 전항의 규정에 의한 연고자가 없는 국유임야에 대해서는 보관관청인 조선총독이 정하는 바에 따라 제1항에 규정하는 사항을 부윤 또는 면장에게 통지해야 한다.

표2-4 • 임적 조사 성적

(단위:1000정보)

국유임야				사유임야				합계			
성림지	稚樹발생지	무립목지	계	성림지	稚樹발생지	무립목지	계	성림지	稚樹발생지	무립목지	계
4,293	2,175	1,835	8,303	829	4,445	2,272	7,546	5,123	6,619	4,107	15,850

(비고) 사유임야는 현지 부락에서 점유한 임야 및 사원에서 보호해 온 임야를 포함한다. 1910년 현재.
(『조선총독부시정연보』 메이지 43년 판)

라고 되어 있는 것도 토지조사령과 같지만 오직 연고자 규정이 있는 점이 약간 다르다. 임야소유가 보다 불명확한 데도 관계가 있지만, 예를 들면 「국유림 조사내규」에서 다음과 같이 말하고 있다.

1. 능, 원, 묘 기타의 유적이 있는 삼림산야에서는 그 유적에 연고가 있는 자(要存置豫定 임야선정표준에 해당되는 것에 한함)
2. 고기古記 또는 역사가 증명하는 바에 의해 사찰에 연고가 있는 삼림산야에서는 그 사찰.
3. 삼림에 관한 구법에 의해 지적地籍신고를 하지 않았기 때문에 국유로 귀속된 삼림산야에서는 그 소유자.
4. 개간, 목축, 조림 또는 공작물의 건설을 위해 대부를 받은 삼림산야에서는 차수인借受人(단기대부자는 제외).
5. 삼림에 관한 구법시행 전에 적법으로 점유한 삼림산야에서는 그 점유자.

요컨대 신고주의에 따라 서증에 의한 신고를 가지고 사유권을 확정했기 때문에 이것을 하지 못한 토지가 국유림에 편입되어 일본 것으로 만들어졌다.

삼림령에서 또 한 가지 문제가 되는 것은 조림대부제도이다. 그것은 삼림령 제7조의 "조선총독부는 조림을 위해 국유림의 대여를 받은 자에 대해 사업이 성공했을 때에 특히 그 삼림을 양여할 수 있다"라고 하는 규정이다. 총독부가 국유림에 편입한 임지를 이 규정에 따라 일본인에게 대부하고 조림이 성공한 후에 이 일본인에게 양여하는 제도이다. 표면상 이 대여를 받을 수 있는 것은 일본인이 아니더라도 상관없지만 실제로 대여를 받은 것은 일본인이었다.

이 대부제도 덕분에 1929년(쇼와 4년) 3월 현재 성립된 주로 법인인 산림경영자는, 스미토모住友가 대부 47,778정보, 성공양여된 것 27,764정보, 동척이 대부 28,304정보, 성공양여된 것 21,971정보, 미쓰이三#가 대부 11,582정보, 성공양여된 것 23,395정보라고 하는 정도다.

삼림령의 세 번째 산물은 삼림범죄의 검거이다. 이것은 총독부의 화전민 박멸정책에서 비롯된 것이다. 삼림범죄란 대부분의 경우 화전민이 살기 위해 할 수 없이 하는 삼림벌채로, 이런 이유로 검거 투옥한 것은 화전민의 마지막 생존권을 빼앗는 것이나 다름없었다. 삼림령위반으로 걸리는 건수는 매년 4,000건에서 8,000건이었다.

화전민의 모습

농민의 상태

농촌상태를 조사하기 위해서 우선 경지면적과 농가호수의 관계를 조선총독부 농림국의 조사에서 알아보면 다음과 같다. 1910년(메이지 43년)의 경지면적은 2,464,904정보인데 농가호수는 2,336,320호로서 1호당 경지면적은 약 1정보이다.

그런데 1936년(쇼와 11년)에는 경지면적이 4,941,582정보로서 2배 이상으로 늘어나고 농가호수는 3,059,503호가 되었다. 26년간의 추이를 보면 호수는 해마다 천천히 늘어나고 있으나, 면적은 1916년(다이쇼 5년)과 토지조사가 끝난 1918년(다이쇼 7년)에 급격히 늘어났다.

1936년의 농가 1호당 경작면적은 1.61정보이니까 1910년에 비해서 확실히 늘어나기는 했다. 그러나 스즈키 마사후미鈴木正文(1899~1978)가 말하는 바와 같이

"이것은 단순한 농가호수와 경지면적과의 표면적 관계를 보여 주는 것일 뿐이며 기후, 풍토와 그 외를 고려하고 그 농가수익의 실질적 내용

을 검토할 때에는 완전히 다른 결론이 나온다."[43]

1936년의 예를 들어 보면 5반反 미만의 토지소유자가 지세납부자의 약 50%를 차지하고 있다.[44] 이를 농가 1호당 경지면적 1.61정보와 같이 놓고 생각을 해 보면 조선농민의 대다수가 평균 이하의 좁은 토지에 달라붙어 부지런히 일하는 모습이 떠오를 것이다.

다음에 조선에서의 계급별 농가호수 추이에 대해 분석해 보자(백분비는 표에서 산출했다).

1914년(다이쇼 3년)에서 1919년(다이쇼 8년)에 이르기까지의 기간 중에 전 농가호수에 대한 지주의 비율은 1.8%에서 3.4%로 늘어났으며, 이에 상응해서 소작도 35.1%에서 37.3%로 늘어났다. 한편 자작과 자작 겸 소작의 비율은 같이 줄었다. 그리고 이 경향은 그 이후에도 계속되고 있다. 말하자면 이러한 관청의 통계표에서도 토지 집중의 경향을 부정할 수 없으며 농촌에서의 빈부 차가 심해지고 있는 것을 알 수 있다. 조선의 소작제도는 분익分益소작제, 즉 벼를 베어서 나누는 소작이고, 정조定租, 즉 정액定額소작제는 매우 적다. 물론 물납이고 타조打租와 집조執租가 분익소작의 대표적인 소작료를 받는 방법이다.

타조 : 수확물을 속수束數에 따라 탈곡조제脫穀調製한 후에 소작료를 결정한다.

---

43 鈴木正文,『朝鮮經濟の現段階』, 제국지방행정학회 조선본부, 경성, 1939.
44 小早川九郎 編,『朝鮮農業發達史』資料篇, 우방협회, 1960.

집조 : 벼의 성숙기에 입모효禾(농작물을 수확하기 전의 상태−옮긴이) 그대로 수확고를 예상하고 그해의 소작료를 결정한다.

소작료의 평균은 수확물의 6할이 보통이지만 개중에는 9할이라는 엄청난 것도 있다. 총독부 농림국의 『조선에서의 소작에 관한 참고사항 적요』에는 조선 각 도의 소작료율이 열거되어 있다. 〈표2-5〉에서 예를 들어 보면 다음과 같다.

표2-5 · 계급별 농가호수

(단위: 호)

연도	지주 갑	지주 을	자작	자작겸 소작	소작	화전민	계
1914	46,754		569,517	1,065,705	911,261	−	2,592,237
1919	16,274	74,112	525,830	1,045,606	1,003,003	−	2,664,825
1920	15,655	75,365	529,177	1,017,780	1,082,842	−	2,720,819
1921	17,002	80,103	533,188	994,976	1,091,680	−	2,716,949
1922	17,157	81,926	534,907	971,877	1,106,598	−	2,712,465
1923	17,904	82,498	527,494	951,667	1,123,275	−	2,702,838
1924	18,663	83,520	525,689	934,208	1,142,192	−	2,704,272
1925	19,735	83,832	544,536	910,178	1,184,422	−	2,742,703
1926	20,571	84,043	525,747	895,721	1,193,099	34,316	2,753,497
1927	20,737	84,359	519,389	909,843	1,217,889	29,131	2,781,348
1928	20,777	83,824	510,983	894,381	1,255,954	33,269	2,799,188
1929	21,326	83,170	507,384	885,594	1,283,471	34,332	2,815,277
1930	21,400	82,604	504,009	890,291	1,334,139	37,514	2,869,957

(조선총독부 농림국, 『조선에서의 소작에 관한 참고사항 적요』에 의거함)

정조의 최고는 경기도의 9할, 최저는 평안북도의 2할, 보통은 황해도의 4할이고, 타조의 최고는 경기, 전라북도, 전라남도의 7할, 최저는 충청북도의 3할, 보통은 경상남도의 4.5할, 집조의 최고는 경기의 8할, 최저는 경기, 전라북도, 전라남도, 경상북도, 평안남도의 3할, 보통은 5할로서 각 도에 다 있다. 요컨대 각 도의 정조는 일반적으로 비싸고 타조와 집조는 5할 전후로서 정조보다는 조금 싸다고 한다.

일본과 조선의 소작 사정이 매우 다른 것은 지주가 본래 지불해야 할 공조공과公租公課45를 소작인에게 전가하기 때문일 것이다. 일본 소작인의 상태도 상당히 나빴지만 그래도 이런 것은 없었다. 총독부의 조사에 따르면 이 공조공과의 소작인 부담은 평균해서 반반 정도지만 소작료 수득률의 평균과 비교해 보면 다음과 같은 내용을 알 수 있다. 즉 소작료 율이 낮은 곳에는 대체로 공조공과를 소작인에게 부담시키는 율이 많으며, 경기도와 같이 공조공과를 소작인에게 부담시키는 율이 낮은 곳에서는 정조의 소작료가 최고 9할이라는 상상할 수 없을 만큼의 비싼 율이 적용된 것이다.

이상과 같이 소작인은 본래 지주가 부담하지 않으면 안 되는 공조공과를 모두 떠안고 있었다.

---

45 공조는 조세, 공과는 조세 이외의 부담금.

금융과 무역

조선의 은행은 현지은행, 즉 조선에 본점을 둔 은행(본점은행이라고도 하는 것)과 지점은행이라고 하는 일본의 다이이치第一, 야스다安田, 산와三和 등 대은행지점의 두 종류가 있다. 현지은행은 조선인이 경영하는 것만이 아니라 일본인이 경영하는 것도 있다. 그러나 여기서는 특수은행으로서의 조선은행과 조선식산은행에 대하여 살펴보자.

조선은행은 발권은행으로 조선은행권을 발행하고 보통예금도 취급한다. 이 점이 일본은행과 다르지만, 역원役員의 임명은 조선총독부가 하는 것이 아니라 일본정부가 하고, 업무는 대장성의 감독을 받는다.

그 역사는 1905년(메이지 38년)에 제일은행 서울지점이 한국의 중앙은행 역할을 하고 있었던 때로 거슬러 올라간다. 1909년(메이지 42년)에 중앙은행으로 한국은행이 설치되어 제일은행의 업무를 인수했다. 그러나 병합 다음 해(1911년)에 조선은행법이 공포됨으로써 제일은행이 조선은행으로 변경되고 이해 11월부터 영업을 시작하게 되었다.

조선은행 군산지점(위)과
한국은행의 전신 조선은행(아래)

그런데 영업을 시작한 지 얼마 안 된 1914년(다이쇼 3년)에 제1차 세계대전이 시작되면서 이때의 호경기를 틈타 조선은행은 만주 각지에 지점을 설치하고 방만한 경영을 했을 뿐만 아니라, 회수의 희망도 없는 니시하라西原차관46의 일부로 5,000만 원을 내주어 한때는 파탄에 이른 적도 있었다. 자본금도 처음에는 2,000만 원이던 것을 1918년(다이쇼 7년)에는 4,000만 원으로, 1920년에는 8,000만 원으로 배가했던 것을 1925년에는 4,000만 원으로 감액해서 겨우 경영의 위기를 모면했다.

조선식산은행은 조선총독부의 감독을 받는 은행이다. 이 은행도 구한국정부의 농공은행조례에 근거해서 설립했던 농공은행이 1918년(다이쇼 7년) 6월 조선식산은행령에 따라 조선식산은행이 된 은행이었다. 농공은행이던 때부터 농업자금을 대부하고 있었는데, 물론 상당한 지주가 아니면 담보관계로 돈을 빌릴 수 없기 때문에 일반농민을 위한 것은 아니었다. 훗날에는 공공단체에의 융자와 산업 융자를 하고 또 저당 유실된 토지를 손에 넣어 농사의 경영도 하게 되었다.

지점은행은 주로 조선에 있는 일본인의 대규모 경영에 대한 큰 융자를 목적으로 한 것이었다. 이것은 조선인과는 전혀 관계가 없다. 따라서 조선인을 간접적으로 지배했다고 해도 좋을 것이다.

이밖에 은행은 아니지만 은행 업무를 해서 식산은행과 같이 조선인이 경영하는 은행을 협공했던 것으로 금융조합이라는 것이 있다.

---

46 1917년 데라우치 내각은 중국에서의 이권 획득을 목적으로 전년에 결성된 돤치루이(段祺瑞) 정권의 재정지원을 결정하였다. 이를 위해 니시하라 가메조(西原龜三)의 중개로 1억 4,500만 엔이라는 방대한 자금을 지원한 것을 말한다.

조선식산은행 대전지점

 이사를 총독부가 임명하고 그 급료도 어느 기간까지는 총독이 지출하고 조합의 기금까지 대주었던, 말하자면 총독부의 보조기관인 점이 일본의 신용조합과는 다르다. 이 금융조합은 병합 전에 설립됐던 것이지만 그 형태가 어느 정도 정비된 것은 1914년(다이쇼 3년) 5월 지방금융조합령이 공포되면서부터였을 것이다.
 이 지방금융조합령의 주요한 내용은 조합원은 한 구좌에 10원의 출자의무를 규정했다. 10원이란 이 당시의 조선인 농민에게는 상당히 큰 돈이었다. 출자금의 분할 불입도 인정은 되어 있었지만 이 출자금 의무제 때문에 많은 탈퇴자도 생겼다. 물론 출자의무에 따른 조합원의 배당된 자기 몫의 환불권이나 총회에서의 결의권도 주어지기는 했지만, 후자는 거의 의미가 없는 것이었다.

대전금융조합(농협의 전신)

1918년의 조합령 개정에서는 지방금융조합을 그냥 금융조합으로 하고, 조합원도 도시의 상공업자에게까지 넓히고 도시금융조합에서는 대부금의 한도를 300원으로 하고 있다. 더 중요한 일은 이때의 조합령 개정으로 각 도의 금융조합연합회를 만든 것, 1918년부터 6년 간에 걸쳐 한 연합회에 20만 원씩의 무이자 자금을 대부한 것, 도의 재무부장을 연합회의 이사장으로 하고 각 금융조합의 이사 중에서 연합회의 이사를 선정해서, 이 양자를 총독부가 임명하고 연합회를 통해서 각 조합의 통제를 강화한 것이다.

이 개정으로 조합원 이외의 예금제한을 완화했는데 그것이 조합은행화의 시초가 되었던 것은 틀림없다. 처음에는 조합의 대부금도 한도가 50원이었던 것이 100원이 되고 그 후 1917년에는 부동산을 담보로 하면 200원까지 대부가 인정되었다. 그 돈의 용도는 ① 토지개량자금, ② 자작용지 매입자금, ③ 농업용 건물의 신개축 등이었다. 그러던 것이 대출업무 범위도 다시 점점 확장되어 대출은 유 담보 3,000원 이내, 무 담보 1,000원 이내가 되었다. 그 후 1933년(쇼와 8년) 12월에는 전 조선에 걸치는 조선금융조합연합회가 되고 전 농가호수의 5할을 조합에 가입시키는 운동을 시작하게 되었다.

그런데 전 농가호수의 5할은 단경기端境期47에는 자가의 식량도 끊어지는 농가이기 때문에 조합에는 들어갈 수 없었다. 금융조합은 자작농의 중류 이상의 기관으로 되어 있었다. 그 자작농 중의 중류 이상 조합원이라고 하더라도 조합으로부터 빌린 돈을 갚을 수가 없어 토지를 잃어버리고 조합에서 제명되는 사람이 매우 많았다.

이 금융조합을 관설官設 전당포라고 말하고 있지만 저당물건을 잡고 돈을 대부할 때에는 고리대보다는 금리가 헐하지만 고리채와 금융조합 금리와의 차액은 금융조합에 예금을 하게 되어 있었다. 예를 들어 100원을 빌렸다고 하더라도 손에 들어오는 것은 적다는 계산이다. 또 조합원이 목화나 누에고치를 공동판매 했을 때도 이 공판 자체가 일종의 강제였을 뿐만 아니라, 이 매상대금의 1할 정도를 공제해서 금융조합의 예금으로 돌리게 되어 있었다. 금융조합의 예금이라고 하는 것은 이렇게 이루어진 것이었다.

금융조합은 이러한 관설 전당포의 사명 이외에 농민을 금융 면에서

---

47 농가경제에서 생활자금이 궁핍한 5~6월이나 9~10월을 말한다.

옮아매어 "특히 농민통치의 실적을 올리기 위한 준準 행정기관으로서도 필요했던 것이다."48

또한 "정치상의 통일은 또 동시에 화폐제도 통일을 동반하지 않으면 안 된다. 당시 정부는 각 도 곳곳에 유통하고 있었던 엽전 혹은 백동화를 대신해서 중앙은행권의 유포를 꾀했다. 그러나 그때에 구화舊貨를 회수하고 신 화폐를 하층에까지 통용시키는 데에는 은행만의 힘으로는 불충분했기 때문에 어떻게 해서든지 금융조합과 같은 하층금융기관의 협력을 필요로 했던"(앞의 책) 것이다.

화폐의 통일은 하세가와長谷川好道 총독의 시대에도 아직 완전히 되어 있지 않았다. 그러나 구한국 화폐의 교환이 많이 진전된 것은 틀림없다. 그래서 일본정부는 1918년 3월 칙령 제6호로 일본의 화폐법을 조선에 시행토록 하고, 동시에 법률 23호로 구한국 화폐는 1920년 12월 말을 끝으로 통용을 금지했다. 다만 엽전만은 종전대로 당분간 통용시키도록 했다.

이 화폐교환 때에는 시중에 남아 있었던 것이 많았기 때문에 금융조합에서 바꾸지 않은 사람들의 구 화폐나 퇴장화폐退藏貨幣는 대체로 실효가 되었다.

조선인이 만든 은행으로서 제일 오래된 것은 1899년(메이지 32년)에 설립된 대한천일은행大韓天一銀行(후에 조선상업은행이 됨)과 1903년(메이지 36년)에 설립된 한성은행이다. 1912년(다이쇼 1년)경부터 자본금 50

---

48 高橋龜吉, 『現代朝鮮經濟論』, 千昌書房, 1935.

만 원 정도 되고 조선인이 경영하는 은행이 지방 소도시에 생겼지만 1920년(다이쇼 9년)에 생긴 세 은행은 자본금 200만 원이었다. 또 같은 시기에 일본인이 만든 자본금 50만 원 정도의 소은행이 지방도시에 생겼다.

총독부는 일본인이 설립한 은행과 조선인이 설립한 은행이 각기 다른 법규에 의해 규제되어 있던 것을 1912년 10월 제령 제5호로서 은행령을 공포하고 보통은행의 설립기준을 하나의 법규로 규제하도록 했다. 그 후 은행령은 두 차례의 개정을 거쳐서 1928년(쇼와 3년)의 제령에서 은행은 모두 주식회사로 자본금은 200만 원 이상으로 할 것과 제령 공포 전에 설립된 은행은 5년 이내에 자본금을 100만 원 이상으로 만들 것 등이 결정되었다.

그 때문에 은행의 합병이 추진되어 1938년에는 조선인의 은행은 한성, 조선상업, 동일東一, 호남, 경상합동慶尙合同의 다섯 은행으로 되었다. 이 가운데서 한성과 조선상업은행은 일본자본의 융자로 위기를 모면했기 때문에 일본의 지배 아래 있는 은행이라고 해도 좋다.

이렇게 은행 합병의 추세가 진전되어 1941년(쇼와 16년)에는 한성은행이 경상합동을 매수하고, 1942년에는 동일은행이 호남은행을 흡수하였다. 그 동일은행이 1943년에는 한성은행과 합병해서 조흥은행이 됐기 때문에, 조선에 있는 최후의 현지은행으로서는 일본 금융자본의 지배 하에 있는 조흥과 조선상업의 두 은행뿐이었다.

조선농민이 고리의 차금으로 고민했던 것은 많은 일본인들로서는 아마도 상상조차 할 수 없었던 일이었을 것이다. 연리로써 4할 4푼의 이자를 지불하는 것은 이상한 일이 아니었다. 조선총독부의 조사에 의하면 1931년에는 이런 고리대금업자가 외국인(주로 중국인)이 37명, 일본인이 3,387명, 조선인이 8,664명으로 합계 12,088명이었다. 1937년에는 외국인이 12명으로 1931년보다 26명이 줄었고, 일본인은 2,369명이 되고, 조선인은 7,388명으로 다 같이 줄었다.

조선의 농민과 도시하층민의 피를 빨아먹는 이들 고리대금의 금리에 대해 다카하시 가메기치高橋龜吉(1894~1977)[49]는 금리표에서 숫자를 열거한 후에 "조선인은 실로 4할 4푼 보통 월리 3푼 1년에 3할 6푼의 높은 이자를 지불하고 있는 셈이다. 그 시장대市場貸[50]와 같은 것은 일보日步[51] 12전 내외로 연리로 치면 실로 4할 4푼의 높은 이자를 지불하고 있는 것이다. 뿐만 아니라 조선인 채무자 중에 대다수를 점하고 있는 농민의 수익력은 극히 적어서 한 번 돈을 빌리면 도저히 다시는 일어설 수가 없다"고 말하고 있다. (앞의 책)

조선의 무역은 일본과의 사이에서 수출입이 주종을 이루고 다른 나라와의 무역은 액수도 많지 않다. 일본과의 무역에는 쌀의 이출이 가장

---

49 야마구치 현 출신. 1916년 와세다대학 상과를 졸업하고 1918년 東洋経済新報社에 입사하였다. 이후 일본 勞農黨고문(1928), 高橋경제연구소 창립(1932), 대만총독부 殖産局 촉탁(1937), 大政翼贊会 정책국 参與(1941), 육군성 사무촉탁(1942) 등을 역임하였다. 패전 후 일본경제연구소를 창설하고 다쿠쇼쿠(拓殖)대학교수(1956~1973)를 지냈다. 저서에는 『日本近代経済形成史』 『私の実践経済学』 등이 있다.

50 장변(場邊)이라고 함. 닷새마다 서는 장날, 장터에 자리 잡고 있는 대금업자에게 돈을 빌리는 것.

51 하루하루 날로 셈 치는 변리, 날변을 말함.

많은데 쌀의 수출에는 무역 문제뿐만 아니라 다른 문제도 있어 다음 장에서 논하기로 한다.

수출입을 국가별로 보면 일본 다음에 많은 나라가 중국이다. 그런데 중국과의 사이에서 수출입은 만주사변을 정점으로 해서 격감되고, 그 대신 '만주'와의 무역이 늘어났다. 관동주와의 무역도 늘어났으나 이것은 이곳을 통해서 '만주'로 가는 물품과 중국으로 가는 물품도 일부 있었다.

표2-6 · 조선 무역의 추이

(단위: 1,000원)

연도	수이입액	이입액	수이출액	이출액
1901	14,777	9,110	8,542	7,460
1905	32,921	24,041	7,915	5,611
1910	39,783	25,348	19,914	15,379
1915	59,694	41,535	50,221	40,901
1920	249,287	143,112	197,020	169,381
1925	340,012	234,624	341,631	317,289
1930	367,049	278,194	266,547	240,695
1935	659,403	558,813	550,796	485,893
1939	1,388,448	1,229,417	1,006,794	736,883

(조선무역협회 편, 『조선무역사』)

일본과 조선 사이의 무역은 대체로 조선 측의 입초入超(수입초과)였으나 단 한 가지 예외는 금과 은의 무역인데, 이것은 조선 측의 출초出超(수출초과)였다. 금·은 무역은 밀무역이 매우 많았지만 이것은 계수에 나타나지 않는다.

무역 전체를 보면 1910년부터 1917년까지는 조선의 입초였고, 1918

년부터 1928년까지가 조선의 출초였으며, 그 이후의 1939년까지는 1931년과 32년이 출초였던 외는 전부 입초였다.

표2-7 · 상품 부류별 무역액의 추이

(단위: 1,000원)

수이출액	1910년	1919년	1929년	1933년	1937년	1939년
원료품	3,818	29,040	40,434	51,802	101,063	175,797
원료용 제품	110	20,043	50,017	50,316	144,821	249,521
식료 조제품	13,229	150,522	194,593	200,547	288,659	263,074
식료 정제품	24	4,111	12,154	12,633	20,283	37,876
전 제품	659	2,022	22,535	32,133	96,678	226,671
잡품	1,856	14,699	23,005	20,392	28,332	50,509
재수출품	213	1,502	2,918	798	5,701	3,339
합계	19,909	221,939	345,656	308,621	685,537	1,006,787

수이입액	1910년	1919년	1929년	1933년	1937년	1939년
원료품	4,162	37,473	55,105	43,644	143,249	178,730
원료용 제품	4,064	23,554	51,287	54,719	121,150	194,008
식료 조제품	1,336	23,353	57,224	34,249	73,198	117,557
식료 정제품	4,427	17,633	31,802	25,916	44,389	65,660
전제품	22,400	146,093	208,699	224,533	446,446	770,000
잡품	3,358	34,936	17,809	18,870	30,889	57,963
재수출품	42	28	1,163	2,249	4,225	4,524
합계	39,789	283,070	423,089	404,180	863,546	1,338,442

(비고) 본 표 각 부류에 속하는 주요 품목을 열거하면,
　　　원료품 : 목재, 석탄, 조면, 원유, 광물(규사, 흑연)
　　　원료용 제품 : 생사, 금속류(철판 등), 경화유, 어유, 코크스
　　　식료 정제품 : 통조림, 병조림, 식료품, 한천, 된장·간장, 주류, 곡분, 전분
　　　식료 조제품 : 쌀, 수산물, 엽연초, 잡곡
　　　전 제품 : 기계류, 면포, 면포제품, 금속제품, 차량, 선박(조선무역협회 편, 『조선무역사』)

그것은 주로 일본으로부터 공업제품을 수입하고 있었기 때문이다. 조선무역협회의 『조선무역사』의 숫자는 너무 상세하기 때문에 이것을 추출한 표를 게재했지만 이 표를 보아서도 그때의 대세를 알아볼 수 있다. 수이입은 전 제품이 많고 수이출에는 식량조제품이 많다.

1930년대에도 쌀은 수출의 대부분을 차지하고 있었다. 1930년의 미가米價는 하락했기 때문에 금액으로는 감소됐지만 이출은 해마다 늘어났다. 1934년부터는 함금조동含金粗銅, 함금조연含金粗鉛, 광유鑛油, 경화유硬化油, 지방산脂肪酸, 글리세린의 수출이 늘어난 것이 특징이다. 유류의 수출은 조선질소비료주식회사의 창업에 따른 것이 많다.

수입에서는 좁쌀이 늘어났는데 이것은 쌀 수출에 대응한 것이다. 예를 들면 1919년의 916,000석이 1925년에 1,687,000석, 1927년에는 더 늘어나던 것이 1933년에는 조금 감소됐다. 이것은 관세인상에 따른 것이고, 그 후는 또 조금씩 늘어났다. 직물류의 수입 증가는 만주에의 통과무역에 따른 것인데 기계, 못, 절연전선의 수입 증가는 조선의 공업발전을 말하는 것이다. 1938년까지 조면繰綿[52] 수입의 증가는 조선의 공업발전에 따른 소비 증대를 반영한 것이다.

---

[52] 목화의 씨만 앗아 틀어 만든 솜.

3.

3·1운동과 민족독립운동의 발전

발단과 배경

  3·1운동은 1919년(다이쇼 8년) 3월 1일에 고종의 장례식을 기회로 해서 일어나 조선독립을 요구하는 조선 전국에 퍼진 대운동을 말한다. 운동이 발발한 시점이 고종의 장례식 날이었던 것에는 몇 가지 이유가 있었다.

  조선인들은 고종이 일본의 침략에 대해 어느 정도의 반항도 했었고, 명성황후(민비)가 일본인에 의해 살해된 사건, '한국병합'을 목전에 두고 강제로 퇴임을 당했던 일 등에 대해 매우 동정했고 통분하고 있었다. 말하자면 고종은 조선왕조 최후의 국왕이었기 때문에 고종의 서거에 대한 애도는 망국에의 애도며 동시에 독립에의 열망이기도 했다.

  3·1운동의 원인은 국내의 원인과 국외의 원인 두 가지가 있다고 생각한다. 국내의 원인은 일본이 한국을 병합한 이래 계속되어 온 무장 항일운동인 의병운동이다. 우세한 일본군에게 압박을 받아 조선의 북부에서 만주로 옮겨진 것은 대체로 1914년(다이쇼 3년)경이었다.

  이 의병운동의 진압 시 가차 없이 처벌했기 때문에 한 번이라도 의병이라고 지목되는 사람을 감추어 준 촌락은 그 부락 주민 전체가 처벌을 당했다. 이 일에 대해 총독부의 문서에도 "메이지 40년(1907) 9월 주차 군사령관은 한국민 일반에 대한 고시를 발표하고 한국 황제폐하의 성지를 받들어 비도匪徒를 소멸剿滅하고 서중庶衆을 도탄에서 구하려고 하는 목적을 밝히고 비도로서 귀순하는 자는 그 죄를 묻지 않는다. 이를 구류·나포하거나 그 소재를 밀고하는 자에게는 중상重賞을 줄 것이다. 만약 완고하고 어리석어 깨달음이 없이 비도와 관련되거나 이를 은둔시키거나 또는 흉기를 숨기는 자에 대해서는 엄벌하고 조금도 가차 없이 할 뿐만 아니라 책임은 현행범이 사는 촌 읍에 돌려 부락을 통틀어 엄중한 처치를 받도록 했다"고 설명할 정도였다.

일본군 때문에 가족이 피살되거나 친척이 죽임을 당한 사람들의 원한이 그렇게 급속하게 사라질 리가 없었다.

고종 붕어 애도 광경(1919.1.22)

어떤 기회가 있기만 하면 폭발적인 민족운동이 일어날 가능성이 있었다. 이러한 국내의 원인 외에 국외의 원인도 있었다.

국외로부터의 원인은 러시아 혁명의 여파를 받아서 일어났던 독일과 헝가리의 혁명, 폴란드의 독립과 동유럽 여러 나라에서의 민족국가의 성립, 중국에서 일어났던 국권회복운동이다. 특히 중국의 운동은 조선에 큰 영향을 미쳤다. 중국의 국권회복운동의 중심은 베이징이었지만 이 운동은 1918년(다이쇼 7년)의 제1차 세계대전 후부터 왕성해졌다. 그 당시 와세다대학 철학과 학생이었던 이광수李光洙는 베이징에 건너가 체류 중에 제1차 세계대전의 휴전, 민족자결 원칙, 월슨 강령에 관한 소식을 들었다. 파리 강화회의에서 중국의 완전한 독립이 이룩되리라는 기대는 대부분의 중국인들이 갖고 있었다. 5·4 운동 직전의 열광적인 공기는 베이징에 가득 차 있었다. 이광수는 이를 배경으로 조선의 독립운동을 결심했다. 파리 강화회의 중국 대표 류 정샹陸徵祥(1871~1945), 구 웨이준顧維鈞(1887~1985), 후웨이 더胡惟德(1863~1933) 등이 베이징을 출발한 후에 이광수는 조선으로 돌아가 가까이 지내던 서울시 계동桂洞에 있는 중앙학교 교사 현상윤玄相允을 방문했다. 현상윤은 그 당시 보성고등보통학교 교장이던 최린崔麟의 제자로서 최린과는 그 후에도 친하게 지냈다. 이광수는 현상윤을 통해서 최린을 움직이기 위해 우선 현상윤과 독립운동 이야기를 했던 것이다.

이광수　　　　　최린　　　　　손병희

　이광수는 현상윤에게 베이징의 모습을 전하고 또 최린을 통해서 당시 민족종교로서 세력이 있었던 천도교의 교주 손병희孫秉熙를 움직여서 천도교를 중심으로 독립운동을 할 계획을 세웠다. 이것이 서울, 아니 조선 전국에서의 운동의 시작인데 5·4 운동과 깊은 관계를 가지고 있었던 것이다.

　이광수는 서울에서 이야기가 끝나자 11월 말 도쿄로 돌아가 곧 동지를 규합했다. 먼저 와세다대학 정경과에 있던 최팔용崔八鏞을 만나 결연한 의지를 밝혔다. 최팔용은 백관수白寬洙, 김도연金度演, 서춘徐椿, 김철수金喆壽, 최근우崔謹愚, 김상덕金尙德 등의 동지를 얻었다. 이들이 도쿄에서 독립선언서의 서명자가 된 셈이었다. 이 선언은 이광수가 원문을 쓰고 해외로 보내기 위해 영문번역을 하기도 했다. 선언을 발표할 준비는 다 되었고 남은 것은 2월 8일의 발표를 기다릴 뿐이었다.

　이 무렵 최팔용이 이광수를 하숙으로 찾아와 동지일동의 의견이라고 해서 이광수의 상하이 행을 권유하고 여비로 200원을 내놓았다. 그 이유는 독립선언을 발표한 후에 동지일동이 체포되면 조선독립의 대업이 세계에 널리 알려지지 못할 것이 염려되었기 때문이다. 그리고 상하이로 건너가서 그곳에서 일본의 조선 통치는 이천만 민족의 뜻이 아니고 조선인은 독립을 열망하고 있다는 사실을 세계에 널리 선언하기 위해서였다. 이광수는 이 요구에 따라 곧 상하이로 갔다.

도쿄에서 최팔용 등이 주도한 운동은 일사불란하게 진행되었고 2월 8일을 기해 도쿄와 서울에서 동시에 독립운동을 일으키기 위하여 도쿄로부터 와세다대학의 송계백宋繼白을 서울로 보냈다. 송계백은 독립선언을 비단 조각에 써서 이를 학생복 속에 바늘로 꿰매어 가지고 서울로 출발했다.

이윽고 2월 8일 와세다대학 정경과 3학년 최팔용, 도쿄고등사범 3학년 서춘, 아오야마靑山학원 2학년 윤창석尹昌錫, 게이오대학 정치과 1학년 김도연, 게이오대학 이재과 3학년 김철수, 메이지대학 상과 2학년 백관수, 도요東洋대학 철학과 2학년 이종근李琮根, 메이지明治대학 상과 2학년 김상덕 등 8명의 학생이 중심이 되서 도쿄 간다神田의 조선 기독교 청년회관에서 독립대회를 개최했다.

대회에는 도쿄에 있는 조선인 학생의 거의 전부인 약 600명이 몰려왔고 대회선언과 결의를 열광 속에 가결하고 독립운동의 구체적인 방침을 협의하고 있을 때에 갑작스레 달려온 관헌으로부터 해산 명령을 받았다. 대회 참가자들은 이를 거부함으로써 큰 소란이 일어났다. 결국은 폭력에 의해 탄압되고 사회자 최팔용 외에 약 60여 명이 검거되고 8명의 학생들은 기소되었다. 그렇지만 조선인 학생들은 결코 굴복하지 않았다. 계속해서 2월 12일 오전 중에 또 다시 50여 명의 조선인 학생들이 청년회관에서 독립운동을 협의하다 검거되었다.

2·8독립선언을 주도한 도쿄 유학생들

이와 같은 조선인 학생의 운동은 2월 한 달 내내 계속해서 일어났다. 이 운동은 상하이에 있던 이광수를 통해서 조선과 해외에 보도되고 그것이 3·1 운동에 직접적인 자극이 되었던 것이다.

상하이에는 조선 독립운동의 망명자들이 그전부터 많이 와 있었다. 이 독립운동자들 중에 신한청년당원들이 파리 강화회의를 전후해서 독립운동을 일으키려 하고 있었다.

신한청년당의 김철金徹[澈], 한송계韓松溪, 장덕수張德秀 등은 김규식金奎植

을 민족 대표로 파리에 보내고 여운형呂運亨을 시베리아 방면으로, 선우혁鮮于爀을 조선으로, 장덕수를 일본으로 파견할 것을 결정하고 있었다.

일본을 떠나 상하이에 도착한 이광수는 상하이 부두에서 우연히도 일본으로 가는 장덕수와 이를 전송하러 나온 조동호趙東祜 등을 만났다. 이광수와 장덕수는 구면이어서 서로 그 기이한 만남을 기뻐하며 목적을 이야기했다. 이광수는 남은 여비를 장덕수에게 주고 장덕수는 일본으로, 이광수는 조동호의 소개로 상하이의 독립운동자들과 접촉을 할 수 있었다. 이것이 1919년 1월 말경의 일이다. 상하이에 도착한 이광수는 2월 8일을 기다림과 동시에 도쿄의 선언과 이에 관한 기사를 써서 〈North China Daily News〉에 가지고 갔다. 편집부 사람들이 이광수의 말을 듣고 적지 않게 놀라면서도 반신반의하고 결국은 취급하지 않았다. 다시 한 번 더 두 신문사를 방문했지만 결과는 역시 마찬가지였다. 그런데 그로부터 2, 3일 후에 〈North China Daily News〉에 "Young Korea's Ambition"이라는 제목으로 도쿄에 있는 조선학생들이 독립을 부르짖었다는 기사가 실렸다. 그 다음 날 미국 신문 〈China Press〉에는 이광수가 써서 넘긴 기사가 실렸다. 이것이 1919년의 독립운동에 관해서 세계에 보도된 최초의 기사였다.

다음은 서울에서 오는 보고를 기다릴 뿐이었는데 2월 20일 서울의 독립운동본부로부터 대표로 현순玄楯과 최창식崔昌植이 상하이의 이광수를 찾아왔다. 그들은 서울에서 발표할 예정인 독립선언서를 가지고 온 것 외에도 3월 3일 고종의 국장일을 기해 시행하도록 되어 있는 서울의 계획도 전했다. 당시 시베리아는 일본군이 점령하고 있었기 때문에 상하이가 운동의 중심이 되었다. 이러고 있는 동안에 서울의 운동도 진행되고 있었다.

파리 강화회의(1919년 1월 18일부터 6월 28일까지 개최)

제1차 세계대전 이후의 파리 강화회의에서 미국의 윌슨이 제안한 14개조의 소위 윌슨 강령 제11조는 '약소민족의 원조'를 천명하였다. 이는 말할 것도 없이 미 제국주의의 기만정책으로서 타국의 식민지를 가로채는 책략에 불과했다.

이것은 미국의 식민지인 필리핀이나 푸에르토리코의 자결自決을 허락하지 않고 민족해방운동을 탄압했던 사실로서도 알 수가 있다. 그렇지만 민족해방운동의 힘도 약했고, 러시아혁명의 진상도 아직 확실히 몰랐으며, 민족적 자각이 충분하지 못했던 피억압 민족은 어디서든지 이

월슨 강령을 기꺼이 맞이하였다. 이 당시 사회주의운동도 노동조합도 없었던 조선도 결코 예외가 아니었다.

파리 강화회의의 소식이 신문을 통해 전해지자 이 기회에 조선의 독립운동을 일으키려는 움직임이 천도교의 교주 손병희를 중심으로 해서 일어나고 있었다. 그들은 동지를 모아서 조선의 독립선언을 하고 이 선언서를 조선 내에 선포하여 조선인들을 독립운동에 궐기하도록 하였다.

처음에는 손병희孫秉熙와 천도교의 유력자들, 예를 들면 권동진權東鎭, 오세창吳世昌 등이 주동이 되서 그 운동을 하고 있었다. 여기에 중앙학교의 현상윤, 교장인 송진우宋鎭禹, 보성고등보통학교 교장 최린, 역사학자 최남선이 가담해서 하나의 중심이 만들어진 것이다.

천도교도만의 운동으로 해서는 힘이 부족하기 때문에 방향을 바꾸어 기독교도의 주요 인물도 포섭하기로 했다. 이것은 아주 잘한 일이라고 말할 수 있을 뿐만 아니라 또한 올바른 전술이기도 했다. 이렇게 해서 최남선은 잘 아는 사람인 평안북도 정주군定州郡의 장로파 교회의 중진인 이인환李寅煥을 설득하기로 했다. 이것도 일본 밀정의 눈을 피하기 위해 교섭은 송진우가 나섰고 이인환은 이를 흔쾌히 승낙했다. 이로써 필요한 인물이 다 모였다. 이 이후 이인환의 활동은 눈부셨다.

이인환은 평안북도 선천宣川의 장로파 목사 양전백梁甸伯, 유여대劉如大와 같은 파의 유력자 이명룡李明龍을 권유하고, 나아가서는 평양의 장로파 목사 길선주吉善宙, 북 감리파의 목사 신홍식申洪植 등을 동지로 포섭했다. 바로 이때에 중앙기독교 반원년半圓年[靑年]회 간사 박희도朴熙道도 독립운동을 염원해서 몰래 동지를 모으고 있었기 때문에 곧 이인환과는 의기투합해서 이 두 사람이 함께 어울려 기독교도 중에서 동지를 모았다. 이때에 기독교만의 운동이 진척된 것은 이인환이 최남선 등의 의도를 의심해서 기독교도만이라도 운동을 하려고 했었기 때문이다.

이 활동으로 남 감리교파의 목사 오화영吳華英, 정춘수鄭春洙, 북 감리교파의 감리사監理司 오기선吳基善, 신홍식 등이 운동에 가담했다. 이것은 1919년 2월 20일경의 일이었다. 같은 날 서울 세브란스 예배당 조수 함태영咸台永, 세브란스병원 사무원 이갑성李甲成, 평양기독교서원의 총무 안세환安世桓, 장로교파 목사 현순 등도 모여 이들도 역시 이인환 등과 합류하기로 결의했다. 기독교 측이 대략 통일적인 행동을 취하게 되었을 때에 비로소 최남선도 움직이기 시작했다. 여기에서 최남선, 최린, 이인환 등의 사이에 천도교도와 기독교도와의 협정이 이루어져 행동통일의 토대가 구축된 것이다. 여기에다 2월 24일에는 불교도를 대표해서 신흥사神興寺의 승려 한용운韓龍雲, 상해운사上海雲寺의 승려 백용성白龍城[白相奎]도 참가했다.

학생들 편에서는 도쿄로부터의 연락으로 독립운동이 진행되고 있었다. 2월 8일 이후 도쿄의 조선인 유학생들은 고국에 독립의 대운동을 일으키기 위해 속속 조선으로 귀환해서 각기 향리의 운동을 지도한 것이다. 서울의 중심이 된 사람은 서울의학전문학교의 한위건韓偉鍵, 연희전문학교의 김원벽金元璧 등이었다. 이들의 운동은 조직도 계획도 잘 짜여진 것이었다. 그들은 때때로 각 학교의 대표자회의를 개최하고,

1. 독립선언서를 대중 사이에 널리 뿌려 대중을 시위운동에 궐기케 할 것
2. 3월 1일에는 모든 학교가 동맹휴교를 하고 대중적인 시위운동의 선두에 설 것
3. 시위운동을 하는 방법과 지도자의 결정

  이상의 세 가지를 논의하였는데 3월 1일 이후의 운동은 바로 이대로 실행되었다. 다만 최초에는 학생들만 하려고 했던 계획을 중지하고 이인환, 박희도 등을 통해서 천교도, 기독교, 불교의 교도 대표들이 통일운동에 합류하였던 것이다.

독립선언

독립선언은 손병희, 최린, 권동진, 오세창, 최남선이 협의하고 동 선언서는 최남선이 집필한 것이다. 처음 계획에는 3월 1일 탑골공원에서 손병희가 선언서를 읽고 서명한 사람들이 단상에 올라서서 이곳에 모인 대중들과 함께 조선독립만세를 부를 예정이었으나 예정 시간 직전에 이 장소를 경성부 인사동 명월관明月館 지점 2층으로 변경했다. 이것은 탑골공원을 회장會場으로 하면 열광하는 학생과 일반 민중이 많이 몰려 자칫 일대 폭동이 되는 것을 두려워했기 때문이다.

어찌 됐든 그들은 그들의 방식대로 만반의 준비를 마쳤다. 즉 2월 20일에는 현순과 최창식을 상하이로 파견하고, 최남선의 주도로 선언서를 인쇄하고, 또 청원서를 만들어 이를 일본정부, 귀족원·중의원 양원, 미국 대통령과 파리 강화회의의 각국 대표에게 보낼 준비를 했다.

그런데 3월 1일에 그들이 취한 행동은 아무리 생각해도 짜임새가 없다.

독립 선언서

첫째로 독립선언서에 서명한 사람 가운데 길선주吉善宙, 김병조金秉祚, 정춘수, 유여대 이 네 사람은 그날 회장에 나오지 않았다. 회장에 나온 29명은 기념해야 할 1919년 3월 1일 오후 2시 식탁에 앉았다. 자리에 앉은 각 사람에게 독립선언서가 나누어지고 이로써 낭독을 대신하고 한용운이 인사를 한 뒤 일동이 조선독립만세를 삼창했다. 그들은 곧 총독부 경무총감부에 전화를 걸어 자수했다(독립선언 사실을 알렸다 – 옮긴이). 총독부에서는 곧 이들을 체포했지만 이때에는 벌써 학생들의 손에 의해 선전이 진행되고 있어서 명월관 부근에는 민중이 많이 모여 있었다. 그들이 자동차로 연행되는 것을 본 민중은 조선독립만세를 부르면서 이들을 보냈다. 여기에 호응해서 탑골공원에는 큰 집회가 열리고 있었다. 독립선언의 내용은 다음과 같다.

독립선언문

오등은 자茲에 아我 조선의 독립국임과 조선인의 자주민임을 선언하노라. 차此로써 세계만방에 고하야 인류평등의 대의大義를 극명하며, 차로써 자손만대에 고誥하여 민족자존의 정권正權을 영유永有케 하노라. 반만 년 역사의 권위를 위하여 차를 선언함이며, 2천만 민중의 성충誠忠을 합하여 차를 포명함이며, 민족의 항구여일恒久如一한 자유발전을 위하여 차를 주장함이며, 인류적 양심의 발로發露에 기인한 세계개조의 대기운에 순응병진하기 위하여 차를 제기함이니, 시是는 천天의 명명明命이며, 시대의 대세이며, 전 인류 공존동생권共存同生權의 정당한 발동이라. 천하 하물何物이던지 차를 저지 억제치 못할지니라.

구시대의 유물인 침략주의 강권주의의 희생을 작作하여 유사 이래 누천년에 처음으로 이민족 압제의 고통을 당한 지 금今에 10년을 과한지라. 아 생존권의 박탈됨이 무릇 기하幾何며, 심령상 발전의 장애됨이 무릇 기하幾何며, 민족적 존영의 훼손됨이 무릇 기하幾何며, 신예新銳와 독창으로 세계문화의 대조류에 기여보비寄與補裨할 기연機緣을 유실함이 무릇 기하幾何뇨.

희噫라! 구래의 억울抑鬱을 선양하려 하면, 시하時下의 고통을 파탈擺脫하려 하면, 장래의 위험을 삼제芟除하려 하면, 민족적 양심과 국가적 절의의 압축 소잔을 홍분 신장하려 하면, 각 개인 인격의 정당한 발달을 수遂하려 하면, 가련한 자제에게 부끄러운 재산을 유여遺與치 아니하려 하면, 자자손손의 영구 완전한 경복慶福을 도영導迎하려 하면, 최대급무가 민족적 독립을 확실케 함이니,

2천만 각 개인이 인사마다 작은 인끼을 회懷하고, 인류 통성通性과 시대 양심이 정의의 군軍과 인도人道의 간과干戈로써 원호하는 금일, 오인은 진進하여 취取함에 어떠한 강압도 좌挫치 못하랴. 물러나 일을 작作함에 무슨 뜻도 전展치 못하랴.

병자수호조규 이래 시시종종時時種種의 금석맹약을 어겼다 하여, 일본의 신의 없음을 책망하려 아니하노라. 학자는 강단에서, 정치가는 실제에서, 우리 조종의 세업을 식민지 시하고, 아我 문화민족을 야만인 취급하여 한갓 정복자의 쾌快를 탐할 뿐이오, 아의 구원한 사회기초와 탁절한 민족심리를 무시한다 하여 일본의 소의少義함을 책하려 아니하노라. 자기를 책려策勵하려 하기에 급한 오인은 타인의 원망을 할 틈이 없노라.

현재를 주무綢繆하기에 급급한 오인은 옛날을 징변할 틈이 없노라.

금일 오인의 소임은 다만 자기의 건설이 유有할 뿐이오, 결코 타의 파괴에 재在치 아니하도다. 엄숙한 양심의 명령으로써 자기의 신운명을 개척함이오, 결코 구원舊怨과 일시적 감정으로써 타를 질축배척嫉逐排斥함이 아니로다. 구사상, 구세력에 묶인 일본 위정자의 공명적功名的 희생이 된 부자연, 우又 불합리한 착오상태를 개선 광정하여, 자연 이에 맞는 정도의 대원大原으로 귀환케 함이로다.

당초에 민족적 요구로서 출치 아니한 양국 병합의 결과가 필경 고식적 위압姑息的威壓과 차별적 불평과 통계 숫자상 허식의 하에서 이해상반한 양 민족 간에 영원히 화동할 수 없는 원구怨溝를 점점 더 깊게 하는 금래 실적을 관觀하라. 용맹 과감으로써 구오舊誤를 확정廓正하고 진정한 이해와 동정에 기인한 우호적 신국면을 타개함이 피차간 화를 멀리하고 복을 부르는 첩경임을 명지明知할 것 아닌가.

또 2천만 함분축원의 민民을 위력으로써 구속함은 다만 동양의 영구한 평화를 보장하는 소이가 아닐 뿐 아니라, 차로 인하여 동양 안위의 주축인 4억만 지나인의 일본에 대한 위구와 시의猜疑를 갈수록 농후케 하여, 그 결과로 동양 전국이 공도동망共倒同亡의 비운을 초치招致할 것이 명명하니, 금일 오인의 조선독립은 조선인으로 하여금 정당한 생영生榮을 수遂케 하는 동시에 일본으로 하여금 사로邪路로서 출出하여 동양 지지자인 중책을 전全케 하는 것이며, 지나로 하여금 몽매에도 면하지 못하는 불안, 공포에서 탈출케 하는 것이며, 또 동양 평화로 중요한 일부를 삼는 세계평화, 인류행복에 필요한 계단이 되게 하는 것이라. 이 어찌 구구한 감정상 문제리오.

아아, 신천지가 안전眼前에 전개되도다. 위력의 시대가 거去하고 도의의 시대가 내來하도다. 과거 전세기에 연마장양鍊磨長養된 인도적 정신이 바야흐로 신문명의 서광을 인류역사에 투사하기 시작하도다. 신춘이 세계에 내하여 만물의 회소를 최촉하는도다. 동빙한설凍氷寒雪에 호흡을 폐칩閉蟄한 것이 피彼 일시의 세라 하면, 화풍난양和風暖陽에 기맥을 진서振舒함은 차 일시의 세니, 천지의 복운에 제際하고 세계의 변조를 승乘한 오인은 아무 주저할 것 없으며 아무 기탄할 것 없도다. 아의 고유한 자유권을 호전護全하여 생왕生旺의 낙을 포향飽享할 것이며, 아의 자족한 독창력을 발휘하여 춘만春滿한 대계大界에 민족적 정화를 결뉴結紐할지로다.

오등이 자에 분기하도다. 양심이 아와 동존하며 진리가 아와 병진하는도다. 남녀노소 없이 음울한 고소古巢에서 활발히 기래起來하여 만휘군

상萬彙群象으로 더불어 흔쾌한 부활을 성수成遂케 하도다. 천백세 조령祖靈이 오등을 음우陰佑하여 전 세계 기운이 오등을 외호하나니, 착수가 곧 성공이라. 다만, 전두前頭에 광명으로 맥진할 따름이다.

공약3장

1. 오늘 우리들의 이 거사는 정의·인도·생존·번영을 찾는 겨레의 요구이니, 오직 자유의 정신을 발휘할 것이고, 결코 배타적 감정으로 치닫지 말라.
1. 마지막 한 사람에 이르기까지, 마지막 한순간에 다다를 때까지, 민족의 올바른 의사를 시원스럽게 발표하라.
1. 모든 행동은 먼저 질서를 존중하여, 우리들의 주장과 태도가 어디까지나 공명정대하게 하라.

나라를 세운 지 4252년 되는 해 3월 초하루

이 선언은 이를 쓴 사람이 누구든지 당시의 2,000만 조선인들의 의지를 밝힌 당당한 대문장이다.

이 선언 발표의 전말은 이상에서 서술한 그대로이지만 탑골공원의 집회는 대단하였다. 이곳에 모인 수천의 군중을 앞에 놓고 학생이 독립선언서를 읽어 내려가자 뜻밖에 어디선가 조선독립만세의 고함소리가 일어났다. 그리고 이곳으로부터 동서 두 대열로 나뉘어 대大시위행진으로 들어갔다. 시위행진은 서울을 8개구로 나누어 길을 가면서 독립선언서를 나눠주고 "일본군과 일본인은 일본으로 돌아가라", "조선독립만세", "조선 독립정부를 수립하라"는 슬로건을 외치면서 조선인들의 참가를 호소했기 때문에 시위행진은 점점 커졌다. 때마침 고종의 장례식으로 인해 전국에서 약 50만의 조선인들이 서울에 모여 있었다. 이들 대부분이 각처의 시위운동에 참가했기 때문에 이날 서울의 독립운동 참가자는 50만 명 이상이었다.

운동의 경과

3·1독립선언을 발표한 이래 조선 각지에서 일어난 폭동(운동-옮긴이, 이하 동일)의 경과에 대한 육군성의 발표는 다음과 같다.

"3월 1일 경성에서 발발함과 동시에 평안남도 평양, 진남포, 안주, 평안북도 의주, 선천, 함경남도 원산 등 6개 소에서 발발했고, 다음 제2일에는 황해도 해주, 수안 두 곳에서 일어났다. 이리하여 이상 각 도의 각지에 소요를 야기하여, 날이 갈수록 각 도에 만연되어 3월 하순에는 드디어 13도에 만연되었다. 이 시기부터 4월 상순에 걸쳐서 각처에 연속 발생했을 뿐만 아니라 일반의 인심이 매우 험악해져서 경비기관의 소홀한 틈을 타 교통이 편하거나 그렇지 않음에 따라 점점 편벽한 곳으로 파급되었다. 그 수단에서도 곤봉, 낫, 괭이 혹은 죽창 또는 드물게는 권총 등의 무기를 사용해서 군대와 경무 관헌에게 저항할 뿐만 아니라, 관공서 또는 학교를 습격해서 방화 또는 파괴하였다. 내지인 가옥에 대해서도 같은 박해를 가하고 혹은 순사보, 헌병보조원의 주택에 침입하고, 심지어는 경찰관을 참살하는 등 난폭함이 극심하고 포악이 미치지 않은 곳이 없었다. 4월 중순에 이르러 이에 대한 관헌의 처치는 점점 엄격하게 됨에 따라 대체로 4월 중순이 끝날 무렵에 이르러서는 각 도가 다 소요의 자취를 거의 볼 수 없게 되었다. 그래서 이들 각지에서의 소요자들은 본래는 다수가 야소교도(기독교도-옮긴이), 천도교도 또는 이들과 관계가 있는 학생들을 주로 했지만 날마다 점차 기민하고도 교묘한 선동은 마음에 없는 일반인민까지도 소요의 와중으로 들어가도록 만들었다."

하라 다카시

이 육군성의 보고에서 4월 중순 이후에 이르러서 운동이 진압됐다고 하는 것은 거짓말이다. 당시 총리대신이었던 하라 다카시原敬(1856~1921)[53]의 일기를 보아도 "이번 사건은 내외에 대하여 극히 경미한 문제로 만드는 것이 필요하다"라는 훈령을 조선총독에게 시달했거나, '신문지의 취체'를 했던 것으로도 알 수가 있다. 또 운동이 잠잠해졌다고 하는 4월 중순에 일본으로부터 진압을 위해 군대를 파견하였다.

---

[53] 모리오카(盛岡) 현 출신. 신문기자를 거쳐 외무성·농상무성에 근무하면서 무쓰 무네미쓰와 이노우에 가오루의 신뢰를 얻었다. 무쓰 외무대신 밑에서는 외무 관료로 중용되고, 이노우에의 권유로 1900년 입헌정우회 간사장을 맡고, 1902년 중의원 의원에 당선되었다. 쌀 소동으로 데라우치 내각이 총사직하자 하라 내각이 성립하였다(1918). 그는 작위수여를 계속 고사했기 때문에 '평민재상'으로 불려졌다.

학살 현장

뿐만 아니라 이 군대를 조선 전국 1천 수백개 소에 분산 배치해서 겨우 운동을 진압했다고 하는 그해 12월 22일자로 발표된 육군성의 성명에서 보아도 이상한 일이다.

3월 중에 일어난 운동에 대해서는 육군성의 『조선소요경과개요』에 잘 정리되어 있기 때문에 그것을 따르기로 했다.

이 육군성 발표와 신문에 나온 3월 중의 운동, 김학무金學武·김태준金台俊의 『근대조선혁명운동사』, 박은식朴殷植의 『한국독립운동지혈사韓國獨立運動之血史』로부터 얻은 4월 중에 일어난 항일투쟁을 비교해 보면 이 대략적인 투쟁의 모습을 알 수 있다.

표3-1 · 3월 중에 일어난 항일투쟁

항일투쟁이 일어난 날	장소	참가인원	육군성이 발표한 운동 경과

1. 경기도

항일투쟁이 일어난 날	장소	참가인원	육군성이 발표한 운동 경과
3월 1일	서울	500,000	3월 1일 약 3~4천 명의 학생이 예정대로 '탑골' 공원에 집합해서 독립선언서를 낭독하고 시위운동을 개시하자 군중이 이에 가담하여 그 수가 수만에 달해 시중을 돌아다녔다. 그날 이태왕(고종) 국장을 보기 위해 지방에서 상경 중인 사람이 수천만에 달해 혼잡은 말할 수 없었다. 그러므로 총독은 군대로 하여금 경무 관헌을 원조해서 치안의 유지에 힘쓰도록 한 결과 3월 중순 말에 이르기까지는 표면상 평온을 유지했는데, 3월 하순에 이르러 시내 각처와 서울 근교의 군에 운동이 계속해 일어나 종래의 시위운동은 점차 악화되고 서울 시중에서는 전차에 투석 승객을 협박하였다. 또 경관파출소를 습격하고 투석 폭행 또는 이것을 파괴하여 경관의 제지를 수긍하지 않고 완강히 저항을 시도하기 때문에 관헌 측과 충돌해서 피아간에 다소의 사상자가 발생하기에 이르렀다. 군에서도 21일 이후 80개소에서 운동이 발발해서 헌병, 경찰관서, 우편소, 면사무소를 습격 또는 내지인 민가에 방화하는 등 대항을 한 자가 적지 않았다. 그중 가장 큰 항쟁을 행한 것은 수원, 안성 지방인데 방화·파괴는 물론 내지인 순사 1명을 학살하는 등 항쟁의 정도는 3월 중에 있은 시위를 통해서 드물게 보는 바다.
2일	서울		
3일	개성	6,000	
3일	시변리		
4일	개성	2,000	
5일	동막		
5일	서울		
5일	개성		
6일	인천	1,000	
7일	인천		
7일	개성		
8일	인천		
9일	서울	시전조선인 노동자파업	
9일	인천	500	
10일	평택		
11일	개성	1,000	
11일	안성		
11일	철원		
15일	가평		
16일	영동리	300	
18일	강화도	600	
22일	서울	3,000	
22일	마포		
23일	서울		
25일	서울		
26일	동두천	500	
26일	양주	600	
27일	청량리	500	
28일	사하리	2,000	
29일	창동리		
29일	수원	2,000	
29일	양주	2,000	
29일	포천	2,000	
30일	포천		
30일	수암리		
31일	우천리		
31일	발안리		
31일	사하리		

2. 충청북도

날짜	장소	인원	내용
3월 19일	합천	1,200	10일 청주학교 생도들의 시위로 시작해서 10개 군 중의 4개 군 여러 곳에서 시위가 있었다. 경기도에서의 저항을 본받아 2~3개소에서 관헌에게 저항하기에 이르렀다.
19일	괴산	2,000	
24일	강외	3,000	
27일	이원		
29일	괴산		
30일	서산		
31일	영산		

3. 충청남도

날짜	장소	인원	내용
3월 8일	공주		10일 논산군 강경에 시위가 발발하고 이어서 다른 20여 개 소에서 시위를 야기하든가 흉기를 휴대하고 헌병주재소를 습격하고 총기를 탈취코자 기도 또는 전선을 절단하고 기타 경찰서를 파괴하는 등 폭행을 했다.
11일	강경		
19일	유구		
29일	서천		
31일	유성		

4. 전라북도

날짜	장소	인원	내용
3월 5일	군산	500	여러 곳에서 운동을 기도했지만 오수(獒樹)에서 민중이 경찰관주재소와 면사무소에 몰려들어 항쟁을 한 외에는 모두 큰일은 일어나지 않았다.
8일	군산		
11일	내장	500	
13일	전주	600	
13일	이리	600	
14일	전주	1,000	

5. 전라남도

날짜	장소	인원	내용
3월 10일	광주	600	5개소에서 9회에 걸쳐서 시위운동을 했지만 어느 것도 큰일에 이르지는 않고 진정됐다.
14일	광주		
15일	영광		
20일	무안	100	
20일	영산포		
20일	세안	500	
26일	송정리	600	
27일	송정리	300	
28일	광양	5,000	

6. 경상북도

날짜	장소	인원	내용
3월 8일	대구	800	8일 대구에서 학생들의 시위운동이 시작되어 각지에 파급됐다. 11일 이후 20여 개소에 소요가 발발, 그중 특히 안동·영덕·의성과 청송군 내에서는 민중들이 광폭함을 나타내 완강하게 저항했다. 특히 안동에서는 군청, 법원지청, 경찰관 주재소를 습격 투석폭행 또는 파괴하는 등의 행위가 있었다.
13일	경주	600	
18일	영해	1,000	
19일	도리	1,000	
30일	대구		

7. 경상남도

3월 6일	부산	300	11일 부산진에서의 기독교 학생들의 시위운동으로 시작해서 30여 개소에서 시위를 야기하였다. 군청, 경찰관주재소, 우편소, 등기소, 면사무소, 학교 등을 습격 이를 파괴하는 등의 항쟁이 적지 않았다.
11일	포강		
16일	밀양	600	
18일	진주	2,000	
18일	동래		
19일	함안		
19일	진주		
19일	사천	500	

8. 황해도

3월 2일	황주	2,000	2일 천도교도를 주로 하는 다수의 저항민이 황주 경찰서를 습격한 것을 시작으로 30여 개소에 시위가 발발했다. 그중에 특히 수안에서는 도민 100여 명이 군청, 헌병분대를 인도하라고 하면서 헌병분대 구내에 쇄도해 폭행을 했다. 기타 각처에서도 헌병관서에 내습해서 심한 저항을 감행한 자가 적지 않았다.
2일	수안	200	
3일	사리원	600	
3일	수안	200	
3일	겸이포	500	
3일	황주	200	
4일	곡산	50	
4일	황주	300	
4일	수안	100	
5일	광천	100	
6일	온정리		
6일	황주		
6일	수안		
7일	온정리		
8일	황주	100	
10일	종리		
10일	재령	1,000	
11일	온정리	200	
12일	장연	3,000	
13일	송화		
18일	연안	600	
19일	문화		
19일	신천		
19일	수안		
19일	율리		
27일	곡산	300	
28일	겸이포	600	
28일	해주	1,000	
29일	청석두		

9. 평안남도

날짜	지역	인원
3월1일	평양	10,000
1일	안주	3,000
2일	상원	130
2일	진남포	3,000
2일	중화	200
2일	증산	300
2일	안주	4,000
3일	상원	130
3일	안주	3,000
3일	중화	300
4일	사천	3,000
4일	성천	200
4일	양덕	500
4일	평양	50,000
4일	사천	500
4일	성천	200
4일	곡산	500
5일	덕천	400
5일	신창	1,000
6일	평양	600
6일	덕천	300
6일	기양	
6일	순안	
6일	강서	
6일	함종	
6일	맹산	
6일	순천	500
7일	어파	1,000
8일	삼등	
8일	덕천	
8일	강동	
8일	어파	
8일	함종	5,000
8일	숙천	
9일	숙천	
9일	영원	1,500
9일	함종	300
10일	맹산	100
11일	맹산	100
14일	양덕	500
22일	평양	
26일	평양	600
28일	평양	
30일	강동	

본 도는 이번 소요의 주모자인 기독교와 천도교의 세력이 가장 왕성한 관계로 각지가 다 밀접한 연합이 있었던 것 같다. 1일부터 10일 동안에 30여 개소에서 시위가 있었는데 항쟁이 경기도 각 군에 못지않았다. 그중에 성천에서는 도민 수백 명이 곤봉, 낫, 도끼 등을 휴대하고 헌병대에 내습해서 파괴하는 외에 기타의 저항을 했다. 헌병은 극력방위에 힘써 이를 해산시킬 수 있었다. 이로 해서 헌법분대장은 중상 후 사망했고, 도민측은 60여 명의 사상자를 냈다. 맹산에서도 성천과 같은 저항을 했기 때문에 헌병 1명이 저항민에 의해 죽고 도민도 50여 명의 사상자를 냈다. 사천에서는 헌병 4명이 도민들에게 포위를 당해 극력 진압에 힘썼지만 탄약이 떨어져 전원 저항민들에게 죽고 주재소는 방화됐다.

10. 평안북도

날짜	장소	인원	비고
3월 2일	의주	1,200	전후 수차에 걸쳐 시위가 있어 운동이 극에 달했던 것은 기독교도가 가장 많은 선천인데, 소요자의 수가 많았을 때에는 6,000명에 이르렀다. 기타 30여 개소에서 시위가 있었는데 도민들의 심한 저항이 극심했던 곳이 적지 않았다.
2일	선천	100	
2일	초산		
3일	선천	1,500	
4일	선천	6,000	
4일	양시	5,000	
4일	의주	600	
4일	철산	3,000	
4일	고군위	150	
6일	초산		
8일	정주	500	
10일	철산	5,000	
11일	영변	150	
15일	의주		
19일	선천		
31일	영산		

11. 강원도

날짜	장소	인원	비고
3월 10일	철원	700	10일 철원에서 있었던 시위에 이어 7개소에서 시위가 있었다. 그중 두 곳에서는 헌병주재소와 면사무소를 습격해서 파괴하는 저항을 하고 면장과 헌병에게 부상을 입히고 면서기 3명을 납치하는 등의 일이 있었다.

12. 함경남도

날짜	장소	인원	비고
3월 1일	원산	3,000	1일 원산에서의 시위운동 이래로 시위가 30여 개소에 있었다. 헌병경찰관서를 습격하고 파괴하는 등의 저항을 한 곳이 7개소나 되었다. 그중 고토리에서는 헌병주재소 내에 잠입해서 헌병을 구타·부상시키고 병기, 서류, 기구 등을 모두 파괴 소각했다.
3일	함흥	700	
4일	함흥	200	
6일	함흥	100	
6일	지경	250	
6일	오노리	400	
7일	정평		
7일	쌍상리		
7일	본궁		
8일	함흥		
10일	단천		
10일	신흥		
11일	단천		
13일	정평	500	
14일	풍산	1,000	
14일	선덕장	500	
16일	홍원		
18일	함흥		

13. 함경북도

날짜	장소	참가인원	
3월 8일	용천		10일 성진에서 있었던 학생들의 시위운동 저항에서부터 시작해서 20여 개소에서 시위가 발발했다. 그중에 도민의 수가 많은 것은 5,000명에 달하며 수 개소에서는 면사무소를 습격하고 방화하는 등의 저항이 있었다.
9일	성진	200	
10일	성진	300	
11일	성진	500	
12일	길주	1,000	
14일	나남		
14일	화태		
14일	유성		
16일	길주		
18일	온성	600	
19일	빈촌		
26일	회령	560	

표3-2 · 4월 중에 일어난 항일투쟁

장소	참가인원	육군성이 발표한 운동의 경과

1. 경기도

장소	참가인원	육군성이 발표한 운동의 경과
용인	13,200	서울 시내에서는 관헌과 군대의 삼엄한 경계 때문에 시위를 야기치 못하게 되어 표면상의 질서를 유지할 수 있었다. 그러나 각 군에서는 수원과 안성 부근에서 격렬한 시위의 영향을 받아 4월 상순에 이르러 창궐함이 극에 달해 군청, 면사무소, 경찰관서, 헌병주재소 등의 습격, 민가와 면사무소의 파괴, 방화, 교량의 파괴, 소각 등 모든 저항이 감행됐다. 뿐만 아니라 약 2천 명의 민중은 수원군 우정면 화수리 경찰관주재소를 습격하고 이를 포위하고 저항함으로써 주재순사는 발포·응전했으나 중과부적으로 탄환이 떨어져 참살당하고, 그 사체는 능욕을 당했다. 상황이 위와 같이 거의 내란과 같은 상태가 됐기 때문에 그 지방 일본인들은 위험을 무릅쓰고 부녀자를 잠시 타지로 피난시키는 등 인심은 흉흉하고 형세는 혼돈되었다. 당시 그곳에 왔던 발안성 수비대장은 그 현황을 보고 운동주모자를 철저하게 토벌할 필요를 인정하였다. 4월 15일 부하를 인솔하고 제암리에 도착해 주모자로 인정된 기독교도와 천도교도들을 집합시키고 20여 명을 살상하고 촌락의 대부분을 소각했다.
연천	1,200	
이천	2,300	
진위	5,000	
양평	1,900	
여주	1,000	
수원	11,000	
죽산	3,000	
안성	1,800	
김포	15,000	
장단	700	
파주	5,000	
양성	3,500	

2. 충청북도

장소	참가인원	육군성이 발표한 운동의 경과
영동	1,000	4월 상순에 경기도 시위의 여파로 거의 전 군에 걸쳐 시위가 빈발하고 파괴, 방화 등의 저항이 적지 않았으나 중순에 이르러 대체로 표면상은 종식됐다.
진천	900	
제천	2,900	
음성	2,000	
충주	3,250	

3. 충청남도

아산	1,000	4월 상순의 시위는 경기도 각 군의 다음으로 저항이 심해 각종 관공서, 학교 등의 파괴 또는 습격을 한 것이 10수 개소에 달했다. 경찰관을 때려 상처를 내고 면장을 협박 또는 헌병을 납치해 가는 등 혼란이 극심했기 때문에 일본인의 피난, 경찰관과 헌병주재소를 경비상의 필요로 타처로 옮기지 않을 수 없었던 것이 3개소나 됐으나 13일 이후에는 대체로 평상으로 돌아갔다.
공주	4,000	
청양	3,400	
조치원	1,800	
예산	3,000	
서산	20,000	
홍성	3,300	
연기	1,200	
보령	6,000	
논산	5,000	
부여	3,000	

4. 전라북도

부안	5,000	여러 곳에서 저항이 있었고 또 교량에 방화한 외에는 대체로 조용했다.
무주	3,500	
순창	5,000	

5. 전라남도

여수	4,000	3월 중의 시위발생구역은 1부 8개 군에 이르렀으나 한 곳에서 면사무소를 습격한 이외에는 다만 시위운동에 그치고 특기할만한 시위는 없었다.
함평	1,500	
순천	1,500	
보성	600	
담양	1,500	
장성	1,500	
강진	2,500	
해남	1,000	
진도	2,000	
거제	2,500	

6. 경상북도

영덕	1,000	3월 중의 격렬했던 시위 여파를 몰아 4월 중 전반에는 아직 각지에서 시위가 계속 발생했으나 후반에는 대체로 조용했다.
영해	1,200	

7. 경상남도

밀양	1,350	4월 중에 남한에서 시위가 가장 자주 발생한 곳은 본 도로 전반은 더 말할
창녕	1,000	것도 없고 후반에 이르러서도 계속해서 발생했다. 그 수단에서도 곤봉이나
울산	2,000	죽창을 휴대했고, 또는 총기를 뺏어 달아나는 등 대부분이 적극성을 띠고
동래	1,000	창궐함이 극심한 것이 많았다. 그중 경찰관주재소, 헌병주재소와 다른 관
부산	2,000	청을 습격하거나 파괴한 것이 10개소에 이르렀다. 또 압송하는 도중에 방
기장	1,500	해를 가하는 행위를 취하므로 이를 진무함에 특별수단을 취하지 않을 수
하동	12,000	없었던 곳도 적지 않았다.
함양	1,200	
함안	2,000	
합천	4,800	
영천	1,800	
합천	3,000	
예안	1,700	
통영	1,000	
청계	1,200	
안의	3,000	

8. 황해도

해주	7,300	4월 중의 전반은 시위가 거의 매일같이 계속해서 발생되어 도내의 각 군 발
곡산	700	생건수도 전국에서 수위를 차지했다. 그중 7일과 8일의 양일에는 시위지역
송화	1,500	수가 17개소에나 달했다. 폭행이 있었던 곳의 수도 상당히 많아 경찰관 또
안악	15,000	는 헌병주재소를 습격한 것만도 20여 개소나 됐다. 운동의 지역과 건수는
재령	150	물론 그 수단에서도 경기도 각 군과 더불어 실로 전국에서 으뜸이었다.
장연	10,000	
서흥	12,000	
평산	15,000	
문화	700	

9. 평안남도

강동	1,250	4월에 들어서는 불온한 거동이 있는 것은 4건에 지나지 않아 대체로 조용했다.

10. 평안북도

삭주	35,000	4월 중 시위가 가장 많이 발생한 때는 1일로서 그 수가 13건이나 됐으나,
정주	25,000	그 후로 점차 감소했고 10일 이후는 완전히 종식됐다. 관청의 습격과 파괴,
영변	250	방화 등의 저항이 10여 개소에 달했고 군중의 수가 많기로는 6~7,000을 헤
창성	1,000	아리는 곳도 있었다.
강계	1,350	
초산	300	
운산	1,600	
벽동	4,600	

11. 강원도

울진	600	4월 중 전반을 통해서 하루도 시위가 발생하지 않은 곳이 없었다. 관공서가 습격을 받은 곳이 9개소에 이르렀으며 그 외에 민가의 파괴 피검자의 탈환을 기도하는 등 저항의 정도와 사건의 건수는 창궐이 심했던 타도에 조금도 뒤지지 않았다.
삭녕	2,500	
정선	1,200	
양양	2,000	
인제	2,560	
간성	1,300	
장전	2,500	

12. 함경남도

북청	1,600	4월 8일에 함흥군 덕원(德源)에서 도민이 헌병주재소를 습격한 이외에는 대체로 평온하게 지냈다.
풍산	900	
덕원	1,850	
홍원	1,000	
갑산	500	

13. 함경북도

성진	23,000	4월 중의 본 도의 폭동지역은 1부 5군에 지나지 않고 온성군 내에서 한 곳에 폭행이 있는 외에는 큰 소요를 일으키지 않고 평온하게 지냈다.
경성	5,000	
청진	250	
온성	1,200	

3·1운동이 일어났을 때 미국에 있던 조선인 수는 일본의 관헌들도 모르고 있었던 것 같다. 대충 잡아보면 하와이에 약 4,500명, 미국 본토에는 샌프란시스코를 중심으로 한 태평양 연안에 약 1,400~1,500명에서 2,000명, 뉴욕 부근의 대서양 연안에 약 400명 정도가 있었던 것 같다.

이들은 대부분 이민노동자로서 한국병합 이전에 미국에 가 있던 사람들이 많았다. 이 사람들은 대체로 조선독립운동단체에 소속되어 있었는데 그중에 중요한 단체를 소개하면 다음과 같은 것이 있다.

대한인국민회大韓人國民會(Korean National Association)가 설립된 것은

1909년(메이지 42년) 2월로 조국의 부흥과 미국에 있는 조선인의 권리 옹호를 목적으로 한 단체였다. 1910년에 재미 조선인 단체인 대동보국회大同保國會와 합동해서 미국에 있는 조선인 거의 전부를 포섭하기에 이르렀고 하와이, 멕시코, 블라디보스토크 등지에도 그 지부가 있었다. 이승만李承晩(고문), 김규식金奎植, 안창호安昌浩 등이 그 주요 지도자였다.

대한독립단大韓獨立團(Korean Independence League)은 박용만朴容萬이 그 지도자였는데, 주로 하와이에 이민 온 조선인들을 모아 조직한 것이었으나 그리 유력한 것은 아니었다.

대한인흥사단大韓人興士團(Korean Knight)은 정한경鄭漢慶이 샌프란시스코에서 조직한 것인데 안창호가 단장이었다. 이것도 그리 유력한 것은 아니었다.

신한인회新韓人會(New Korean Association)는 정한경이 1918년에 조직한 것이다.

대한인국민회 하와이지부(1919.4.12)

이승만　　　　　　　김규식　　　　　　　안창호

대한인국민회와 같은 계통으로 또 이와 교류하고 있었지만 단원도 적고 유력하지 않았다.

이들은 3·1운동이 일어나기 전부터 미국에 있던 독립운동 단체였다. 대체로 단원이나 지도자가 공통인데, 그중 가장 유력한 단체는 대한인국민회 정도다.

3·1운동 이전부터 미국에서 일어나고 있던 조선독립운동에 대해서 염탐하던 김무술金武述54이라고 하는 조선인 스파이로부터 정보를 얻은 일본 총영사의 자료에 따르면, 1918년 1월 8일 윌슨 대통령이 민족자결주의를 발표하자 체코슬로바키아인, 폴란드인들이 뉴욕 시에 모여 약소민족 동맹회를 만들었는데 조선인들도 이에 가담하고 김규식이 이 회의 위원이 되었다고 한다.

또 1918년 12월에는 샌프란시스코에 있던 대한인국민회의 회장 안

---

54 金鎭宅이라고도 한다. 일본의 아오야마(靑山)學院 졸업생으로 뉴욕 시에 있었던 金奎植의 거처에서 동거하고 있었다.

창호를 중심으로 한 운동도 있었다. 같은 달 3일에 김규식의 사촌 형인 김한金漢과 신채호申采浩라는 조선인이 미국 상원의원 히치코크와 하원의 외교위원장 푸랫트에게 조선독립을 원조해 줄 것을 요청하는 진정서를 제출했다. 다음 해인 1919년 1월 18일에는 미국과 러시아와 중국에 있었던 조선인들을 대표해서 정한경이 미국 상원의 외교위원장에게 독립청원서를 제출하고 파리 강화회의에서 조선의 독립을 인정해 주도록 탄원했다.

이와 반대로 시베리아나 중국 특히 만주에 있던 조선 독립운동자들은 처음부터 무력투쟁에 의해서 조선의 독립을 쟁취하고자 생각하고 있었다.

독립청원서

3. 3·1운동과 민족독립운동의 발전

그들은 구한국시대부터 항일투쟁을 하고 있던 구한국군의 지도자들인데 병합 후에는 항일독립군의 근거지를 이동해서 이 방면으로 옮겨 왔다. 따라서 이 방면의 독립운동의 특징은 처음부터 군대조직이나 일종의 군사교육기관 등을 갖고 있었다는 점이다. 이 점에 대해서는 조선주차군사령부의 『조선폭도토벌지』가 그 진상을 잘 전해 주고 있기 때문에 다음에 그것을 인용해 보자.

"국경 밖에 있는 조선인의 이주 범위는 매우 넓어서 접경인 러시아와 청국 영토 내에 가장 많은 수를 점하여 대략 30만 인구를 헤아리고 있다. 기타 만주, 상하이, 하와이, 미국 등에 배일적인 위험사상을 품은 유력자가 산재하고 있는 것 같다. (중략) 그리고 국경 외 이주자 중의 일부 유력한 조선인들은 그 외국의 보호통치권 내에 속하고 있어 직접 우리 행정권이 미치지 못함을 기회로 공공연히 결사단체를 조직하고 있다. 언론과 문필을 주물러, 일반 무지한 이민을 선동하여 의연금을 모집해서 총기·탄약을 구매하고 교사나 교회당을 건축하고 교육, 권업, 무기武技의 단련을 시행하며, 때에 따라서는 폭동, 암살 등의 거사를 위한 모의를 한다. 또는 격렬한 언론을 공개해서 여론의 동정을 환기하려고 노력한다. 또는 제3국의 원조를 얻도록 획책해서 국권 회복, 한국의 부흥이라는 제목을 주의로 삼고, 시대의 추세와 맞서 분투하고 있음은 반드시 막연한 공상이라고 간주해서는 안 될 것이다."

이것을 보더라도 알 수 있듯이 이 방면의 조선 독립운동은 일본으로서도 '간과'할 수 없을 정도로 유력한 것이었다. 그리고 이들의 근거지는 대체로 다음과 같았다.

홍용기洪龍起—집안 현 통구 부근, 홍도복洪道復—횡도천橫道川, 차도선車道善—만강漫江 부근, 이범윤李範允 부하—용정촌龍井村 부근, 이범윤, 이상설李相卨, 정재관鄭在寬—블라디보스토크, 최재형崔在亨 부하—블라디보스토크 향산동香山洞, 최재형, 홍범도洪範道, 이범윤 부하—노키에프스크(보셋트 만), 이범윤 부하—니콜리스크, 그 밖에 엄인섭嚴仁燮 이위종李瑋鐘, 김기룡金起龍, 김서윤金瑞允 유인석柳麟錫, 이범진李範晋 등의 부대가 유명했다. 이것은 1912년경의 일이었는데 3·1운동을 전후해서는 다음과 같이 되어 있다.

이들 독립운동단체 가운데 1919년 이후에 된 것은 말할 것도 없이 3·1운동의 영향에 의한 것이다. 그중에 한인사회당과 같이 프롤레타리아 정당이 싹트고 있는 것은 러시아혁명의 영향을 받았음을 말하는 것으로 흥미 있는 사실이다.

표3-3 · 초기의 조선인 항일단체

명칭	소재지	지도자	설립연월, 목적, 기타
암살단	블라디보스토크, 신한촌	단장 金景鳳 부단장 金久汝	1910년 설립, 단원 10명, 일본군 밀정 살해
기사단	블라디보스토크, 신한촌	단장 와시리金 부단장 니키포르슈	1918년 7월 설립, 단원 50명, 독립운동 인재 양성
대한국민의회	블라디보스토크, 신한촌	회장 韓君明 군사 吳永善 재무 金水學 외교 朝明也	1916년 5월 설립, 회원 200명
한인민회	블라디보스토크, 신한촌	회장 姜良五 부회장 金萬謙	1911년 설립, 회원 1,500명

명칭	소재지	지도자	설립연월, 목적, 기타
한인사회당	블라디보스토크, 신한촌	회장 張道定 부회장 김미하일 의사회장 金震 노동부장 趙璋元 선전부장 全一	1919년 3월 설립, 회원 80명, 신국가의 건설
노인단	블라디보스토크, 신한촌	단장 金治甫 고문 李 舜 재무 千手漸	1919년 3월 설립, 연장자의 독립운동단체
청년운동 구락부	블라디보스토크, 신한촌	회장 金景鳳 부회장 李季洙 총무 金弼秀	1919년 10월 설립, 회원 4,000명, 청년의 독립운동 특히 선전활동
아지미도회(都會) 구매조합	스라우얀카	조합장 姜네가와보우 부조합장 梁시시레	1920년 1월 설립, 회원 800명, 표면은 소비조합, 독립운동단체
청년회	블라디보스토크, 향산동	회장 金레뿌 부회장 田라-챠	1918년 10월 설립, 회원 30명, 청년들의 독립운동단체
기독교청년회	블라디보스토크, 향산동	회장 郭秉奎 부회장 吳永善 총무 李 則	1919년 2월 설립, 회원 150명, 기독교인의 독립운동단체
구국모험단 블라디보스토크 지부	블라디보스토크, 향산동	지부장 姜良五 부지부장 趙璋元	1919년 11월 설립, 결사대의 양성
독립단	블라디보스토크, 향산동	단장 崔在亨 부단장 金萬謙	
한인노동회	블라디보스토크, 향산동	회장 趙興明 부회장 金泰俊 총무 金學寬	병기의 구입, 무장준비
청년회	하바로프스크시	회장 朴允海 부회장 孫有甲 서기 姜贊熙	1919년 5월 설립, 회원 약 300명
이만 지방청년회	이만시	회장 郭仁植 부회장 朱德三	1918년 설립, 회원 36명, 블라디보스토크 청년회의 자매단체
노인단 지부	이만군 新農坪		1919년 4월 설립, 회원 50명, 블라디보스토크 노인단의 지부

조선인 빨치산의 활동은 니시가와 토라지로西川虎次郎(1867~1944) 육군 중장이 쓴 『시베리아 출정사사西伯利出征私史』(1925)나 스가하라 사가에菅原佐賀衛 육군 소장이 쓴 『시베리아 출병사요西伯利出兵史要』(偕行社, 1925)에도 나와 있다. 당시 일본군사령부의 발표에도 "빨치산 가운데 가장 유력한 것은 조선인으로 5연발총을 갖고 있지만, 러시아인은 단발총을 가지고 있었을 뿐이다"라고 한 것을 보아도 알 수 있다. 이런 사실은 3·1운동과 러시아 혁명과의 연결을 보여 주는 것이다.

다음으로 만주 방면으로 옮겨 간 조선인 무장 항일단체는 구한국군 계통이 많고 그 가운데에서 유력한 것은 아래 표에 있는 것과 같다. 이 부대들은 때때로 국경을 넘어서 조선 내에 들어와 일본군을 공격하든가 친일파인 조선인에게 제재를 가하든가 했다. 3·1운동을 1년 이상이나 계속한 것은 그 배후에 이러한 무장투쟁이 있었기 때문이다.

조선 국내의 독립투쟁이 전국 가는 곳마다 각처에서 일어났을 때 일부 망명자와 해외 독립운동자들은 상하이에 모여서 대한민국 임시정부를 조직하는 운동을 시작했다.

3월 하순에는 일본으로부터 이광수, 조선으로부터 최근우崔謹愚(일본으로부터 서울에 연락을 마친 후), 현순, 이봉수李鳳洙 등이 상하이에 모여 이들이 여운형을 중심으로 한 신한청년당의 사람들과 함께 손을 잡고 임시정부를 조직하는 운동을 시작했던 것이다.

시베리아 방면으로부터는 이동녕李東寧, 이시영李始榮, 조완구趙琬九, 조성환曺成煥, 김동삼金東三, 조영진趙英鎭, 조용은趙鏞殷 등 30명이 모여 왔다. 이렇게 해서 당시 상하이에 모인 독립운동자 수는 약 1,000명에 달했다고 한다. 거기에서 처음에는 저명한 독립운동자 또는 유력자였던 현순, 손정도孫貞道, 신익희申翼熙, 조성환, 이광李光, 이광수, 최근우, 백남칠白南七, 조소앙趙蘇(素)昂, 김대지金大地, 남형우南亨祐, 이회영李會榮, 이시영, 이동녕, 조완구, 신채호, 김철金澈, 선우혁鮮于爀, 한진교韓鎭敎, 진희창秦熙昌, 신철申鐵, 이한근李漢根, 신석우申錫雨, 조동진趙東珍, 조동호趙東祜, 여운형, 여운홍呂運弘, 현창운玄彰運, 김동삼이 4월 10일에 제1회 임시의정원회의를 개최하고 의장에 이동녕, 부의장에 손정도를 선출하고 이광수와 백남칠은 서기로 임명했다.

표3-4 · 항일단체의 성격과 장비

명칭	소재지	지도자	성격 및 장비
북로군정서	汪淸縣 春明鄕西大陂	총재 徐 一 부총재 去天默 사령관 金佐鎭 부사령 金 星 참모장 羅中昭	대원 1,600명 군총 1,300정 권총 150정 기관총 7정 근거지 부근에 무관학교를 경영
광복단	汪淸縣 春明鄕大坎子	단장 李範允 대변 金聖倫 고문 金星極 총무 洪斗極 참모 黃云瑞	대원 300명 군총 150정 권총 200정
군무도독부	汪淸縣 春明鄕鳳桐洞	총재 崔明祿 참모장 朴 英 대대장 李春承 중대장 李同春 소대장 崔文仁	대원 600명 군총 400정 권총 50정 기관총 2정

이 회의에서 국호를 대한민국이라고 할 것을 결정하고, 동시에 다음의 국무원을 선거했다. 국무총리 이승만, 내무총장 안창호安昌浩, 외무총장 김규식, 재무총장 최재형, 교통총장 신석우申錫雨, 군무총장 이동휘李東輝, 법무총장 이시영, 국무원비서장 조소앙, 내무차장 신익희, 외무차장 현순, 재무차장 이춘숙李春塾, 교통차장 선우혁, 군무차장 조성환, 법무차장 남형우.

동시에 다음과 같은 대한민국임시헌법을 제정했다.

▶ 대한민국임시헌법(대한민국 원년 4월 10일)

1. 대한민국은 북미합중국을 본 따 민주정치를 채용한다.
2. 대한민국의 인민은 남녀의 성별, 사회상의 지위 또는 재산에 의해 구별을 두지 않고 평등해야 한다.
3. 대한민국의 인민은 신앙, 언론, 집회, 결사의 자유를 향유해야 한다.
4. 대한민국의 인민은 공민인 이상 모두 선거권과 관리가 될 권리를 갖는다.
5. 대한민국은 세계평화와 문명을 기하는 국제연맹에 가맹해야 한다.
6. 대한민국은 이에 의해 민국을 건설한 국민적 이상이 신의에 일치함을 표명한다.
7. 의정원 회의와 임시정부는 판도가 완전히 회복된 후 1개년 이내에 의회를 소집해야 한다. 의정원 회의는 의회가 소집될 때까지 의회를 대행해야 한다.

이동휘

이름만은 꽤 당당한 것 같지만 이것이야말로 문자 그대로 이교異敎 나라의 정부(in partibus infidelium)였다. 이 정부의 수반을 누구로 하느냐가 큰 문제였다. 이 무렵 망명 조선인과 조선 국내의 독립운동가들 사이에 가장 신뢰를 받은 자는 시베리아에서 무장 항일독립운동을 지휘한 이동휘로, 서울의 독립본부에서는 이동휘를 임시정부의 수반으로 추대했다.

그런데 해외의 독립운동자들 가운데 윌슨 강령에 대한 환상이 강해서 미국의 도움으로 조선이 독립될 수 있다고 생각하는 사람들이 많았다. 그래서 미국에 있던 이승만, 안창호, 김규식 등이 각각 주요한 지위에 오른 것이다.

다음에 문제가 되는 것은 당시 상하이에 모여 온 1,000명 이상의 독립운동자들이다. 이것은 조선 8도, 러시아 지역, 중국 지역, 미국 지역의 11개 지방으로 구분해서 지방선거회를 만들고 여기에서 대의원을 선출해서 의정원에 참가하도록 결정했다.

집단세대인 임시정부는 또 끊임없이 동지 분열이 되풀이되었다. 예를 들면 4월 11일에는 국무원 비서장 조소앙, 내무차장 신익희, 군무차장 조성환, 법무차장 남형우, 재무차장 이춘숙이 그만두고, 동시에 위원제를 채용하여 국무, 내무, 재무, 법무, 군무, 교통의 각 부에 48명의 위원을 임명하고 있다.

제6차 임시의정원 폐원식 기념 촬영

 지상紙上의 정부로서 실제로 국무라고는 있을 리가 없는데도 이렇게 많은 사람을 정부역원으로 하는 것은 룸펜 구제를 위한 것이었다. 그런데 8월 5일에는 이것이 다시 차장제로 환원되었다.

 8월 18일에는 법무총장 이시영이 그만두고 신익희로 바뀌었다. 11월 26일에는 교통총장 문창범文昌範을 임무에 취임하지 않았다는 이유로 그만두게 하고, 차장 김철이 총장이 되는 식으로 끊임없이 인사에 혼선이 있었다.

필라델피아 한인대회 (1919.4.14)

어쨌든 상하이를 중심으로 한 임시정부의 활동에 호응해서 미국에 있는 조선인들의 운동도 활발해졌다. 1919년 4월 14, 15, 16일의 3일간에 걸쳐 필라델피아에서 이승만, 서재필徐載弼, 안창호, 정한경 등이 중심이 된 재미조선인의 제1회 의회와 독립선언식이 거행되었다.

상하이의 임시정부가 수립되고 이광수 등의 《독립신문》이 발행된 것은 한때 조선인들에게 희망을 주었던 것도 사실이다. 예를 들면 조선 내지에서는 임시정부 지지를 위한 기금모집운동이 비밀리에 시행되고 있었다.

미국의회에서 조선 독립이 의제가 되었다는 사실은 많은 조선인들에게 환상을 갖게 했다. 미국정부의 후원으로 파리 강화회의 또는 국제연맹에 의해 조선의 독립이 이뤄질 수 있으리라는 희망을 조선인들에게 주었던 것도 사실이다.

상하이의 임시정부는 조선인들의 일부에 있었던 이 환상 위에 세워졌던 정부라고 해도 좋다.

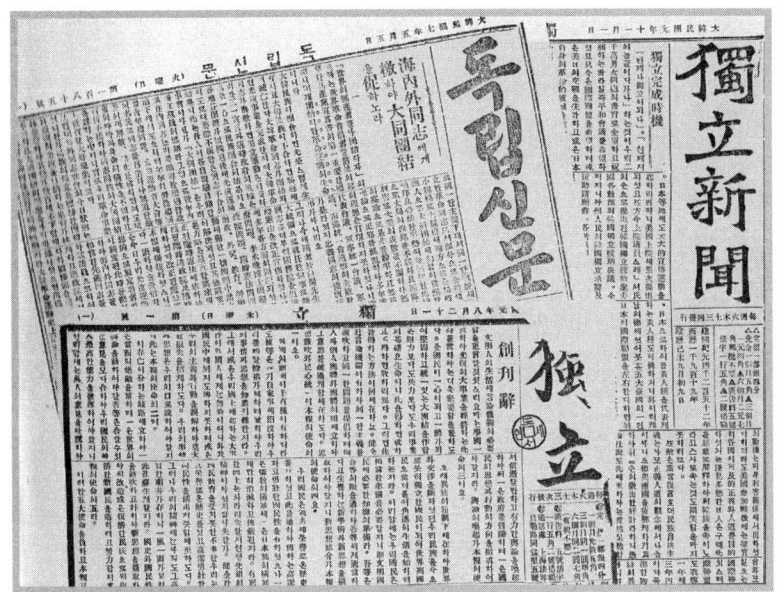

독립신문

　이승만은 미국으로부터 임시정부에 종종 편지를 보내서 미국에서의 일이 잘 되어가고 있는 것 같이 말하고 있었다. 그렇지만 실제로는 미국의회도 강화회의도 국제연맹도 조선독립 문제를 진지하게 취급하지 않았다. 임시정부의 이승만 일파가 최후의 희망을 걸었던 1921년 11월 워싱턴 회의는 최후의 환상을 보기 좋게 깨뜨려 버렸다.

　낡은 민족주의자들은 식민지 약탈이 본래의 사명인 제국주의에 기대어서 독립을 달성하려는 난센스를 진지하게 연출하고 있었다. 그때에 타도 워싱턴회의의 슬로건으로 이르쿠츠크에서는 극동노동자대회가 개최되었다. 대회는 1922년 1월 모스크바에서 처음으로 정식 개최돼 극동지방의 반제국주의 통일전선이 극동의 식민지·종속국 대표와 일본 프롤레타리아들 사이에서 움튼 것이다. 이 회의에는 조선의 민족혁명가들이 많이 참가하고 있었다.

3·1운동의 한가운데서 생긴 조선 민족혁명의 출발이 상하이 임시정부가 붕괴하는 날부터 시작된 것은 현재 조선의 운명을 암시하고 있다. 상하이 임시정부 해체의 징조는 야심가들의 탈락과 조선총독부의 매수와 더불어 점점 심해졌다.

1921년 4월 19일 상하이에 있었던 독립신문사 사장으로 3·1운동의 중심인물의 한 사람이었던 이광수가 조선에 돌아왔다는 사실은 많은 조선인을 실망시켰다. 이광수는 조선총독부의 주선으로 동아일보사에 들어갔다.

앞에서도 서술한 바와 같이 임시정부체제 속에는 끊임없이 혼선이 있었다. 이 때문에 1921년 5월 17일에는(1920년 12월 - 옮긴이) 이승만이 미국으로부터 돌아와 임시정부 내부의 결속을 도모했지만 뜻대로 성사되지 않았다. 이로부터 후에도 끊임없이 내부의 싸움을 반복하고 있었다. 1923년 4월 25일에는 조덕진趙德津, 김두만金斗萬 등 13의원의 서명으로 임시 의정원 회의에 임시대통령 이승만의 탄핵안을 냈다. 탄핵 이유는

1. 아무런 공무를 띠지 않고 정부소재지(상하이)를 떠나 시국을 수습할 수 없는 것
2. 국무원의 동의 및 국무원(즉 임시정부의 대신)의 부서副署 없이 교령을 남발한 것

3. 법률(임시정부의)을 지키지 않는 것

4. 구미위원부와 그 직원, 주미공사를 마음대로 임명한 것

5. 대한민국 원년(3·1운동의 해) 외국공채 500만 원을 마음대로 사용한 것과 구미위원부의 돈을 마음대로 사용한 것

위와 같은 것들이 헌법위반이라고 하는 것이다. 지금까지 이승만의 감언에 속고 있었던 사람들의 분노가 폭발한 것이다. 이렇게 해서 이승만은 1925년(다이쇼 14년) 조선공산당이 창립되던 해에 임시정부로부터도 제명되었다. 이로써 이승만은 국민과의 연결고리를 완전히 잃게 되고, 임시정부도 이윽고 무너졌다. 새로운 조선민족해방운동의 전위부대의 탄생과 낡은 반인민적인 것의 몰락이 때를 같이 했던 것은 위대한 역사의 교훈이다.

3·1운동의 진압

3·1운동은 처음부터 무장투쟁을 목적으로 한 것이 아니었다. 당시의 민족운동자는 조선독립이 간단히 되는 것으로 생각하고 있었다. 그래서 처음에는 평화적인 시위운동이 주요한 운동의 형태였다. 그런데 일본군이 이 운동에 대해 가한 잔인한 탄압과 운동의 발전이 스스로 투쟁의 모습을 변하게 했다.

일본의 운동 대책도 이런 일로 인해 변했다. 그 첫째는 운동을 대병력을 동원해서 재빨리 탄압하는 것이었다. 그것은 파리 강화회의에서 조선 문제가 논의돼서는 안 되겠다는 우려에서 보면 운동을 오래 끌게 되면 확실히 일본의 입장이 난처해질 것이기 때문이었다. 이 탄압 수법은 제2차 세계대전 중에 나치 군대가 프랑스의 레지스탕스를 탄압했던 수법과 같았다. 단순히 본보기를 보여 주기 위해 대량학살을 감행한 것이다.

이제 박은식의 『한국독립운동지혈사』에 실린 학살의 예를 들어 보면 다음과 같다.

경기도 제암리의 학살

이것은 앞에서 인용한 육군성의 보고에도 있는 것처럼 일본에서도 인정하고 있으며, 어용신문인 〈서울 프레스〉도 사설에서 이 사건은 한 마디 변명의 여지가 없다고 말하고 있다. 이 사건은 조선인이 수원군 우정면雨汀面 화수리花樹里의 경관주재소를 습격해서 일본인 순사 한 명을 살해한 데 대한 보복으로 일본의 헌병대가 감행한 학살이다. 이 폭동이 수습된 후에 4월 15일 훈시할 일이 있다고 해서 마을의 중심인물 30명을 교회당에 집합시키고 감금한 후에 석유를 뿌리고 교회와 함께 불을 질러 태우고, 겨우 빠져나오는 사람들에게 기관총으로 일제히 사격을 퍼부어 28명을(29명임-옮긴이) 학살한 것이다.

제암리 학살 현장을 조사하는 스코필드 선교사(1919.4.15)

일본군은 다시 제암리의 민가 31호를 불태우고 이런 식으로 8면 15개 촌락의 317호를 불살라 39명의 사망자가 나왔다.

경기도 수천狩川 및 화수리의 만행

4월 6일 새벽 폭동도 없었는데 갑자기 일본군이 침입해서 발포하고 교회당과 민가 34호에 방화했다. 불을 끄던 마을사람 다수가 부상당하고 한 사람은 즉사했다.

4월 21일 화수리에도 같은 사건이 생겼는데, 방화와 총격 때문에 많은 사람이 죽었다.

서울의 십자가 학살

이것은 외국신문에도 보도된 유명한 사건이다. 3월 9일에 서울의 많은 기독교도들을 체포하고 이들을 교회로 끌고 가서 십자가에 붙잡아 매고 "너희들은 기독교도들이기 때문에 십자가에서 죽는 것이 본래의 소망이지?" 하고 총검으로 찔러 죽였다.

이밖에 일본군대가 시위운동에 대해 발포해서 많은 사람을 죽인 것이 『혈사』에 기재되어 있다. 3월 1일 황해도 수안遂安에서 헌병이 발포해서 조선인 다섯 명이 죽었다. 이 피해자의 딸과 부모가 시체에 매달려 우는 것을 총검으로 찔러 죽였다. 함경도 함흥에서는 3월 2일 밤부터 3일 아침에 걸쳐 쇠갈고리를 가진 일본인 소방부가 조선인들의 시위운동을 습격해서 700명 이상에게 중상을 입히고 이들을 경찰에 넘겨주어 체포케 했다. 3월 2일 밤 평안남도 안주와 사천沙川에서, 또 6일에는 평안북도 곽산郭山에서 일어난 시위운동에 대고 일본군이 발포해 많은 사상자를 냈다.

사망자 수가 많은 곳은 경상북도 대구인데 112명이 죽고 87명이 중상을 입었다. 경상남도 밀양에서는 거의 한 마을 전체의 150명이 전부 사살되었다.

이런 것을 열거하자면 한이 없다. 『한국독립운동지혈사』는 학살의 일부를 다룬 것에 지나지 않는다. 그 당시 헌병주재소는 조선 전국에 98개소가 있었는데 이런 곳에서는 예외 없이 모두 발포해서 조선인을 죽였던 것이다. 그 밖에 헌병파견소라고 하는 것이 877개소, 헌병출장소(후에 파출소라고 개칭)가 43개소가 있었다. 이곳에서도 시위운동에는 거의 예외 없이 모두 발포했기 때문에 포화에 의해 죽은 조선인은 아마 10만 명 이상이 될 것이다. 조선인 학살은 시위운동이나 폭동에 참가한 사람들만이 아니다. 일본군은 아무런 관계가 없는 조선인 노인과 소년 소녀들까지도 죽였다. 이것은 임시군사비 문제가 지적되었던 제52회 제국의회에서도 의논되었다. 기요세 이치로淸瀨一郎의 질문에서 "또 임시군사비를 써서 동포의 일부가 있는 곳인 조선의 소동, 조선의 만세소동을 진압하는데, 임시군사비를 사용해서 군대를 계속 투입하여 두 손을 모아 생명을 살려 달라고 말한 동포를 타살했다"고 말했다.

한편 조선인들의 운동은 이러한 가두시위에서 점점 조직적인 운동으로 변했다. 이것은 운동의 경험이 가르쳐 준 것 외에 시베리아 방면의 조선인, 러시아 혁명의 영향으로 사회주의자가 된 조선인 혁명가의 지도에 의한 것이었다. 육군성의 보고에서도 다음과 같이 언급하고 있다.

"노령 및 간도 방면의 조선인은 원래 배일 조선인으로 살고 있는 자가 많다. 따라서 조선 내의 소요를 전하고 미국 및 상하이에 있는 조선인과 서로 기맥을 통해 서로 호응하고 조선 내의 소요자를 성원할 뿐만 아니라 그중 혼춘琿春, 용정촌에서는 소요를 야기했다. 그러나 중국 관헌의 단속에 의해, 또 노령에서는 러시아 관헌의 단속에 의해(당시는 일본군과 반혁명군이 블라디보스토크를 점령하고 있었다) 표면으로는 대체로 평온했지만 이면에서는 아직 독립운동에 관해 여러 가지로 획책하는 자가 끊이지 않고 있다. 상하이에 있는 조선인은 항상 미국에 있는 조선인과 기맥을 통하고 노령, 특히 블라디보스토크 방면의 조선인과 서로 어울리고 있다. 그들은 조선 내의 동지들과 몰래 연락해서 그 끊임없는 선동은 항상 조선 내의 민심의 안정을 깨뜨리고 있다."

이와 같이 그들은 러시아 혁명의 영향, 더구나 조직의 영향과 지도에 의해 운동의 성격이 변하고 또 장기화한 것을 인정하고 있다.

이에 따라서 정치적인 대책도 필요하게 되었다. 이를 위해 운동 취체에 특별법을 만들어서 탄압을 하게 되어, 1919년 4월 15일에 유명한 악법인 조선총독부 다이쇼 8년 제령制令을 공포했다. 조문은 다음과 같다.

> 제1조 정치의 변혁을 목적으로 다수 공동으로 안녕질서를 방해하고 또는 방해하고자 한 자는 10년 이하의 징역 또는 금고에 처한다. 단, 형법 제2편 제2장의 규정(내란죄의 항)에 해당할 때에는

본령을 적용하지 않는다.

제2조 전조의 죄를 범한 자가 발각 전에 자수했을 때에는 그 형을 경감 또는 면제한다.

제3조 본령은 제국 외에서 제1조의 죄를 범한 제국신민에게도 이를 적용한다.

이 제령은 그 후 오랫동안 조선인민의 해방운동을 탄압하기 위해서 악용된 것으로 유명하다. 이 제2조의 스파이 장려규정과 제3조의 본령 시행 구역 외에 소련 영토·중국 그 외의 외국 영토에서 범한 죄까지 적용한다고 하는 규정은 치안유지법의 선구로서 주목할 만하다.

3·1운동의 성격

3·1운동의 성격을 분석할 경우에 이 운동이 발생한 이후의 검거자 수의 추이나 종교나 직업 분포를 조사해 보면 여러 가지가 분명해진다.

1919년 3월 운동이 일어나서부터 12월까지의 검거자 수는 26,443명이다. 과연 3월이 가장 많아 12,522명이고 그 다음 4월의 5,000명 정도, 6월의 1,202명, 7월은 500명 정도, 8월은 662명, 9월·10월은 200명 정도였다. 11월에는 415명, 12월에는 455명으로 다시 늘어났다. 즉 농번기에는 줄고 수확이 끝난 시기에는 다시 늘었다는 것은 운동의 주력이 농민이었다는 것을 말해 준다.

검거된 사람들의 종파는 천도교가 가장 많고 그 다음은 기독교였는데 그중에도 장로파가 천도교도와 거의 비슷하다. 그래서 기독교도 각 파를 합하면 천도교보다 상당히 많다. 그렇지만 가장 많은 것은 무신교로 모든 종교를 합한 것보다도 더 많은 것이 눈에 띈다.

피검거자의 직업으로는 농업이 압도적으로 많아 피검거자 전체 19,525명 중에 10,869명이고, 다음이 상·공·어업이 2,510명, 교사와 학생이

2,355명으로 대략 비슷하다. 이것을 보더라도 농민과 교사와 학생이 운동 중에 차지한 지위를 알 수 있을 것이다. 다시 이를 사회계층에 따라 나누어 보면 인텔리겐차(Intelligentsia, 지식인)로 볼 수 있는 자는 약 3,700명, 인텔리겐차가 아닌 자가 약 15,700명으로 된다. 또 피검거자의 연령 분포를 볼 때 30세 이하를 청년으로 하면 이것이 약 6,800명, 30세에서 50세를 장년으로 보면 이것이 약 7,000명이었다. 즉 3·1운동은 연령으로 보면 조선 민족의 중견세력이 했다고 할 수 있다. 여기에도 운동의 중대성이 나타나 있다.

이상에서 3·1운동은 대체로 농민의 반제국주의 투쟁이었다고 할 수 있을 것이다. 당시 조선의 인구는 약 1,700만 명인데 그중에 노동자 수는 4만 명밖에 없었다.

뿐만 아니라 노동자는 조직다운 조직을 갖고 있지 못했다. 어쨌든 3·1운동이 일어나기 이전부터 공장과 광산에서 스트라이크가 눈에 띄게 많아졌던 것은 역시 러시아혁명과 일본의 노동운동이 자극이 되었을 것이다. 일본에 왔던 조선인 노동자들은 그 반수 정도가 매년 조선으로 돌아갔기 때문에 이 영향도 잊어서는 안 될 것이다. 운동이 몇 차례고 반복해서 일어났던 것은 대체로 광산이 있는 곳이었으며, 대중운동의 선두에는 언제든지 이들 노동자들이 앞장 서 있었다.

3·1운동 이전의 조선독립운동은 대체로 조선시대부터의 지배층을 중심으로 한 운동으로 의병운동에는 평민계급이 병사로서 참가하고 있었지만, 지도자는 구한국시대의 무관이었다. 그런데 3·1운동에는 노동자나 농민이 많이 참가하고 있었다. 또 이때까지의 독립운동이 조선왕조

의 부흥을 깃발로 내걸고 있었는데 대해 3·1운동은 상하이의 임시정부에서도 공화제를 채택하고 있다. 즉 낡은 왕조적인 운동이 조선독립운동으로부터 그 자취를 감추고 차차 민중이 등장하는 계기가 바로 3·1운동이었다.

그리고 최후에 운동의 발전에 따라 민족주의자가 독립운동의 지도권을 상실하고 조선독립운동이 공산주의자가 지도하는 운동이 된 것도 3·1운동이 그 계기였을 것이다. 동시에 조선독립운동이 현저하게 국제적인 관계를 갖게 되었다. 바로 조선 근대 혁명운동의 출발점이 되었던 것이 3·1운동이다.

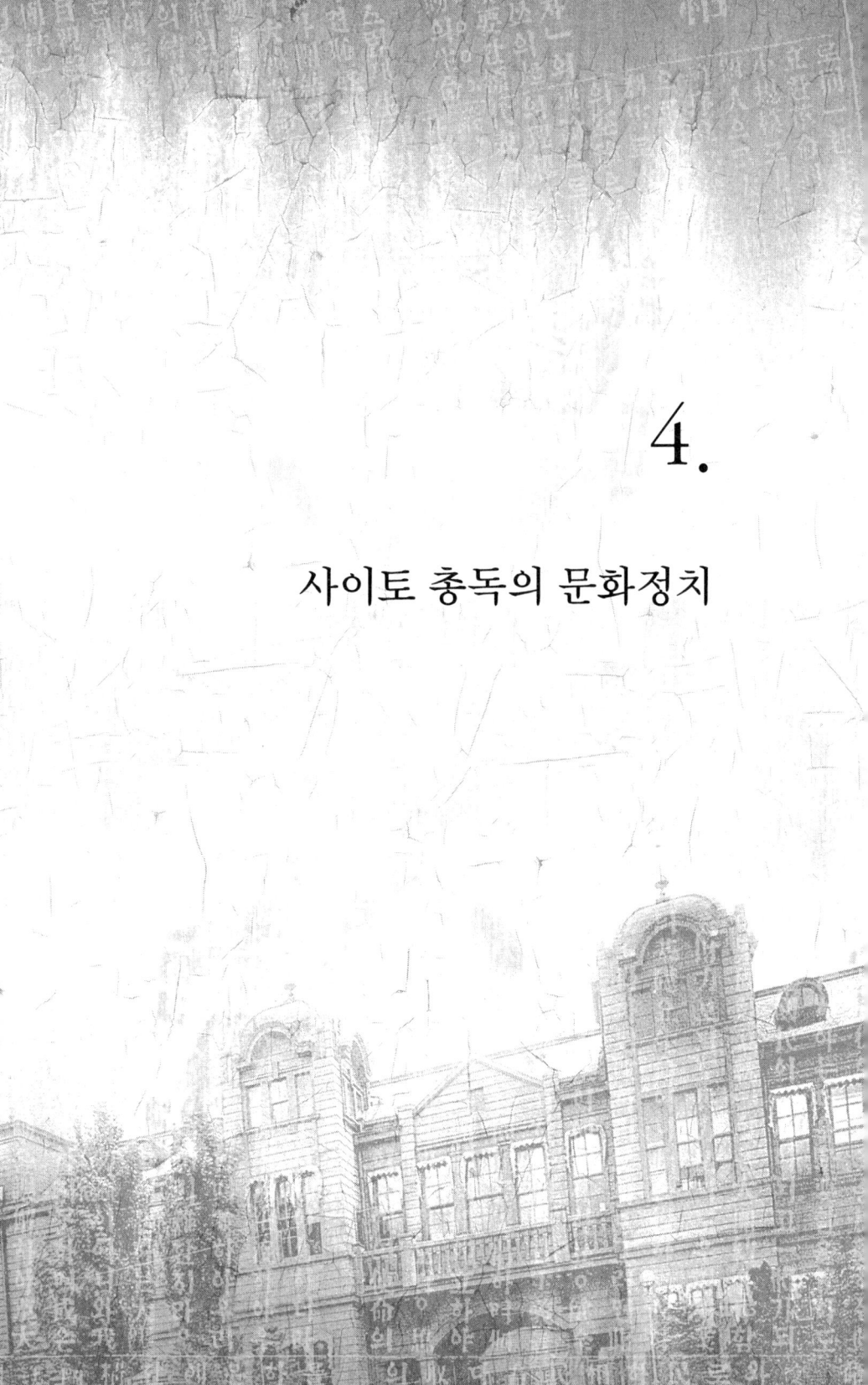

4.

사이토 총독의 문화정치

통치의 타협 형태

하세가와 요시미치 대장이 3·1운동의 책임을 지고 조선총독을 그만 두고 후임에 해군대장인 사이토 마코토가 취임한 것은 잘 알려져 있다. 그 사이토 마코토가 조선총독이 되었을 때 이제부터는 '문화정치'를 한다고 하는 취지를 말한 후부터 세간에서는 데라우치나 하세가와의 무단정치에서 문화정치로 변했다는 것처럼 믿고 있었다. 과연 그러했을까?

하세가와가 사직하고 후임인 사이토 마코토가 서울에 온 것은 1919년(다이쇼 8년) 9월 2일의 일이다. 서울의 남대문 역에 사이토가 도착했을 때에 우선 문안을 받은 것은 폭탄의 세례였다. 전임자인 하세가와는 범용한 인물이었지만, 그는 사이토에게 「사무인계 의견서」를 남겼다.

그것에 의하면 3·1운동의 원인으로 병합 후 "신정이 번잡하고 간섭적이었던 것과 사회의 차별적 대우에 대한 조선인들의 평소 울분과 불평이 그 주요한 원인이 됐음은 매우 유감으로 생각하는 바이다"라고 했다. 바로 '하사下司의 지혜는 일이 끝나고 나서 떠오른다[55]'고 하는 부분일 것이다.

그러나 「의견서」 가운데 재미나는 부분도 있었다. 예를 들면 중추원에 대해 "병합 당초 신정부에 임용될 길이 없는 구정부의 현관顯官들에게 사회적 지위를 부여할 필요가 있었다. 그래서 이들을 중추원에 임용했으나 그 선임이 잡다하고 통일성이 없어 참으로 자문부諮問府로써 많은 기대를 할 수 없었다. 더구나 당시의 정세는 이들을 통해 정론을 야기하는 것을 허락하지 않았으므로 본관은 관제를 제정한 이래 이때까지 회의를 개최한 바 없으며 오늘날에는 그냥 양로원 같은 느낌이 있다"고 뜻밖에 정직한 말을 하고 있다. 그래서 "특수사항을 선택해서 이를 원의院議에 자문하고 그들의 정치적 욕구를 다소 완화할 수 있었으면 하는 마음으로 당국에 내사를 명한다 했지만 아직도 그 일이 이루어지지 않고 중단됐음"이라는 구절이 있고, 또 한 가지 재미있는 것은 기독교 대책이다. "종교의 교권을 외국인에게 장악토록 하는 것은 매우 위험하기 때문에 만약 기독교로 하여금 조선의 민심에 투합토록 하려면 적어도 그 교권은 내지인 또는 조선인이 이를 장악할 필요가 있음"이라고 말하고 있는 것은 총독부의 기독교 대책으로서도 눈여겨 볼만하다.

'언론집회의 억압을 완화할 것'이라는 마지막 장에서 "언론집회의 억압은 종래 약간 지나치게 혹독했던 것 같음… 이 기회에 두세 가지의 한글 신문의 발행을 허락하고 이를 이용하여 민심의 통일과 시정의 선전용에 제공할 필요가 있음을 인정함"이라고 끝을 맺었다. 사이토 총독의 문화정치란 3·1운동에 놀란 일본의 지배자가 이 의견서와 같은

---

55 아무 도움이 되지 않는다는 의미.

타협을 시도해 본 것에 불과하다. 문화정치라고 말하게 된 것은 지배자가 천황의 이름으로 낸 「조선총독부관제개혁 조서」 중의 한 절이 "짐이 일찍 조선의 강령을 생각하고 그 민중을 일시동인으로 애무하여 짐의 신민으로서 추호의 차이가 없이 각기 있을 곳을 얻어 편안하게 살고 다 같이 크고 밝은 군덕의 혜택을 누릴 수 있게 되기를 바랐다. 이제 시국의 진전에 따라 총독부관제개혁의 필요를 인정하고 이에 이를 시행한다. 이는 종래의 조정의 정책에 근거해서 시세에 순응하여 좋은 것을 제도화함으로써 시정의 편의에 도움이 되고 백성을 다스리고 인도하는 길을 넓히고자 하는 것이다"라고 말한 것에 근거한 조선총독의 '시정방침훈시'에서 말하는 다음과 같은 기만의 말에서 생긴 것이다.

관제개혁의 취지는 금상폐하의 고마운 조칙에서 보여 주는 바와 같이 한일병합의 본지에 따라 일시동인해서 각기 있을 곳을 얻어 편안하게 살고 크고 밝은 군덕의 혜택을 누릴 수 있게 하기 위해 시세에 순응하여 좋은 것을 제도화함으로써 시정의 편의에 도움이 되도록 함에 있다. 즉 총독은 문무관 어느 쪽에서도 임용할 수 있는 길을 열고 그 밖에 헌병에 의한 경찰제도에 대신해서 보통경찰관에 의한 경찰제도로 한다. 또 복장제도를 개정해서 일반관리·교원 등의 제복대검을 폐지하고 조선인의 임용과 대우 등에 고려를 가하고자 한다. 요컨대 문화의 발달과 민력의 충실에 상응해서 정치상·사회상의 대우에서도 내지인과 동일한 취급을 하는 궁극의 목적을 달성토록 할 것을 간절히 바라는 바이다.

실제 '총독은 문무관의 어느 쪽에서도 임용할 수 있는 길을' 관제상에 열어 놓았던 것은 사실이다. 그러나 실제상의 임용은 관제개혁 후 최초의 총독이 현역에 복귀한 해군대장 사이토, 다음은 육군대장인 우가키 가즈시게宇垣一成(임시대리)56, 야마나시 한조山梨半造(1864~1944)57로 이어졌다. 사이토의 재임, 그로부터 다시 우가키, 미나미 지로南次郞(1874~1955)58, 고이소 쿠니아키小磯國昭(1880~1950)59, 아베 노부유키阿部信行(1875~1953)60로 육군대장이 계속했기 때문에 결국 조선총독은 전부 군인뿐이었다.

56 오카야마(岡山) 현 출신. 육사·육군대학교를 졸업하고 두 차례 독일에 유학하였다. 육군소위에서 진급을 거듭하여 육군중장 승진(1919), 육군차관(1923), 육군대신을 역임(1924~1927). 1925년 가토 내각 때 '우가키군축'을 제안하고 대장이 되었으며 이듬해 조선총독(임시대리), 1931년 예비역이 되고 1936년까지 조선총독을 역임하였다. 이후 외무대신, 다쿠쇼쿠대학 학장, 1945년 공직에서 추방되었다.

57 가나가와(神奈川) 현 출신. 육사·육군대학교를 졸업한 후 청일전쟁과 러일전쟁에 출정하였다. 제1차 세계대전 청도출정, 교육총감부 본부장을 거쳐 육군차관을 역임하였다. 1921년 하라 내각의 육상이 되고 1922년 야마나시군축을 실행하였다. 1925년 예비역에 편입되고 1927년 조선총독이 되었다.

58 오이타(大分) 현 출신. 육사·육군대학교 졸업. 육군대신 때에 만주사변이 일어났으며, 1934년 관동군사령관에 취임하고, 조선총독이 되어 내선일체정책을 추진하였다. 그 뒤 추밀원고문, 귀족원 의원, 대일본정치회 총재를 역임하였다.

59 도치기(栃木) 현 출신. 육사·육군대학교를 졸업. 조선군사령관을 지내고 히라누마(平沼) 내각과 요나이(米內) 내각에서 척무대신을 지내고 조선총독이 되었다. 1944년부터 1945년까지 내각총리대신을 지냈다.

60 이시가와(石川) 현 출신. 육사·육군대학교를 졸업, 육군대장으로 예편. 1939년 내각총리대신과 외무대신, 귀족원 의원(1942~1946), 조선총독(1944~1945)을 역임하였다.

우가키 가즈시게　　야마나시 한조　　미나미 지로

고이소 쿠니아키　　아베 노부유키

역대 총독

이런 식으로 규정에는 총독에 무관만이 아니라 문관도 될 수 있게 되어 있었다. 그러나 실제로는 무관들만 했다는 것은 대체로 처음부터 이 규정에 반대하는 자가 육군을 중심으로 국내에 있었기 때문이다. 고다마 히데오兒玉秀雄(1876~1947)[61]가 데라우치에게 보낸 편지에는 이 규정에 반대를 하고 있을 뿐만 아니라 이 문제를 가지고 조서를 내도록 하는 것은 당치 않다고 하는 뜻을 기술하고 있다.

제복제도의 개정에 이르러서는 우습기 짝이 없는 조치였다. 과연 3·1운동까지는 소학교 선생도 검을 차고 금도금을 한 견장을 달고 있었다. 식민지통치에서 문제가 된 것은 이와 같은 관리의 복장에 나타난 위협 정치인 것이다. 따라서 '문화정치'라는 것도 결코 본질적인 정치개혁이 아니고 그 제복제도의 개정이 보여 주는 표면상의 '개혁'에 불과했다. 조선의 3·1운동 직후, 대만에서 1935년(쇼와 10년)에 시행된 지방제도의 개정도 그 본질은 조선총독의 '제복제도의 개정'에 나타난 것과 같은 표면상의 '개혁'에 지나지 않았다.

조선의 지방행정은 한반도에 13도, 각 도에는 부, 군, 읍, 면이 있었다. 조선의 읍과 면은 대략 일본의 정町과 촌에 해당한다.

1920년(다이쇼 9년)의 제도 개정으로 도에는 자문기관인 도평의회가 생겼다. 이 도평의회의 평의회원은 정원의 3분의 1은 총독이 임명하고 나머지 3분의 2를 선출하는 방법은 겉치레뿐인 공선이고, 실은 임명이

---

[61] 야마구치 현 출신. 조선총독부 총무부 회계과장, 비서관, 관방 회계국장, 내각 서기관장, 조선총독부 정무총감을 역임하고 귀족원 의원을 지냈다. 이후 일본 내각의 척무대신·체신대신·내무대신·국무대신·문부대신을 역임하였다.

라는 매우 손이 많이 가는 기만을 하고 있다. 이것을 보여주는 것으로 도道 이하 지방행정기관의 자문기관에 대해 먼저 기술하지 않을 수 없다. 부와 면에도 임명제의 부면협의회가 있었다. 물론 자문기관으로 지방의 옛 양반, 일본인과 사업을 공동 경영하는 자, 대지주 가운데서 대일협력자를 협의회원에 임명하는 것은 말할 필요도 없다. 이 부면협의회의 협의회원 가운데서 도평의회 정원 중 3분의 2의 2배에 해당하는 자를 선거로 고른다. 이렇게 해서 선출된 자들 가운데서 다시 골라내 그 반을 도평의회원으로 임명하였다.

1933년(쇼와 8년)에는 이 도평의회가 도회로 되고, 자문기관으로부터 의결기관이 되었다. 그러나 의결하는 것뿐이므로 자문으로 의결하는 이때까지의 도평의회와 그 기능·권한은 전혀 변함이 없었다. 우선 도만을 가지고 말하면 도회의원의 정원 중에 3분의 1은 임명이고 나머지 3분의 2는 부읍회의원 또는 면협의회원이 선거한다.

도평의회 회의 광경

4. 사이토 총독의 문화정치

그리고 이 선거에는 지배민족인 일본인도 참가하기 때문에 어떤 사람들이 선출될 것인지는 처음부터 뻔한 것이다.

임명된 자는 "원래 지방 유수의 명망가이고 상당한 식견과 기량을 가진 훌륭한 사람들이었다. 특히 도지사가 자유로이 임명한 도평의회원(3분의 1)은 도내에서 경력과 명망이 모두 가장 우수한 타의 모범이 되기에 충분한 인물을 얻은 것이다"라고 하는 총독부 관리의 말로부터 어떤 자들이었는가를 상상할 수 있을 것이다.

김영윤金永胤이라는 한 여관 주인까지도 "자치라든가 내정독립이라든가 하는 일은 결코 우리들의 뜻이 아니다. 우리들은 절대로 독립을 하지 않으면 안 된다"[62]고 생각하고 있는 그런 식민지에, 이와 같은 기만적인 '자치제'를 편다고 해도 그것은 대외 선전용에만 도움이 될 뿐이다. 당시의 일본에서까지도 지방자치체 가운데서 부와 현의 예를 보더라도 지사가 임명제였다. 뿐만 아니라 원안 집행권原案執行權을 갖고 있어 자치란 명목뿐이었던 것을 생각하면 조선의 '자치'가 어떤 것이었던가는 상상할 수 있을 것이다.

---

62 同光會, 『朝鮮民情視察報告』, 東京, 同光會本部, 1923.

산미증식계획

총독부에서 내놓은 『시정30년사』에도 '산업' 항목 첫 번째에 "산미증식계획은 본기本期 시설 중의 일대 요점이다"라고 말하고 있을 정도로, 사이토 총독의 산업정책에서는 확실히 중심 문제였을 것이다. 그래서 사이토 시대의 '일대 요점'이라고 불린 산미증식계획을 중심으로 볼 때 농업 문제는 다음과 같다.

본래 이 계획은 1918년에 일어났던 쌀 소동 후의 미곡대책으로부터 시작된 것이고, 조선인을 위해서 한 것은 아니다. 조선의 쌀이 얼마만큼 생산되고 어느 정도 일본에 보내졌는가를 보여 주는 다음의 표를 가지고 설명하고자 한다.

우선 수확고가 별로 많이 증가되지 않고 있다. 특히 반당反當63 수확량은 일본의 약 절반이다. 그것에 비교하면 일본에의 이출이 매우 많다. 비율로 보면 수확고의 절반이다. 경작면적은 증가했지만 증가율은

---

63 일제시대에 사용한 단위로 300평을 말하며 10a(아르), 1단보와 같다.

둔하다.

산미증식계획이라고 하는 것은 쌀을 더 증산해서 보다 많이 일본에 이출하기 위한 계획이었다. 먼저 그 계획을 소개하기로 한다.

이 조선 산미증식계획이라고 하는 것은 제1기 계획으로 총 경비 1억 2,000만 원 예정으로 1920년부터 15년간에 약 40만 정보의 토지개량(농지조성을 포함)을 해서 약 920만 석의 쌀을 증산하는 계획이다.

당초의 계획에서는 개간과 간척이 20만 정보, 관개 불량지의 개량이 121만 정보로 합해서 140만 정보 전후의 토지를 개량할 예정이었다. 그러나 실현될 것 같지 않아 결국은 제1기 계획에서는 40만 정보로 낙착한 것이다.

표4-1 · 조선에서의 산미의 동향

연도(년)	수확고(석)	이출고(석)	이출율(%)	경작반별(町)	반당수확량(석)
1910	10,405,613	–	–	1,352,796	0.769
1914	14,130,578	1,143,000	8.0	1,484,013	0.952
1919	12,708,208	2,800,000	22.0	1,537,797	0.926
1925	14,773,102	4,745,000	32.1	1,585,216	0.931
1927	17,298,887	6,456,000	37.3	1,602,331	1.070
1929	13,701,746	5,781,000	42.1	1,632,064	0.840
1931	15,872,999	9,027,000	56.8	1,674,610	0.948

(『조선경제연보』 1939년판 등에서 제작)

증산한 쌀 가운데 약 300만 석은 조선 내의 소비에 충당하고 나머지 500만 석을 일본에 이출하려고 하는 것이다. 이 계획 이전부터 평균해서 200만 석쯤은 조선으로부터 일본에 쌀을 이출하고 있었기 때문에 만약 이 계획이 실현되면 1,000만 석의 쌀이 일본에 이출될 예정이었다.

군산항의 미곡검사(위)와
1910년대 군산 쌀 출하 광경(아래)

그런데 이 계획 자체가 무리가 있었기 때문에 1925년(다이쇼 14년)이 되어서도 연도의 예정계획 면적 123,100정보에 대해 겨우 9만 정보가 계획 실시면적이었다. 그래서 1925년에는 계획을 다시 세워서 그 이후 12년 동안에 ① 기성既成 논의 관개灌漑 개선 195,000정보, ② 밭 9만 정보를 논으로 할 것, ③ 개간과 간척 65,000 정보 합계 35만 정보의 토지 개량에 의해 280만 석의 산미증식을 도모한다고 되어 있다.

그 밖에 개량한 토지에 대한 시비施肥의 증가와 경종법耕種法의 개량에 의해 192만 석, 기성의 논 139만 정보에 대한 농사개량에 의해 344만 석의 증수와 합해서 816만 석을 증수할 예정이었다.

이 때문에 총독부는 자본금 500만 원의 조선토지개량주식회사를 만들고 이 회사에 산미증식계획 실시를 위한 측량·설계로부터 공사를 하도록 하고, 공사완성 후에는 토지의 매매와 경영은 물론 지주와 농민에게 만들도록 한 수리조합의 위임사무까지 맡게 예정되어 있었다. 이 회사의 주식은 동양척식주식회사와 조선식산은행이 인수했다. 이 돈은 대장성의 예금부가 낮은 금리로 양사에 대부하고, 양사는 다시 이율의 차액을 가지고 출자한다는 계획이었다. 결국은 막대한 국가자본을 투자하여 농업개발을 한 셈이다.

이렇게 해서 산미증식계획은 재출발을 하게 된 것이다. 조선총독부가 말하는 이 계획의 목적은 ① 일본의 식량문제 해결에 소용이 되고, ② 조선 내의 식량 수요증가에 대비하고, ③ 조선 농가경제의 향상을 도모하는 것의 세 가지였다. 이 가운데서 실현된 것은 첫째 목적 정도이고, 둘째 목적은 실현이 안 되었을 뿐만 아니라 조선의 1인당 쌀 소비량은 오히려 감소되었다. 조선인으로부터 많은 쌀을 거두었고, 그 대신에 좁쌀을 먹도록 하는 것이 목적이라고는 말하지 않았지만, 결과를 놓고 보면 좁쌀과 그 외 쌀의 대용품 소비는 늘고 있었다.

이러한 이유 때문에 셋째의 목적인 조선 농가경제의 향상이란 이루어질 리가 없었다. 산미증식계획 이후에 조선농민의 곤궁함이 심하게 되었다는 사실에 대해서는 여러 가지 저서, 보고, 논문이 모두 똑같이 전하고 있다. 예를 들면 조선총독부의 소작관이며 경기도청의 농정과장이었던 히사마 켄이치久間健一도 산미증식정책은 "농업의 비약적 증식을 결과했지만 그와 동시에 토지가 없는 농민의 비약적 증식도 성공했다. 토지가 없는 농민의 이와 같은 팽대한 퇴적堆積은 그 반면에서는 토지소유의 집적을 뜻한다. 수리조합사업이 이 토지겸병의 강력한 촉진작용을 나타냈다"[64]라고 말하고 있다.

조선에서 소작이 점점 늘어나는 것은 예로부터 잘 알려져 있는 일로서 통계숫자가 보여주듯이 논의 소작지와 자작지의 비율이 일본에서는 자작 46.78 대 소작 53.22 정도인데 조선에서는 자작 32.53 대 소작 67.47 정도이다. 소작료도 일본에 비해 매우 높다. 그뿐만 아니라 소작료 이외에 소작인이 지주의 대리인[舍音]에게 지불하지 않으면 안 되는 나락과 빚의 이자 등도 있어, 소작인의 지출은 최고 수확의 9할에 이르는 것도 있었다. 일본에서조차 소작료가 높아 그 때문에 농업생산력의 발전이 억압되고 있었는데 조선의 사정은 가히 짐작할 수 있는 일이다.

---

[64] 久間健一,『朝鮮農政の課題』, 成美堂書店, 1943.

그런데다 조선에서는 땅값이 헐하고 쌀의 가격은 조선의 수요공급에 관계없이 일본의 시가에 따라 결정되기 때문에 지주 경영이 매우 유리하고, 조선에서의 주식이율보다 유리했다고 하니 정말로 지주의 천국이었다. 더욱이 조선의 주식이율은 1936년경에 배당률 1할 이상의 것은 경성전기, 조선방직, 조선취인소朝鮮取引所, 조선제빙 정도였다. 대체로 배당률은 3푼에서 7, 8푼이고 1938년경부터 이것보다 약간 나아졌던 모양이다.

산미증식계획이 조선 농가경제의 향상을 목적으로 한다고 하는 총독부의 주장이 얼마나 허구였는가는 계획의 진행이 언제나 일본(본토)의 사정에 의해 좌우됐던 점으로도 알 수 있다.

관개시설

1932년경부터 일본의 쌀값을 유지하기 위해 조선과 대만으로부터의 쌀 수입을 억제하라고 하는 요구가 일본의 지주들 사이에 일어났던 일이 있었다. 1934년에는 산미증식계획 그 자체가 중지되었다.

　요컨대 산미증식계획으로 돈벌이를 한 것은 쌀의 수출상, 좁쌀 수입상, 그리고 특권회사인 조선토지개량주식회사와 이 회사의 공사를 청부한 토건업자, 이자를 받고 돈을 토지개량회사에 빌려준 조선식산은행과 동척이다.

　손해를 본 것은 흔히 수세라고 불리는 수리조합비를 낸 농민과 개량공사의 수익자 부담이라는 명목으로 부담금을 낸 농민이었다. 이들 수세나 부담금은 조합을 지배하고 있는 일본인 지주가 대체로 조선인에게 전가해 버렸기 때문이다. 이 부담금을 지불하기 위해 조선인 소지주는 오히려 그 토지까지도 팔지 않으면 안 되었다. 이것이 산미증식계획의 결말이었다.

　다음은 조선의 면화인데 확실히 그 경작면적과 수확고가 다 같이 늘어나 있다. 면화증산의 내막에는 무서운 권력의 강제가 있었던 것을 잊어서는 안 된다. 이 일은 대다수의 일본인은 모를지도 모른다. 조선총독부의 소작관을 하고 있었던 히사마의 보고에 따르면 조선에서 면화경작을 장려한 것은 합병 이전부터지만 병합 후에는 헌병이나 순사까지 동원해서 강제적으로 재배토록 했다. 뿐만 아니라 면화를 재배하지 않고 보리나 콩을 심는 농가는 강제적으로 발로 콩이나 보리를 밟아 쓰러뜨렸다. 그리고 최후에는 관헌의 뜻에 따라 면화를 경작한 자에게는 약간의 장려금을 준 정도였다. 당시의 목격자는 다음과 같이 말하고 있다.

"농민들은 육지면陸地棉(미국 품종 면화)이라는 것을 오히려 싫어하고 재래종 면화만을 심고 싶어 해서 육지면의 종자를 받기만 하고 심지는 않습니다. 그런 관계로 해서 예정 면적대로 잘 되지 않았기 때문에 첫째로 이러한 방법을 이용했습니다. 이것은 마침 1, 2, 3월에 재래면을 전부 뽑아 버려서 재래면의 종자를 남기지 않도록 해 놓고, 이제 파종할 때가 되서 파종을 하는 것입니다. 전라남도의 대부분의 땅에는 보리밭 이랑 사이에 면화를 심는데, 이렇게 해서 겨우 예정면적을 심은 것입니다. 그래도 재래면의 면적이 많았기 때문에 이번에는 6월 말이나 7월에 재래면을 경작하는 촌락으로 나가서 푸른 대나무를 들고 모조리 때려 눕혀 버리는 것입니다. 실로 난폭한 짓을 했던 것입니다. 상당히 오랜 기간 그렇게 계속했습니다."[65]

---

[65] 「농사회고좌담회」, 『朝鮮農會報』 25주년 기념호.

문화정치의 본질

　사이토가 한 것을 실제로 조사해 보면 데라우치나 하세가와가 했던 것과 본질에 있어 큰 차이가 없다. 사이토 통치의 그 본질이 무단통치라는 것은 그가 중앙정부에 제출했던 조선에 2개 사단을 증설해야 한다는 의견서에 근거한 것이다.

　그는 이 가운데서 3·1운동이 그렇게 확대된 것은 조선에 주둔한 군대가 2개 사단밖에 없었고, 더욱이 그것이 용산과 나남에 집중돼 있었기 때문이므로 이 군대의 배치를 좀더 조선 전국에 분산해서 배치할 필요가 있고, 그러기 위해서는 현재의 2개 사단으로는 병력의 수가 부족하기 때문에 조선에 주둔시키기 위해 2개 사단을 늘려야 한다고 하는 주장이다.

　이 사단도 일본 본토로부터 이주시키면 국제 문제도 일어나지 않을 것이라는 의견이었다. 이것은 결국 실현되지 않았다. 그 전문은 다음과 같다.

나남 조선군 제19사단(위)
용산 조선군 제20사단(아래)

조선에 육군병력증가를 요청하는 건

조선에 있는 현재의 육군병력은 통치 상으로 보아 지나치게 과소하기 때문에 상당수의 군대를 내지(일본-옮긴이)로부터 이전 배치할 것을 바라, 이에 의견을 제출합니다.

이유

금년 3월 소요가 있은 이래로 조선 각 도의 민심이 안정되지 않고 조선에 있는 내지인에 대한 조선인의 태도가 날로 오만함을 더해 간다는 보고가 빈번했다. 이것은 다름 아닌 조선인의 성질이 눈앞에 어떤 위력이 존재하지 않으면 곧 뽐내고 교만해지는 버릇이 있기 때문이다. 이것을 과거의 실적에 비추어 보면, 먼저 2개 사단을 설치하고 주차군의 분산 주둔을 철폐해서 교육의 편리를 도모하기 위해 병력 집중이 실행되자 지난번의 소요가 갑자기 각지에 전파되어 수비가 박약함을 좋은 기회로 불령도배不逞徒輩의 발호가 극에 달한 흔적이 아주 뚜렷했다. 그런데 이와 같은 대소요도 병력을 다시 배치하고 내지에서 증파된 부대가 그 부서에 임하자 전국 각 도의 소란스런 소리가 잠잠해지고, 또 자취를 감추게 된 것을 보면 그들이 얼마나 수비군대의 위력을 두려워하는가를 충분히 알 수 있다. 그런데 그 당시 수비부대의 실상을 들으면, 아직 훈련이 부족한 병원兵員이 있었고 또 대부분의 소부대는 장교의 인솔에 속하지 못한 자조차 있을 정도로 아주 일시적 응급조치를 취했음에 불과했다고 한다. 이와 같은 실상은 이의 폭로를 허락할 수 없을 뿐만 아니라 영속할 수 없는 일에 속한다. 오늘날에도 불온한 소식이 있을 때마다 각지에 있는 군대는 항상 임시 경계행군을 해서 불령선인不逞鮮人 등의 망거준동妄擧蠢動을 예방하고 있다. 그 효력이 아주 현저하다고 하지만 평시의 훈련과 임무 외에 밤낮을 가리지 않고 불시의 경계행군에 종사하는 군대의 근로야말로 실로 형용키 어려운 것이 있다. 생각하건대 조선 13도의 광활함은 실로 내지 혼슈本州에서 히로시마廣島 현의 면적을 뺀 것보다 약간 넓다. 그 인구는 1,700여 만을 갖고 있는데 겨우 2개 사단을 둔 데 불과하다. 내지는 혼슈에만 14개 사단을 상비하고 있는 그 균형을 운위하면 조선에 있는 군대가 과소함은 이에 논할 바도 못된다. 하물며 조선의 민정이 지금과 같음에서이겠느냐. 오늘날 조선인은 입을 열면 독립을 희망하지 않으며 자치를 바란다고 한다. 임신壬申의 역66 이래의 복구復仇(원수를 갚는 것-옮긴이)를 이야기하고 한일협약과 병합의 굴욕을 논하고 세계는 민족자결을 정의라고 말하는 언어도단의 거동이 적지 않다. 이에 대해서는 세계의 대세보다 동양평화의 필요를 설득하고 조선의 실력현상 등을 논해서 그들의 망상을 설득하면 표면으로는 반대를 하지 않아도 내심은 조선독립론에 공명하고 있는 것이 실제상황이다. 이를 일조일석에 고치는 것은 곤란하다고 해도 제국의 위풍을 보이면서 선정을 실시해서 우선 내선인(일본인과 조선인-옮긴이)으로 하여금 안거토록 하고 서서히 인심을 귀일토록 하지 않으면 조선통치의 열매를 얻기 어렵다고 확신한다. 그러므로 내지에 있는 약간의 사단을 속히 조선에 이전토록 해줄 것을 제의한다. 논자 중에 혹은 조선에 증병하

---

66 분로쿠(文祿)의 役, 즉 임진왜란을 말함.

는 것 때문에 외국의 오해를 초래한다고 하는 자가 있다면 참으로 오해에 불과하다. 이것은 겨우 제국 내의 군대 소재지를 변경하는 작은 문제로서 군대배치의 편중, 편경偏輕을 고치는 것 외에 아무것도 아니다. 지도를 펴고 또 인구분포를 감안해 보면 이런 오해는 곧 얼음이 녹듯 풀릴 것이다.

그러나 조선총독이나 조선주차군사령관(당시는 우쓰노미야 타로[宇都宮太郞][67] 대장)의 판단만으로 될 수 있는 일을 그들 두 사람이 하고 있었지만 이는 훌륭한 무단통치였다.

사이토 총독이 했던 헌병통치의 폐지라고 하는 것도 이때까지 헌병이 호적사무나 위생경찰 업무까지 맡아 하던 것을 경찰관에게 이양한 것뿐이다. 그 때문에 탄압기관으로서의 헌병의 수는 상대적으로 늘어난 셈이다.

또 헌병에 의한 행정경찰의 사무가 없어진 대신에 경부보警部補, 헌병상등병 이하 순사부장, 순사에 이르는 하급경찰관과 경찰의 파출소와 주재소가 함께 늘어났다. 헌병에서는 헌병대장의 수는 변함이 없고 헌병위관, 헌병하사관의 수는 반대로 늘어났다. 주목해야 할 것은 헌병상등병의 수는 3·1운동 이전에는 0으로 헌병의 일은 하사관이 보조원을 쓰고 있던 것을 이번에는 헌병상등병이 하게 되었다. 이 헌병상등병의

---

[67] 1861~1922. 사가(佐賀) 현 출신. 육사·육군대학교 졸업, 청일전쟁에서는 육군참모 정보수집·분석업무에 종사. 영국대사관 무관, 러일전쟁 중에는 아카시 모토지로의 러시아 약체화를 위한 공작활동을 지원하였다. 사단장(1914~1916)·조선군사령관(1918)·육군대장(1919)을 지냈다.

증원은 650명이다.

헌병과 경찰서는 경찰파출소 또는 헌병견출소라고 하는 것이 53개소가 늘었고, 경찰관주재소 또는 헌병주재소가 무섭게 늘어나서 1,014개소가 증가되었다. 즉 직접 민중과 접촉하는 헌병의 수와 관서는 증가되었다. 이것이 '헌병정치 폐지'의 실태였다.

뿐만 아니라 그 후에도 우쓰노미야宇都宮 대장이 사이토에게 보내는 다음에 제시하는 편지에서도 실제로 헌병 수를 늘리고 있었던 것을 확인할 수가 있다.

"배계拜啓(편지의 처음에 쓰는 글-옮긴이) 방묵芳墨(서간의 높임말-옮긴이)은 삼가 읽었습니다. 전일부터 가벼운 병으로 쉬고 계신 모양인데, 이미 완쾌됐으리라고 생각하오나 자애하심이 긴요하다고 봅니다. 의회에서의 분투하심에 충심으로 감사합니다. 그런데 이번의 해산에서는 예산도 성립되지 않아 모처럼의 노고가 거의 수포로 돌아간 것은 아무리 생각해도 안타깝습니다. 이곳 상황은 3월 1일이 가까워 옴에 따라 유언비어가 성행하여 내지와 조선의 여러 정보도 좋지 않은 것이 적지 않습니다. 특히 시베리아에서의 제국帝國 태도의 일변은 정신적으로나 물질적으로나 배일 조선인 등을 위해서는 심심한 후원이 되고, 그 결과는 이미 도만강圖滿江 대안對岸(건너편에 있는 기슭-옮긴이)에 나타나고 있습니다. 그 외 일반적으로 조선 내외에 막대한 영향을 드러낼 것이라고 기대하고 있습니다. 뿐만 아니라 내지에서의 태업·파업 등의 군중운동이 계속되고 있어 이번 해산 다음에 일어날 여러 가지 민요와 선거소동 등은 더욱 그들을 위해서는 몇 가지 기세를 첨가할 것이므로 전도는 더욱 견인불발堅忍不拔의 일대 결심이 필요하리라고 봅니다. 내일에 관한 여러 가지 정보는 점점 농후해지고 있어 경비에서는 아무리 해도 부족이 없을 것으로 알고 있습니다. 혹시 만에 하나를 생각해서 군에서도 각 위술지衛戍地에서 보조헌병을 훈련하고 경성에서도 여러 병종에서 150명을 교육하여, 지난 20일에 졸업해서 오늘부터 언제든지 출동할 수 있는 자세를 갖추고 있습니다. 소생의 방침으로서는 긴급한 경우에는 각별히 하겠지만 보통의 경우에는 전날 충분히 경관에게 수고를 부탁했습니다. 요청하신 데 대해서는 우선 첫째로 헌병이 아직 필요하다면 보조헌병을 파견하고, 군대는 최후에 사용키로 복안을 세우고 있습니다. 내일 과연 어떠한 사태가 될는지 알 수 없어도 필요에 따라 즉각 두 보병연대에 수 개 중대를 대명待命시켜 오늘은 일요일이라도 군영에 있도록 하고 있습니다. 이번 일요일의 서울은 오후 1시 반경의 보고에는 가두인파가 평일의 3배나 됐음에도 아직 불온한 행동이 없고 약간의 불온문서를 차압했을 뿐이며, 오후 7시의 보고에도 대체로 무사히 지냈습니다. 오직 용산에 있는 야요이彌生(현재의 도화동-옮긴이) 유곽의 배후에 있는 산 위에서 오후 3시경 약 200명이 집합해서 높이 만세를 불렀다고 하는 외에 아직 정보를 받지 못하고 있습니다. 내일도 혹시 이렇다 할만한 일은 없으리라고 생각합니다만, 종종 내밀한 보고도 있기 때문에 군부에서도 준비만은 충분히 해놓을 생각입니다.

보잘것없는 일을 번잡하게 기술해서 죄송합니다만 다시 쓰는 것도 이 중의 시간 소비라고 생각하고 그대로 올리오니 한 번 읽어주시는 영광을 주시면 다행으로 생각하겠습니다. 일반의 경략經略은 근본적인 시설을 필요로 함이 다대함은 잘 알고 계시는 바와 같습니다. 최근에 김복金復, 이가간李嘉侃, 신태현申泰鉉 등으로부터 글의 내왕이 있습니다. 그들도 한때는 감정을 매우 상했지만 필요에 따라서 연락의 단서는 아직도 존재하고 있습니다. 그 밖에 두세 가지 말씀을 드려야할 것도 있사오나 배면拜面(존경하는 사람을 만나 뵘-옮긴이)하올 때 말씀드리도록 하겠습니다.

목하 부디 자애하시고 용무가 끝나서 돌아오시는 날을 기다리겠습니다. 우선 급히 서둘러 난필이 됐음을 용서하시기를 간절히 바라옵니다."

총총돈수匆匆頓首68
다이쇼 9년 2월 29일 밤
용산에서
우쓰노미야 타로
사이토 총독 귀하
시조侍曹69

"지금(오후 9시)

경성은 대체로 무사

오후 5시 지나 이도가와井戶川 소장의 보고에는 평양, 황주黃州, 중화中和, 안주, 맹산孟山 부근에 불온한 징조가 있으며 특히 평양 부근이 가장

---

68 편지 끝에 바삐 썼다는 뜻과 상대방에 대해 경의를 나타내는 인사말.
69 지소우. 서간문에서 상대방 이름 밑에 붙여 써서 경의를 표하는 말.

농후하다고 합니다. 이 소식은 물론 하나하나 전보로 알고 계시리라고 생각합니다만 부언해 드립니다."

이 편지의 날짜로 알 수 있듯이 이것은 3·1운동의 1주년에 보낸 것이다. 헌병의 수를 늘렸다고 하는 사실을 알 수 있을 뿐만 아니라 3·1운동 1주년을 다음 날로 맞게 되는 그날까지의 조선 내의 정세를 잘 전해주고 있다.

사이토 총독이 착임했을 때 남대문에서 폭탄이 터졌는데 그때의 일을 그 당시 조선총독부 경무부장이었던 치바 료千葉了가 다음과 같이 전하고 있다.

강우규 의사의 폭탄 사건 후 신문보도

"일본인 사환이 폭탄을 던진 것 같은 자를 보고 그 남자가 가는 것을 미행하여 조선인 순사에게 저 남자가 범인 같다고 가르쳐 주었다. 그 조선인 순사는 "아! 그런가" 하는 식으로 그 사환의 보고를 진지하게 취급하지 않았다. 그래서 조선인 순사는 도저히 신용할 수 없게 되었다."

또 조선에서는 이 폭탄사건의 교훈으로 총독을 비롯해서 고관들의 경계에 임해서는 길 양쪽에 줄지어선 군중 쪽을 향해서 서도록 해서, 지금까지와 같이 군중의 가장 앞줄에 서서 군중에 등을 대고, 즉 경계하는 고관 쪽을 향해 서는 방식을 고쳤다고 말한다.

이렇게 하세가와 총독이나 초대 데라우치 총독과 사이토 총독의 통치 방법이 다른 점은 헌병뿐만 아니라 경찰 방면에서도 전 조선 각지에 경비체제를 강화했다는 점 외에도, 3·1운동 이후 취한 조선인 매수정책이었다. 데라우치나 하세가와는 오로지 탄압 하나로 통치했기 때문에 무단통치였다. 사이토 총독은 탄압정책도 교묘하게 한 이외에 조선인 매수정책을 취했기 때문에 문화통치라고 하는 것일까?

매수정책은 사이토의 옛 동료였던 사카다니 요시로阪谷芳郎(1863~1941)[70]도 독립선언 서명자 "33명과 같은 자를 호출해서 의견을 청취하고 개혁을 행하면 같은 일을 해도 조선인은 크게 만족하고 자연히 조선 인심으로부터 귀복歸服하는 양상이 이루어질 것이다"라고 그가 사이토 총독에게 보내는 편지에 쓰고 있다. 이 일도 사카다니의 충고에 따

---

70 오카야마(岡山) 현 출신으로 대장대신, 도쿄시장, 귀족원 의원을 역임하였다.

른 것인지 아닌지는 알 수 없지만 사이토는 확실히 이를 실행하고 있다. 그리고 33명의 인사들은 저 3·1운동 선언서를 쓴 최남선을 비롯해서 거의 전부가 매수되고 말았다.

이런 일도 원인이 되어서 민족주의자는 민족해방운동의 지도권을 점차로 잃어버리고, 그 후 조선의 민족운동은 공산주의자가 점차로 지도권을 장악하게 되었다. 역설적이지만 사이토 총독이 조선인을 위해 다소라도 좋은 방향으로 통치를 했다고 하면 이 점뿐이었을 것이다. 나는 사이토 총독의 통치가 문화정치라면 하세가와, 데라우치의 통치는 요순의 통치라고 말하고 싶다.

5.

노동자·농민의 운동

조선공산당

조선의 사회주의운동이 시작된 것이 러시아 혁명 후인 것은 물론이지만, 운동이 언제부터 시작됐는지는 정확히 알 수 없다. 내가 갖고 있는 일본사회주의동맹의 명부에는 조선인 두 명이 나와 있다. 그 주소와 이름은 정수홍鄭守洪, 전라북도 부안扶安군 내동중內東中리, 다른 한 명은 강인수姜仁秀, 함경남도 이원利原군 서西면 교평交坪리 132이었다. 당시 동맹원 가운데 조선에 있던 일본인은 부산에 한 사람, 영등포에 한 사람이 있었다.

사회주의동맹은 1920년(다이쇼 9년)에 만들어진 것이지만 사카이 도시히코堺利彦(1871~1933)[71]가 낸 〈신사회〉라는 사회주의 선전 잡지는 그보다 훨씬 전부터 조선에 들어와 있었으며 조선으

사카이 도시히코

---

71 후쿠오카(福岡) 현 출신 사회주의자. 러일전쟁 시에는 비전론을 주장하였다. 1914년 〈へちまの花〉를 창간하고 이듬해 〈신사회〉로 개제해서 사회주의 사상의 소개와 연구를 하는 한편 普選운동, 노동운동을 적극적으로 했다.

로부터의 투고도 나오고 있었다. 그러나 초기의 조선 사회주의운동에는 일본 사회주의 운동의 영향은 별로 받지 않은 것 같다. 다만 1922년경에 이르면 일본으로부터도 다카쓰 마사미치高津正道(1893~1974)72 등이 조선에 선전여행을 위해 다녀가기도 했다. 또 일본에 있던 조선인 학생 사회주의자가 조선의 사회주의자와 서로 연락을 취하게 되었다. 일본의 사회주의 운동은 1920년경까지는 그 사상도 아직 명백한 것이 아니다. 무정부주의와 공산주의를 함께 해서 이를 사회주의라고 말하고 있으며 무정부주의 세력도 아직 강했다.

1922년 1월 모스크바에서 열린「극동근로자대회」에 조선인으로부터 결의권을 가진 52명이 출석하고 있었으며, 당파별로 보면 공산당이 37명으로 구성되어 있다. 그러나 이때쯤 조선에는 공산당이 아직 조직되어 있지 않았기 때문에 그냥 공산주의자 집단이라고 하는 것이 적절할 것이다. 또 대회에서 조선인 셋이 연설을 했지만 이름은 알 수가 없다. 그러나 그 가운데 한 사람은 박진순朴鎭淳일 것이다. 그렇지만 일본과는 달리 이 대회가 조선공산주의 운동의 출발점이 되었던 것은 아니다. 이 대회보다 이전에 조선인들의 공산주의 그룹은 상하이와 이르쿠츠크에 두 개가 존재하고 있었다.

조선의 공산주의 운동은 이와 같이 망명자들 사이에서 일어났고, 국내의 노동운동이나 농민운동 가운데서 생긴 것이 아니었다. 우선 1921년

---

72 히로시마 현 출신. 와세다대학 재학 중 활발한 사회주의운동을 전개하여 퇴학당하고 1921년에 일본사회주의동맹을 창설한다. 이듬해 일본공산당 창립에 중심멤버가 되지만 1923년 중국으로 망명한다. 2년 뒤 귀국하여 공산당을 탈당했다. 전후 일본사회당 창립에 참가하고 정치가가 되어 중의원 부의장 등을 지냈다.

7월 20일 상하이의 이동휘는 자기들이 조직한 상하이 그룹을 코민테른에서 정식 조선공산당으로서 승인 받기 위해 모스크바로 출발했다. 이에 대항해서 이르쿠츠크 그룹도 대표를 모스크바에 보냈던 것이다.

그래서 코민테른은 1922년 10월 20일 치따에서 양 파의 회합을 개최했지만 양 파의 타협이 이루어지지 않았다. 코민테른은 다시 양 파의 의견을 듣고 조직을 하나로 합치기 위해 블라디보스토크에 코리아 뷰로(Bureau)를 만들고 보이친스키(G.N.Voitinsky, 1893~1956)[73], 가타야마 센片山潜[74], 정재달鄭在達, 한명성韓明星, 이동휘의 다섯 사람을 위원으로 임명했다. 이 가운데 보이친스키는 코민테른의 극동부장으로서 일본공산당과도 관계가 깊은 사람이다. 그와 가타야마 센이 코민테른 대표이고, 이르쿠츠파의 대표는 한명성이며, 상하이파의 대표는 이동휘이고, 정재달은 망명자가 아니고 조선 안의 사정에 제일 정통한 사람이었다. 말하자면 중립파로서 참가했던 것이다.

이 코리아 뷰로로부터 정재달과 이재복李載馥이 1923년 6월경에 서울에 잠입해서 조선 공산주의자 김두전金枓全[金若水], 신백우申伯雨 등과 연락하는 중에 체포됐다. 그러나 이때 정재달 등의 사명은 당 조직을 위

---

[73] 1918년 러시아공산당에 입당하여 극동과 시베리아 내전에 참가하였다. 1920년부터 27년까지 코민테른 실행위원회의 요직에 있었다. 1926년부터 다음해까지 상하이의 극동국 위원장을 맡고, 1930년대 이후에는 교직에 종사했다.

[74] 오카야마(岡山) 현 출신. 미국유학에서 돌아온 뒤 노동운동을 시작하여 〈노동세계〉의 주필을 맡고 일본 최초의 노동조합인 노동조합기성회 설립에 큰 역할을 하였다. 1901년 사회민주당 결성에 참여하고 1906년 일본사회당에도 참가하였다. 1911년 투옥되고 다음해 사면된 뒤 1914년 미국으로 망명하고, 러시아혁명에 의해 마르크스주의에 경도되어 북미에서 공산주의운동을 하였다. 1921년 소련에 건너가 코민테른 상임집행위원회 간부가 되어 국외에서 일본공산당 결성을 지도했다.

한 조사와 연락이었고 직접 조직을 만들지는 않았다. 이 조직은 당시 서울에 있었던 김재봉金在鳳, 김두전, 김찬金燦, 유진희兪鎭熙 등이 중심이 되어서 조선공산당을 조직하게 되었다.

그래서 그 날짜를 1925년 4월에 서울에서 열리는 전 조선민중운동자 대회의 당일로 결정했다. 4월 17일 서울의 중국 요리점 아서원雅叙園에 모여서 김재봉이 당 창립을 위한 대회에서 인사를 하였다. 김두전을 의장으로 하고 김찬, 조봉암曺奉岩, 김재봉을 역원선고위원役員選考委員으로 임명하고, 이 3명 외에 유진희, 정운해鄭雲海, 주종건朱鍾建, 조동우의 4명 등, 모두 7명을 중앙집행위원으로 선임했다. 다음 날 18일 서울의 김찬 집에서 제1회 중앙집행위원회를 열고 중앙집행위원의 사무분담을 결정했다. 그로부터 약 1개월 후에 같은 장소에서 제2회 중앙집행위원회를 열고 코민테른에 조선공산당의 조직을 보고하고 코민테른 지부로서 승인을 요청하기 위해 조동우를 모스크바에 파견할 것을 결정했다. 당 규약에 대해서는 위원들의 의견이 통일되지 않아 이때에는 결정이 안 된 상태에서 위원의 일부가 체포됨으로써 그 보충과 재조직에 쫓겼던 관계로 당으로서의 활동은 별로 하지 못하고 있었다.

이때의 검거는 그해 11월 22일 신의주에서 일어난 우연한 사건으로 김경서金景瑞의 집에서 고려 공산청년회의 문서가 발견되었다. 그 속에 박헌영朴憲永의 이름이 있었기 때문에 그가 12월 4일에 체포되었다. 공산청년회 외에 조선공산당이 있는 것을 자백했기 때문에 제1차 검거가 실시된 것이다.

6·10 만세운동(공판을 받고 있는 피고인들)

그 후 강달영姜達永, 김철수金錣洙 등이 재조직을 했지만 활동으로서는 당원이 되게 몇 차례의 권유를 하는 정도에 그칠 뿐이었다. 1926년의 중앙집행위원회에서 이때까지 국제 연락 때문에 만들고 있었던 만주부와 상하이부를 하나로 해서 만주총국을 만들었다. 당의 조직은 서울뿐만 아니라 인천, 대구, 부산, 원산, 목포, 마산, 광주 등에도 조직했다.

겨우 성립된 조선공산당은 아직 노동자나 농민의 대중운동을 지도하는 일은 못했지만, 1926년 6월 10일 이왕 척坧의 국장일을 기해서 전국적으로 대 시위운동(6·10만세운동—옮긴이)을 일으킬 계획을 세우고, 그날엔 전국적으로 상당한 시위운동이 행해졌다. 이 운동은 권오설權五卨, 김단야金丹冶 등이 중심이 돼서 "일체의 조세거부, 일본인 경영공장

5. 노동자·농민의 운동　181

노동자의 스트라이크, 일본인 지주에의 소작료 납부거부" 등을 호소했다. 이것은 3·1운동 때에는 없었던 운동의 슬로건이었다.

그날 조선노동당의 격문이 서울에서 발견되어 권오설이 검거되고, 그가 실토했기 때문에 나머지 당원도 검거당하고 말았다. 이것이 제2차 검거인데 이 검거를 피한 김철수 등이 중심이 돼서 김준연金俊淵, 최익한崔益翰, 안광천安光泉 등이 1926년 다시 재건하고 1927년 최익한이 도쿄에 파견되었다. 그는 조선공산당 일본총국이 된 일본부의 조직을 나중에 만든 사람이다. 이때의 안광천, 한위건韓偉健 등이 훗날 ML파75라고 불리는 당파였다.

서울 태평로에 모인 시민들(1926.6.10)

---

75 마르크스·레닌주의를 신봉하는 파를 말함.

이때 재건된 당은 1928년 1월 서울에서 검거되었는데, 이를 제3차 검거라고 했다. 이렇게 자주 검거가 계속되었기 때문에 분파투쟁과 당원 동지 사이의 의심이 겹쳐서 대중 활동은 거의 하지 못하고 있었다.

코민테른도 조선공산당의 분파투쟁을 중지시키는 데 상당히 힘을 쓴 것 같고, 1928년 2월 제3차 검거 후에 거행된 재건회의에는 코민테른의 상하이 사무국으로부터 다음과 같은 주지ㅊㅌ의 결정이 전달되어 왔다고 한다. 그러나 본문의 내용을 잘 검토해 보면 1928년의 코민테른 제6회 대회 후에 조선 문제위원회에서 결정된 12월 테제와 매우 흡사하다. 그 내용에 대해서는 후에 자세히 설명한다.

▶ 코민테른의 결정서

1. 조선의 전투적 프롤레타리아의 임무는 우선 모든 분파를 해산하는 것이다.
2. 조선공산당의 구성분자는 조선사회의 상태를 반영해서 노동자의 비중이 적다. 당의 지도부에 노동자를 더 넣지 않으면 안 된다.
3. 당은 모든 공장에 조직을 만들지 않으면 안 된다.
4. 프롤레타리아의 전위조직만으로는 충분하지 않다.
5. 당은 노동자뿐만 아니라 농민도 지도하지 않으면 안 된다.
6. 조선공산당은 민족혁명의 대중적 여러 당을 자기편으로 끌어넣지 않으면 안 된다.
7. 당은 민족혁명의 대중적 여러 당을 자기편으로 끌어넣지 않으면 안 되지만 그 중심 분자에게 마르크스, 레닌주의의 교의를 강요해

서는 안 된다.

1928년의 제6회 코민테른 대회는 모스크바에서 열렸다. 이때는 중국의 국민혁명이 진전되고 6월에는 장쭤린張作霖이 일본의 손에 살해됨에 따라 그 기회에 장쉐량張學良이 국민혁명군의 입장에 서던 시기였고, 인도에서도, 이집트에서도 반제국주의의 민족운동이 왕성했던 때였다. 따라서 제6회 코민테른 대회의 주요한 임무는 제국주의 전쟁반대의 테제와 세계에 솟구쳐 오르고 있는 식민지, 반식민지의 혁명운동에 관한 테제를 만드는 것이었다.

이 대회에는 일본으로부터 이치가와 쇼우이치市川正一(1892~1945)[76], 사노 마노부佐野學(1892~1953)[77] 등도 출석했다. 조선의 대표는 당의 정식대표라고 인정을 받지 못하고 대회에는 방청만이 허락되었다.

이 대회의 테제 가운데서는, 특히 조선공산당의 임무에 대해 언급하고 있지만 그 근본정신은 12월 테제와 같았다. '신간회'에 대해서는 개

---

[76] 야마구치 현 출신. 와세다대학을 졸업하고 요미우리신문사 사회부기자를 지내고 퇴사 후 사회주의 연구를 시작하였다. 1922년 〈무산계급〉을 발간하고 다음해 일본공산당에 입당, 1926년에는 〈무산자신문〉 주필을 지내고 이해 제3회 당 대회에서 재건된 공산당의 중앙위원에 선출되고 다음 해 당 중앙상임위원, 선전부장이 되었다. 1928년 4월 코민테른 제6회 대회에 당대표로 출석하였다. 다음 해 치안유지법 위반으로 특별고등 경찰에 체포되었다.

[77] 오이타(大分) 현 출신. 도쿄제국대학을 졸업 후 와세다대학에서 경제사를 강의하였다. 1922년 일본공산당 결성에 참가, 다음 해 소련에 망명하고 1925년에 귀국해서 공산당을 재건했다. 1928년 코민테른 제6회 대회에 출석하여 집행위원에 선임되었다. 1929년 상하이에서 검거되어 1932년 치안유지법 위반으로 무기징역을 선고받는다. 다음 해 옥중에서 전향성명을 발표하였다. 전후 와세다대학 교수를 역임하였다.

인가맹에 의한 단일민족혁명당으로 하지 않고 공동행동위원회를 만들어 여러 민족혁명당의 행동을 통일하고 공산주의자의 지도에 의한 혁명적 분자의 블록을 만들어야 한다고 규정했다. 이것이 이윽고 신간회 해소론의 하나의 근거가 되었다.

그런데 12월 테제 결정의 경위는 다음과 같은 경과를 거친 것이다. 조선 문제위원회의 의장을 지낸 사노 마나부의 예심 진술로부터 뽑은 것이다.

42문 : 조선 문제위원회가 한 일은 무엇인가?

답 : 조선공산당은 1921년경 한 번 창립했지만 분파투쟁 때문에 와해되고 1926년 초에 다시 조직해서 '코민테른' 지부가 되었으나, 또 경성파와 ML파의 두 파로 나뉘어서 당이 분열 상태로 되었습니다. 두 파가 각기 중앙위원회를 갖고 있으며, '코민테른' 지부라고 부르고 있었습니다. 그러나 '코민테른'에서는 어느 것도 인정하지 않는 상태가 되었습니다. 제6회 대회에 경성파의 이동휘 군과 김 모 군이 왔지만 인정받지 못해서 대회를 방청만 했습니다. '코민테른' 동양부는 조선 문제를 해결하기 위해 ML파의 대표자를 초청했으나 당원의 거의 전부가 투옥되었고, 얼마 후 11월경 상하이에 사는 이 모 군이 ML파의 대표로 도착했기 때문에 양 파의 대표자와 '모스크바'에 사는 구 화요회원 모군으로 하여금 각각 보고토록 했습니다. 그 보고를 기초로 해서 윌터넨(이탈리아), 미푸(Mif)[78], 취추바이瞿秋白(1899~1935)[79], 나 4명으로 구

5. 노동자·농민의 운동　**185**

성하는 조선위원회에서 토의하고, 12월 25일, 26일경 조선 문제 '테제'를 결의하여 〈인프레콜〉(독일어판 기관지-옮긴이)에 발표했습니다. 이것은 「코민테른」의 조선 문제해결의 기초방침입니다.

그 내용은

(1) 종래의 당에 대한 비판

당의 구성요소는 소小 '부르주아'가 많고 노동자 농민이 매우 적을 뿐만 아니라 당은 민족주의 운동으로부터 발전한 것이다. 그 성질이 아직 대체로 잔재하고 있어 공산당의 독립성이 결핍되어 있다. 조선의 혁명은 '부르주아' 민주혁명으로서 봉건적 잔존물을 제거하는 데 있음에도 불구하고 이에 대해 충분한 주의를 하지 않고 있는 결점이 있다. 그러므로 장래의 방침으로서는 종래의 분파투쟁을 없애버리고 노동자 농민을 기초로 한 당으로 고쳐놓지 않으면 안 된다.

(2) 조선에서는 특히 농민문제가 매우 중요하기 때문에 이에 주의함과 동시에 일상투쟁을 왕성하게 발전시키지 않으면 안 된다.

---

78 소련의 중국문제 전문가. 10월 혁명 후 전소연방레닌공산청년동맹, 공산당에서 활동하여 중국문제의 전문가가 된다. 1926년 중국에서 소비에트의 결성을 부르짖었으나 스탈린에게 반대를 받았다. 1928~1930년에 모스크바의 孫逸仙大學長이 되어 중국혁명가를 양성했다. 1931년 상하이에서 열린 중국공산당 중앙위원회 총회에 참석하였다.

79 중화민국 초기의 혁명가, 문학평론가, 그는 1925년 1월부터 중국공산당의 4, 5, 6차 전국대표대회에서 중앙위원, 중앙정치국위원에 선출되어 공산당 지도자의 한 사람이 되었다.

(3) '슬로건'으로서는

언론, 집회, 결사의 자유

봉건적 지주의 토지무상 몰수

일본자본가가 경영하고 있는 철도, 광산 등의 몰수

제국주의 전쟁 반대

'소비에트 러시아'의 옹호, 일본 '프롤레타리아트'와의 공동전선

등을 내걸 것.

(4) 민족주의 단체와의 구별을 명확히 하여 공산당의 독립적인 존재를 대중에게 인식시키도록 할 것이다. '코민테른'은 통일된 당이 성립될 때까지는 당분간 물질적 원조를 하지 않는다든가 또 일본 공산당으로부터 사람을 파견해서 조선의 여러 사정을 조사 보고 하도록 만드는 방침을 결정했습니다. 내가 작년 3월 상하이에 도착한 후 일본의 당(공산당-옮긴이)에게 조선에 사람을 파견하도록 말을 해주었습니다만 아무런 회답이 없었습니다. '코민테른'에서는 조선 내지와의 연락이 거의 없어서 내가 체포될 때까지 조선 문제는 아무런 진전이 없었습니다.

신간회

 신간회의 조직운동은 〈조선일보〉의 간부로 민족주의자인 신석우申錫雨, 안재홍安在鴻, 김준연, 백관수 등이 중심이 되어서 1927년 1월 갑자기 신간회를 조직할 계획을 일본과 조선의 신문에 발표했다. 그런데 조선의 신문이 이 일을 보도하기 전에 〈오사카아사히신문大阪朝日新聞〉이 1월 14일 지면에 '민족운동의 유력자 신간회를 조직하여 강령을 정하고 전선全鮮에서 신운동을 시도'라는 제목으로 기사화 한 것에서 명백하게 되었다.

안재홍　　　　　김준연　　　　　백관수

일본의 신문에 신간회의 소식이 전해졌기 때문에 신석우가 경찰의 양해를 얻어서 신간회를 발족하게 된 셈이다. 이하는 총독부의 비밀문서 「독립운동 종식 후의 민족운동의 경개梗槪」에서 발췌한 것이다. 신간회의 전도에 대한 경찰의 생각도 나와 있으며 또한 신간회가 성립하고 나서도 경찰이 비교적 관대했던 것도 알 수 있어 흥미가 있다.

(전략)

아래 발기인 등이 경찰부와 경찰서에서 말한 것을 종합 기재했다.

발기인

신석우(조선일보), 안재홍(조선일보) (외 19명)

(중략)

강령

1. 조선민족으로서 정치·경제의 궁극적 해결을 도모한다.

2. 민족적 단결을 공고히 한다.

3. 타협주의를 부인한다.

강령에 의하면 언뜻 보기에 조선독립을 목적으로 하는 민족단체로 생각되지만 과격한 선언 강령을 내걸지 않으면 많은 공명자를 얻기 어렵고, 회를 성립시키기 곤란하다는 것은 신석우가 스스로 고백하는 바이다. 이것은 다만 본회뿐만 아니라 조선인의 결사조직에서 취하는 수단인데 간판에는 꽤 거짓이 많아 그 선언강령 등에 의해 그 내용을 알아차리기는 곤란하다. 또 발기자 중에는 저명한 배일자가 있지만 그렇지 않은 자도 있다. 이름도 없는 부랑자도 있다. 당초 이 계획에 임한 신석우, 안재홍 등으로서도 일면식도 없고 그 경력을 알지 못하는 자도 있다. 또 발기자로 발표된 자 중에는 아직 한 번도 상담조차 참여하지 못한 사람이 있다. 본회의 장래도 종래에 조직되었던 결사와 동일한 운명을 찾아 머지않아 붕괴를 면치 못할 것으로 생각된다.

신간회에는 공산주의자, 노동자나 농민도 가입하고 있었지만 대체로는 지식계층의 조직이었다. 그러나 당시는 민족운동의 고조기이기 때문에 어느 정도의 활동을 한 것은 틀림이 없다.

"신간회의 지방지부에서는 노동자의 동맹파업투쟁과 농민의 소작쟁의를 반일투쟁과 결합시키기 위한 활동을 활발히 추진했다.

신간회 창립을 보도한 동아일보

신간회는 노동자, 농민의 대중투쟁이 전개될 때마다 그들을 지지하고 원조하기 위한 대중적 운동을 광범하게 조직하고 전개했다.

1929년 6월에는 공산주의자와 신간회 하급조직의 적극적인 역할에 의해 허헌許憲을 위원장으로 하는 새 중앙집행위원회가 선출되고, 대중의 혁명적 진출에 적응한 새로운 규약을 채택했다.

신간회는 1929년 말부터 1930년 초에 전개된 광주학생운동을 적극적으로 지지·성원하고 그것을 전국적인 범위의 청년학생운동으로 확대·발전시키기 위해 적극적인 노력을 했다.

이와 같이 신간회는 공산주의자의 적극적인 역할에 의해 각계각층의 인민을 반일민족해방투쟁에 조직·동원하는 데 적지 않은 임무를 다했다."

이와 같은 『조선근대혁명운동사』의 의견은 적절한 것이다.

이러한 민족운동의 고조를 두려워 한 총독부는 신간회 내의 공산주의자들을 잇달아 검거해서 민족주의자가 점점 세력을 갖게 되었다. 그러나 공산주의자들도 당내의 분파투쟁으로 힘이 약해져서 신간회의 지도도 충분히 하지 못했다.

예를 들면 신간회의 성격 규정에서도 처음에는 '민족단일당'이라고 하는 것인데, 이 시기의 슬로건은 '노동자, 농민, 피압박 소시민 대중은 모두 신간회의 깃발 아래로'라는 것이었다. 이것은 일본에서 말하는 공산당과 노동농민당과의 관계와 비슷하다. 다음은 '민족협동전선당'이었다. 이것도 일본의 노농당은 '협동전선당'이라고 하는 이론과 비슷한 것이 아닌가? 사실 또한 1926, 27년의 후쿠모토福本주의80 때까지는 조선의 공산주의자들은 확실히 일본 공산주의자들의 사상적 영향을 받고 있었던 것이다. 그 다음 신간회의 성격 규정은 '민족협동전선'에의 매개체라고 하는 것이고 최후가 해소론이 되는 셈이다.

마지막 1931년에는 행동력을 잃어버리고 신간회의 해소론이 회의 내부에서도 일어나서 1931년 5월에는 해체되고 말았다. 이때의 일도 일본에서 일어났던 신노농당新勞農黨의 해소론[81]과 어딘가 닮은 데가 있었다.

---

[80] 당시 일본공산당을 지배한 후쿠모토 가즈오(福本和夫, 1894~1983)의 이론을 말한다. 후쿠모토는 1924년 독일에서 귀국하여 분리 결합론이라는 독자적인 이론을 내세워 1926년 일본공산당의 주도권을 장악했다. 이것은 노동자 계급이 정치투쟁으로 나아가기 위해서는 이론투쟁에 의해서 이질 분자를 분리시키고 순수분자만을 결합시켜야 한다는 이론으로 당시 해당주의를 극복하는 과정에서 당내에 널려 퍼졌다. 엄영욱, 『정신계의 전사 노신』, 국학자료원, 2003.

[81] 高橋彦博,「勞農黨解消運動」,『國史大事典』14권, 吉川弘文館, 1993. 무산정당으로 최대의 당세를 자랑하던 舊 노농당이 1928년의 3·15사건의 여파로 결사금지가 된 뒤, 1929년 11월 1일 동 당의 재건을 위해 오야마 이쿠오(大山郁夫) 등에 의해 좌파의 무산정당으로 新 노농당이 결성되었다. 그러나 이 과정에서 공산당과 대립이 생기고, 결당 후 해소운동으로 동요하는 등 좌파 내부의 내홍에 직면했다. 이 때문에 당내에서는 중간파 무산정당과의 합동론이 높아지고, 최종적으로는 1931년 7월 5일 전국노농대중당 결성에 합류하는 형태로 당을 해산〔解黨〕했다.

원산총동맹파업

　원산에서는 1928년부터 29년에 걸쳐서 조선에 커다란 영향을 미친 큰 동맹파업이 일어났다. 이것은 말하자면 조선노동운동의 축소판과 비슷한 것이기 때문에 좀 자세하게 설명하고자 한다.
　원산에서는 노동공제회의 지부가 1920년부터 조직되어 있었다. 다음 해 3월에는 부두노동자들이 이 지부를 위시해서 그 외의 노동조합 여섯을 합쳐서 원산노동회를 만들고 1921년에는 벌써 동맹파업을 지도하고 있었다. 1925년에는 직업조합 28개와 조합원 1,350명을 모은 원산노동연합회를 만들었다. 원산동맹파업이 일어난 1929년 1월에는 가맹단체 54, 조합원 총수 2,000명으로까지 성장하고 있었다. 원산노동연합회는 조합의 공제활동으로 소비조합도 경영하고 있었는데 이것이 후에 장기적인 총동맹파업에 도움이 되었다.
　원산노동연합회가 지도한 동맹파업으로는 우선 1927년에 조합과 원산운송업자와의 충돌이 있다.

5. 노동자·농민의 운동　**193**

원산총동맹파업 광경

이것은 그해 6월에 조합이 운수업자연합회에 임금인상과 통일임금을 요구했으나 거절된 것으로부터 시작된 동맹파업이었다. 1주일 후에 요구가 관철되고 원산의 나카시仲仕(화물 운반자-옮긴이)들은 통일임금표에 의한 일종의 단체계약을 맺은 것이다. 이어서 1928년 9월 10일에는 국제통운과 국제운수의 두 회사에서 하역 임금인상을 위한 동맹파업을 했다.

원산 제네스트(총동맹파업)라고 알려진 다음의 동맹파업은 라이징 썬(Rising Sun) 석유회사의 종업원이 일본인 감독에게 구타당한 것에 대한 항의로 시작했다. 그것이 원산노동연합회의 지도에 의해 경제투쟁과 인권투쟁을 결합시켜 투쟁하게 된 것이다.

원산노동연합회는 1928년 9월 14일 기업에 대해 ① 일본인 감독의 면직, ② 최저임금제의 확립, ③ 임금 인상, ④ 해고수당의 제정, ⑤ 작업 중의 부상자에 수당 지급, ⑥ 작업 중의 사망자 가족에 대한 위자료의 지급 요구를 제출했다. 당시의 일본에서도 ⑤와 ⑥은 법률상으로 당연했다. ④도 많은 공장에서 제도화 되어 있었지만 조선에서는 공장 법을 위시해서 일체의 노동입법이라는 것이 없었다. 당시는 며칠 후면 행해질 새 천황의 즉위식을 앞두고 경찰도 동맹파업을 좋게 진압하고 싶었기 때문에 자진해서 조정에 나섰다.

그래서 10월 5일 노자勞資쌍방의 대표가 원산서장 앞에서 ① 폭행 감독의 해고, ② 동맹파업에 따른 희생은 내지 않음, ③ 동맹파업 중의 일급 4할 지급, ④ 그 밖의 요구는 3개월 이내에 고베神戶 본사의 조건을 참고해서 결정한다고 하는 것으로 일단 표면상으로는 수습이 되었다.

그러나 3개월이 지나도 회사로부터 회답이 없었기 때문에 원산노동연합회는 회원들에게 금주·금연을 해서 매일 5전씩을 적립할 것을 호소하고 라이징 썬 석유회사의 종업원에게 새로이 다음과 같은 요구를 회사에 대해 제출토록 했다.

① 최저임금을 종래의 남자 70전을 80전으로, 여자 40전을 60전으로, 기술자의 1원 20전은 그대로, ② 해고수당은 1년 이상 근속자에 기술자 90일분, 보통직공 60일분 지급, ③ 조업 중의 사망자에게 600일분, 부상자에게는 치료비 전액 지급과 치료 중의 일급 전액 지급.

하지만 다음 해 1월 14일 회사가 이를 거부했기 때문에 라이징 썬의 종업원은 동맹파업에 궐기했다.

계속해서 국제통운회사와 국제운수회사의 하역노동자가 우선 라이징 썬과의 연대 동맹파업에 들어가고 1월 21일에는 원산시 전체의 운수노동자가 동정 동맹파업에 들어갔다.

그로부터 다시 1월 이후는 원산의 이발직 조합, 화공 조합靴工組合, 정미공 조합, 인쇄공 조합, 제차공製車工 조합 등 18사 1,800명의 노동자가 동맹파업에 들어가 정말로 시 전체의 총동맹파업이 되었다. 이에 대해 자본가 측은 원산상업회의소를 선두로 내세우고 싸워 문자 그대로 계급 대 계급 투쟁이 된 것이다.

한편 원산노동연합회도 동맹파업 파괴 방지를 위해 하역노동자가 인천의 신간회 지부에 응원을 요청했다. 이에 대해 원산상업회의소도 함경남도 노동회라고 하는 어용단체를 만들어 원산노동연합회를 분열시켜 무너뜨리려고 했다. 이렇게 해서 4월 1일 쌍방 간에 난투가 벌어져 군대가 출동해서 동맹파업은 진압되고 재향군인회, 청년단, 소방조도 원산시의 경비라는 명목으로 원산노동연합회에 위압을 가해왔다.

이에 대해 조선 각지의 노동조합이 응원 대표를 원산에 파견해서 쟁의를 격려하고 농민단체도 각지에서부터 원조금을 보냈다.

원산노동연합회에는 일본노동조합평의회의 기관지 〈노동신문〉도 들어와 있어 평의회가 지도한 1926년의 공동인쇄나 하마마쓰浜松악기의 동맹파업 이야기도 잘 전해져 있었다. 또 1927년 항만총동맹파업으로 유명했던 오타루小樽합동노동조합의 활동도 알려져 있었다. 그래서 처음에는 일본의 좌익노동조합의 동맹파업전술을 채택한 것 같이 생각되지만 시 전체의 총동맹파업 단계에서는 당시 일본의 노동운동보다는 앞서 있었다. 이것은 민족투쟁과 계급투쟁이 결합한 운동의 강점이었을 것이다.

원산총동맹파업과 일본 및 조선 노동자의 연대에 대해서는 당시의 〈무산자신문〉의 사설에도 "총동맹과 조합동맹은 재일본 조선 노동총동맹의 제창에 따른 원산파업 응원을 위한 회합에서 좌익과의 공동응원을 거부하고 그 회합을 유린해서 계급적 배반을 명백히 했다"고 썼다. 일본노동총동맹과 일본노동조합동맹으로서 보면 차라리 당연한 일을 한 것에 불과하다. 총동맹의 운동으로 조선인과의 연대가 있었던 것은 1923년의 간토대진재 때까지의 일이며 진재 후에는 총동맹은 조선인의 운동을 지지하지 않게 되었다. 여기에서 일본과 조선의 노동운동의 연관에 관해 간단히 언급해 보고자 한다.

일본인 노동자와 조선인 노동자의 통일과 단결이라는 것이 1922년경부터 두 나라의 해방운동에 관계하고 있었던 사람들이 의식 속에 싹트기 시작했다. 그것이 1923년에 있었던 조선인의 학생단체동우회의 메이데이 참가, 조선인노동조합의 결성으로 나타났던 것이다.

일본노동총동맹도 1922년부터 1923년의 간토대진재까지는 진보적이고 혁명적이었던 시대였고 일본과 조선노동자와의 제휴에도 열심이었다. 예를 들면 총동맹은 1922년 4, 5월경부터 러시아 비辛 간섭운동을 시작하고 있었으며, 7월에는 간토關東노동자동맹대회에서 쟁의 중인 평양 고무공장 여공의 아사동맹餓死同盟에 동정의 격려전보를 보냈다.

그것이 1923년에 이르러서는 한 걸음 더 나아가서 4월 17일의 총동맹중앙위원회에서는 '조선인 노동운동의 조사와 제휴를 권고하는 건의 결의'로 나타났다.

"조선민족의 해방운동은 그것이 무산계급화 하는 한에서 일본 무산계급의 해방운동과 공동의 적을 갖는 것으로 인정한다. 그런고로 우리 노동총동맹은 양자가 공동전선에 서는 것을 이상으로 하고 우선 조선인 노동운동을 조사하고 이의 촉진을 원조하는 것으로 한다."

나아가서 8월 25, 26일의 중앙위원회에서는 "식민지 인민의 무산계급운동의 촉진에 협력한다"고 결의하는 데까지 변천해 왔다. 당시 일본 노동운동의 중심이었던 총동맹 안에 일본과 조선노동자 제휴의 기운이 점점 고조되어 왔던 것을 엿볼 수 있으리라고 생각한다.

이와 같은 흐름이 간토대진재 때까지 계속되었다. 1922년 12월 1일 오사카에서 조직된 조선인노동자동맹회의 창립대회에는 니시오 스에히로西尾末廣(1891~1981)[82]도 출석하고 있다.

이 조선인노동조합이 생기게 된 것은 1922년 시나노가와信濃川[83] 수력발전주식회사의 공사장에서 조선인 노동자가 살해되고, 그 사체를 시나노가와에 떠내려 보낸 사건을 안 도쿄의 조선인 학생들이 현장에 조사단을 파견하고 학살 사실을 일본 노동자들에게 호소한 데서부터였다.

조선인 노동자 학살사건은 당시 같은 조건 밑에서 일하고 있었던 조선인 노동자의 분기를 촉진시키고, 조사단에 참가했던 사람들을 중심으로 재일조선인노동자 정황조사회를 만들게 했다. 이 단체가 일본에

---

[82] 가가와(香川) 현 출신의 노동운동가·정치가. 소학교 중퇴 후 각지의 공장에서 일하면서 노동운동에 가담하고, 1919년 友愛會, 1926년 사회민중당 결성에 참가했다. 이후 사회대중당, 일본사회당 의원을 지냈다.

[83] 니카다(新潟) 현과 나가노(長野) 현을 흐르는 하천.

서 조선인 노동조합 결성의 추진자가 되어 조합을 결성케 했던 것이다.

그러나 간토대진재 때의 조선인 학살은 모처럼 일어나기 시작했던 일본인과 조선인 노동자의 제휴를 망쳐버린 것이다. 그뿐만 아니라 간토대진재의 혼란을 이용해서 가와이 요시토라河合義虎84 등을 죽이고 조선인 대학살을 감행한 지배자는 일본의 노동운동을 후퇴시키고 노동운동을 좌우로 분열시켰다.

다음의 자료는 일본노동총동맹회장 스즈키 분지鈴木文治(1885~1946)85의 의견서다. 이것에 의해서도 일본노동총동맹의 우익지도자의 조선민족운동에 대한 생각이 완전히 변하여, 일본의 식민지통치를 그냥 그대로 인정하고 오히려 이것을 영속시키기 위한 헌책獻策을 하고 있는 것은 놀랄 수밖에 없다. 진재와 조선인의 대량학살은 일본의 노동운동에도 이렇게 큰 영향을 주었던 것이다.

---

84 南葛勞動會의 초대 공산청년동맹위원장으로 대진재 시 구호활동을 벌이다가 경찰에 의해 학살당했다.

85 미야기(宮城) 현 출신의 노동운동가·정치가로 友愛會의 창시자다.

간토대진재(1923.9.1)

조선인 노동자 보호에 관한 의견서

이번 제도帝都(도쿄-옮긴이) 지방에 일어난 대진재는 전에 볼 수 없었던 비참한 일로서 오인의 통탄을 금할 길이 없습니다. 그중에도 조선인에 관한 불상사건의 빈발은 오인이 식자와 더불어 깊이 유감으로 생각하는 바입니다. 오인은 본 문제에 대한 선후책이 제도 부흥 사업에 부가해서 가장 중요한 것임을 믿어 의심치 않음과 동시에 일선日鮮 문제의 장래에 대단한 영향을 줄 것을 생각해 우려를 금치 못하는 바입니다.

생각건대 이번 불상사의 근원은 일본인과 조선인 상호간에 있는 평소의 몰이해에 있음은 말할 것도 없으며, 이 몰이해의 심리상태가 터무니없는 유언비어를 퍼뜨리게 만든 원인입니다. 대체로 일본내지에 거주하는 조선인은 크게 학생과 노동자의 두 종류로 나눌 수 있는데, 그중 노동자는 언어의 불통과 내지 사정을 잘 모르는 것과 동시에 피정복자의 편견이 심합니다. 이것을 일본인 쪽에서 보면 같은 사정에 있음과 동시에 정복자로서의 우월감으로 그들을 상대했고, 이것이 종래에도 때때로 일본인과 조선인 노동자 사이의 충돌을 빚어 낸 원인인 것입니다.

이와 같은 상태가 영속해서 쉽게 그 이해를 얻을 수 없으면 조선통치의 의의가 거의 없어진다고 해도 과언이 아닙니다. 오인은 여러 가지 상황으로부터 생각하고 관찰해서 건실한 일본 노동단체의 힘으로 극력 이에 임하는 것이 매우 적당하다고 생각하지 않을 수 없습니다. 일반적인 구제 사업으로 해서는 그 목적을 잘 달성하기 어렵다고 믿습니다. 일본노동총동맹은 일찍부터 이 점에 착안하고 총동맹본부 안에 선인부鮮人部를 설치하고 일본과 조선 두 나라 노동자의 이해와 융화를 도모코자 했으나, 아직 힘이 부족하고 시기가 성숙치 못해 유감이며 충분한 효과를 거두지 못하고 있습니다. 그렇지만 오인은 이번의 대진재에 즈음해서 한층 더 절실하게 오인의 평소의 희망을 수행하지 않으면 안 될 책무를 통감하게 되었습니다. 만약 도일한 조선인 노동자들 사이에 아무런 통일된 조직이 없고, 일본과 조선 두 국민 중의 대다수를 점하는 노동자들 사이에 아무런 의사의 소통이나 감정의 융화가 없으면 일선융화는 결국 공상에 돌아가지 않을 수 없습니다. 따라서 오인은 총동맹 내부에 선인부를 설치하고 조선인 노동자의 보호구제, 호적성행 조사, 직업 소개, 상호이해 촉진, 사상 선도, 감정 융화 등의 사업에 종사하고자 합니다. 이 기관에는 본인의 통제 아래 5명의 역원을 두고 그중 3명은 일본인 2명은 조선인으로 하려고 합니다. 그리고 이 사업에 필요한 경비에 대해 말하면 각 역원에게 지불할 봉급은 월액을 각 약 100원으로 하고 여기에 약간의 사무비, 운동비, 기밀비를 합해서 1년에 12,000원 내지 15,000원을 계상하면 족할 것입니다. 총동맹에서는 도저히 자력이 없기 때문에 각하께서 만약 오인의 뜻을 이해하고 양찰하신다면 조력을 펴 주시기를 간절히 바라는 바입니다. 가능하다면 조선인 노동자의 문제도 회비제도를 쓰고 싶어도 이는 도저히 현재의 조선 노동자에게는 바랄 수 없습니다. 이것이 운동의 형식은 자치적으로 하고 경제에서는 구체적으로 하지 않을 수 없는 이유입니다. 진재 선후책의 일단으로 이에 우견을 피력하고 각하의 현찰을 앙망합니다.

다이쇼 12년(1923) 9월 29일

스즈키 분지

조선총독 사이토 마코토 각하

(비고)

1. 우선 먼저 도쿄 본부 내에 선인부를 설치하는 것으로 한다. 다음은 오사카에, 그 다음은 모지門司에 지부를 두고, 기타 필요에 따라 전국 각지에 지부를 두는 것으로 한다.
2. 사업 강목은 앞에 말한 바와 같이
   - 선인노동자의 호적 정리, 성행 조사
   - 생활 보호, 숙사의 주선
   - 직업 소개
   - 사상 선도
   - 선일 간의 사정소통에 관한 사항
   - 일본어의 교수

   등으로 한다. 이의 실행에는 조선총독부, 동 도쿄 출장소, 정부당국, 각 부현 시정촌 등과 충분한 연락을 취하는 것으로 한다.

1924년은 일본의 노동운동사상에서 일본노동총동맹이 우익화 된 해로 알려져 있다. 표면상에 나타난 것으로는 이해의 처음에 도쿄동부합동노동조합이라고 개칭한 난가츠南葛노동회나 시계공 조합, 간토기계공 조합 등의 좌익조합을 총동맹에 가입시키고 있다.

그러나 그 이면에서 스즈키 분지가 이러한 의견서를 조선총독에게 냈다는 것은 실로 놀라지 않을 수 없다. 이 이면의 움직임을 파헤쳐 보는 것은 금후의 과제다. 간토대진재 때의 조선인 학살과 난가츠 노동회의 지도자 학살 등은 총동맹의 일부 지도자를 공포에 떨게 하고, 그들

5. 노동자·농민의 운동 **203**

의 우경화를 촉진했던 것은 엄연한 사실이다. 이런 의미에서 간토대진재와 조선인학살은 일본의 노동운동에 대해서도 중대한 관계가 있는 사건이라고 할 수 있을 것이다.

간토대진재 복구에 동원된 조선인들 〔도쿄 니쥬바시(二重橋)〕

광주학생운동

 광주학생운동은 1929년 11월 3일 전라남도 광주에서 일어났던 조선인 학생에 대한 일본인 학생의 폭행에 반대하는 조선인 학생들의 항의운동이다. 이 항의운동은 조선 전국에 퍼졌던 것이 큰 특징일 것이다. 학생이 주체가 됐던 민족운동으로서 매우 특이한 것으로 노동운동에서 말하면 원산 총동맹파업과 흡사한 성격을 가진 운동이다. 일본의 학생운동에서 살펴보면 1925년 10월 15일 오타루小樽고등상업학교의 배속장교가 학교의 군사교련 시간에 조선인의 폭동이 일어나서 이것을 진압한다는 상상을 프린트해서 학생들에게 나누어 준 일이 있었다. 전국학생사회과학연구회와 전 일본무산청년동맹은 이것을 문제 삼아 학생군사교련 반대운동을 일으켰다. 이 반대운동은 광주학생운동과 닮았으나, 그 규모나 사회적 의의는 광주학생운동 쪽이 훨씬 크다.

 이 운동에 관한 이야기는 잡지 〈인터내셔널〉(1930년 2월호)의 조선으로부터의 투서에 실려 있다. 그것은 운동의 경과를 다음과 같이 생생하게 전하고 있다.

광주학생운동의 발단

평상시부터 광주고등보통학교와 광주중학교(일본인)는 사이가 나빴다(이것은 조선 전체가 그러했다). 그것은 왜 그런가? 앞에서도 약간 언급했지만 학교에서 일본인과 조선인 학생의 차별대우가 보이지 않는 것은 오히려 이해하기가 힘들 정도였다.

최근 어느 보통학교(소학교-초등학교를 말함, 옮긴이)에서 생긴 일을 예로 들어 보자. 그것은 열세 살 된 학생이 수업을 마치고 운동장에 나왔을 때 자기 앞에 굴러 온 축구공을 발로 찼다. 그런데 이것을 본 일본인 모 선생이 학생이 있는 곳에 와서 다짜고짜 뺨을 때리고 그래도 모자라서 유도 식으로 학생의 두 팔을 비틀어 잡고 넘어뜨렸다. 그 결과 그 학생은 기절하고 맥이 끊기고 말았다. 의사의 응급조치로 숨을 돌렸으나 고막은 터지고 말았다.

여러분! 여러분은 이런 일을 믿을 수 있는가? 아마 믿어지지 않을 것이다. 그러나 그것이 신문에서 보도된 사실인 것이다!

소학교시대에는 그렇게 해도 때워버릴 수 있을 것이다. 그러나 중학시대가 되면 그렇게는 안 된다. 자기의 인격을 인식함과 동시에 자기보다 나은 것이 아무것도 없는 일본인 중학생이 거드름 피우는 오만한 태도로 자기들을 대하는 것이 화가 나는 것은 당연하지 않을까!

이것이 평소부터 광주고보 학생과 광주중학 학생이 반목하는 원인이었다.

그러면 우리는 다시 광주학생운동으로 돌아가자. 전년 10월 3일 나주(광주로부터 60리) 역전에서 있었던 일이다. 기차로 통학하는 한 조선 여학생을 광주 중학생이 놀렸다. 이것을 보고 있던 광주고보 학생(여학생의 사촌 오빠)이 그런 불량한 짓은 하지 말라고 충고를 했다. 그런데 광주 중학생(두 명)은 오히려 광주고보 학생에게 덤벼들었다. 싸움이 한창일 때에 일본인 순사가 와서 불문곡직하고 광주고보 학생만을 꾸짖고 때리고는 쌍방을 다 쫓아 돌려보냈다. 다음 날 차 속에서 다시 그 광주고보 학생과 광주 중학생이 충돌했다. 차장이 와서 제지한 것까지는 좋았으나 이때도 광주고보 학생만 지독하게 꾸짖을 뿐이었다.

평소의 불평과 불만은 이 사건을 중심으로 해서 드디어 폭발하기에 이르렀다. 11월 3일! 10여 명의 광주 중학생과 6, 7명의 광주고보 학생이 길에서 말다툼을 시작했다. 그러는 사이에 단도와 그 외의 흉기를 가진 광주 중학생과 산보하고 있던 광주고보 학생들이 각각 응원을 위해 달려 왔다. 잇따라서 일대 충돌이 되고 쌍방이 모두 수십 명의 중경상자를 나게 했다. 그러는 가운데 난타된 경종을 듣고 모여든 소방대, 재향군인, 청년단과 경관대에 의해 진압되었다. 일단 학교에 돌아갔던 학생들은 데모를 감행하기로 하고 손에 잡히는 대로 곤봉을 들고 시가지로 행렬을 전진시켰다. 그곳에 있었던 사범학교, 농업학교와 여자고등보통학교 학생들도 이에 참가했다.

이날은 100여 명이 검거되었다. 그리고 이 사건은 점점 확대되어서 휴교가 선포되었다.

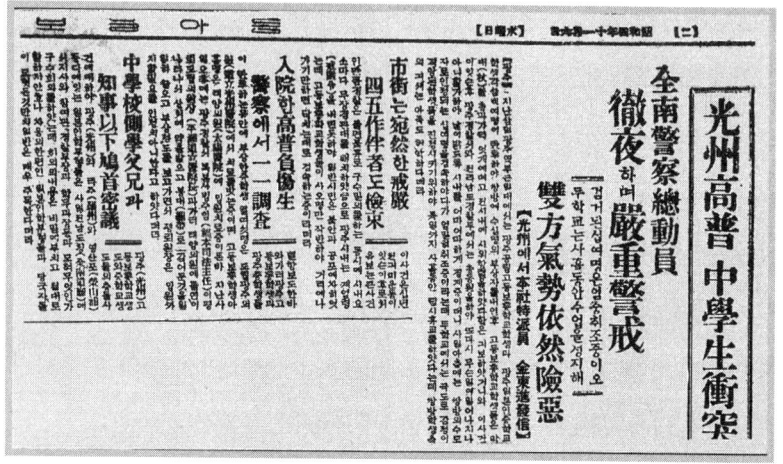

광주학생운동 보도기사(1929.11.6)

검거된 학생을 즉시 석방하라! 민족적 차별을 일체 반대! 식민지 노예교육을 철폐하라! 등의 구호가 적힌 삐라가 시중에 뿌려지고 조선인 상점들은 이에 동조해서 모든 가게의 문을 닫았다. 그해 12월에 행해진 대대적인 데모에서는 학생과 경관대, 소방대와의 난투전이 벌어져서 어린 학생들의 피는 글자 그대로 땅을 물들여 빨갛게 만들었다.

그 밖에 용산에서부터는 2개 연대가 응원으로 파견되어 오고, 계엄령이 내려지고 광주는 완전히 폐쇄되어 일체의 통신이 끊어지고 말았다.

덧붙여 이야기할 것은 서울에서 진상조사를 위해 파견되었던 조선학생회, 학생과학연구회, 중앙청년동맹의 세 대표는 6일에 이미 검거되고 말았다.

광주학생운동의 여파

광주학생운동은 전 조선학생들에게 동정의 표적이 되었다. 그들은 이번의 운동을 그들 자신의 일과 같이 생각하고 희생자들에 대한 동정은 드디어 그들로 하여금 일어나지 않고는 못 견디게 만들었다.

"이 추운 겨울, 광주의 학생들은 철창 속에서 고생하고 있다. 그들과 같은 처지에 있는 우리들이 응원하고 일어나지 않으면 누가 일어나겠는가! 학생 대중이여! 궐기하라."

이렇게 해서 재빨리 함흥의 고등보통학교와 여자고등보통학교는 16일에 동맹휴학에 돌입하고, 19일에는 목포의 상업학교와 정명貞明여학교의 학생들이 일어났고, 27~8일에는 나주 부근의 보통(소)학교까지도 데모를 일으켰다.

가두 검색하는 일제의 관헌

이렇게 한 달 남짓한 동안 공주, 고경86, 서울, 개성, 평양, 신의주, 원산, 부산 등지에서 대학에서부터 소학교에 이르기까지 일제히 궐기했다(12월 24, 26일에는 도쿄의 학생들도 드디어 데모에 궐기했다). 그러면 그들의 총동맹 휴학은 어떠한 방법으로 나타났는가.

(가) 요구서 제출(학교 당국에)

그 주요한 조건을 들어 보면

- 일본과 조선학생의 차별을 철폐하고 공평한 규율을 시행할 것.
- 학생의 처벌을 경솔히 하지 말고 바쁜 부모를 함부로 호출하지 말 것.
- 학생 사이의 언론자유를 압박하지 말 것.
- 교우회비를 남용하지 말 것.
- 도서부에는 **조선** 여러 잡지의 기관을 확대할 것. (강조―저자)

(나) 격문사건과 시위운동

광주학생들이 최초의 시위운동을 벌인 후부터 꼭 한 달되는 12월 3일 서울에서는 대대적인 행동이 있었다. 당일은 6종, 3,000장의 삐라가 대학 이하 각 남녀 중학교에 교묘히 배포되어 암암리에 전 서울의 30개교의 10,000여 명의 제네스트(general strike, 총동맹파업―옮긴이)는 준비되었다.

---

86 원 저서에는 高敬으로 되어 있으나 高敞의 오자이다.

굳게 닫힌 교문

　12월 5일 제2고보(현, 경복고)를 필두로 6, 7일에는 중등, 제1고보(현, 경기고)가 데모를 결행하였다. 9일에는 경신, 보성, 중앙, 휘문, 남대문 상업학교 등이 종로에서 연합 시위운동을 벌였다. 경찰대와 맞붙어 피를 흘리며 적기赤旗를 높이 게양하고 "일본제국주의 타도 만세, 식민지 해방 만세"를 부르짖고 "노예교육 일체반대" "소비에트 러시아를 지키라!" 등의 삐라를 뿌리면서 시위행렬에 나섰다. 그날 검거된 사람은 수천 명, 부상자는 수백 명, 피살자는 남녀 수십 명에 이르렀다.

　(다) 결의문사건
　신간회(민족적 단일당)의 중앙간부는 이번의 학생운동을 적극적으로 지지함으로써 대중적 동원을 불러일으킬 것을 결의했다. 그러나 불행하게도 사전에 누설되어 13명이 검거되고 그중 6명이 검사국에 회부되었다.

신간회는 현재 노동자, 농민을 지도하기에는 너무나 무능하고, 소수의 비 전투적 간부는 그저 조사 운운하는 지상 투쟁에만 그쳤으므로 해체하지 않으면 안 된다는 이론이 일부에서 제기되었다. 무능하다는 것은 사실이다. 그 하나의 이유는 창립 초에는 아무런 행동강령을 갖지 않았다. 또 행동강령이 완성된 후에는 경찰의 탄압이 심해서 일체의 집회가 금지됐기 때문이지만 간부가 비 전투적인 것은 사실이다. 어쨌든 현재 신간회는 전 조선에 걸쳐서 상당한 혁명력을 갖고 있기 때문에 단지 해체함으로써 이 혁명력을 분산해 버려서는 안 된다. 전투적인 지도 분자에 의해 정말로 공동투쟁의 성과를 획득할 때에 비로소 단순한 대동단결에 지나지 않는 이때까지의 존재는 별도의 계급적 조직으로 해소될 것이다.

(라) 백지동맹, 퇴학원 동맹

잠시 동안의 동맹휴교 후 등교하게 됐을 때에도 동요는 여전히 계속되었다. "희생자를 즉시 석방하지 않으면 우리들만이 공부를 할 수는 없다"고 하고 시험 때에 백지를 내는 동맹을 한 곳도 있고, 동맹 퇴학원을 제출한 곳도 있다.

1930년대 운동의 발전

원산의 동맹파업이 실패했지만 조선 각지의 운동에 큰 영향을 주었으며, 1929년에는 동맹파업과 소작쟁의가 실제로 많이 일어났다. 이제 그중에 큰 것을 들어보면 4월에는 충청남도 공주의 마루야마丸山 청량공장의 여자 20명과 대전의 대전청량주식회사의 여자 45명의 동맹파업, 6월에는 평안남도 진남포의 신흥新興 어업동업조합의 어부 200명이 수수료 징수 반대, 고정급제 등을 요구하는 동맹파업이 있었다. 그리고 함경남도 신흥의 조선수력전기회사 공사장의 종업원 200명이 임금 인상, 작업 중의 부상에 대한 치료비 지급, 해고 1개월 전 예고라고 하는 근대적 노동자다운 요구를 내걸고 동맹파업을 한 것은 주목할 만하다. 또 부산에서는 8월에 부산도기陶器, 9월에 경남인쇄주식회사, 부산내국통운회釜山內國通運會의 동맹파업이 있었으며 전체적으로 운동의 고양기였다.

1930년에 들어서자 부산방적의 2,000명 노동자가 ① 최저임금을 일급 80전으로 인상 ② 8시간의 노동제 실시 ③ 식사 개선 ④ 벌금제도

철폐 ⑤ 소년공의 야간작업 폐지 ⑥ 부상자에게 위로금 지급 ⑦ 민족 차별대우 철폐 ⑧ 기숙사 직공의 외출의 자유 ⑨ 쟁의단의 해고 반대 등등의 요구를 내걸고, 1월 10일부터 동맹파업에 들어갔다. 이 동맹파업은 상당히 오래 이전부터 준비되고 있었는데 친목단체를 위장한 「중낙회衆樂會」를 만들고 비밀리에 조직 활동을 계속했던 결과로 일으킨 것이다. 회사는 부산번영회라고 하는 조선인 부르주아단체에 중재를 의뢰해서 해결하려고 했으나 노동자들은 동맹파업 체제를 무너뜨리지 않았다. 교섭 중에 경찰이 간섭해서 동맹파업 지도자를 체포했다. 21일에는 기숙사의 여자 종업원들을 무장경찰의 감시 밑에 전원 강제 취업에 몰아냈고 응원 왔던 노동자들도 전부 체포되고 말아 동맹파업은 실패했다.

공장에서 혹사당하는 부녀자들

부산방적은 종업원이 약 2,000명이나 되는 공장이었으나 대부분은 여자 노동자였다. 이 공장에는 일본인 노동자도 있었으나, 회사는 일본인 노동자들에게는 임금과 기타 대우를 잘 해주어서 노동자 사이의 대립을 조장하고 있었다. 임금에서도 조선인 남자는 최저 30전, 최고 70전, 여자는 25전에서 50전 정도인데 기계가 파손되면 벌금을 부과하고 작업하다 부상해도 치료비는 주지 않았다. 이것은 공장법이 조선에서 시행되고 있지 않았기 때문이다.

이 동맹파업은 열악한 노동조건 밑에서 오래 일을 하고 있던 부산방적 노동자들이 원산총동맹파업 후에 전국 각지에 파급된 반제국주의 투쟁이 고조된 가운데 일으킨 것이다.

참가자 수가 한 공장에 이렇게 많은 것은 일본에서도 적었는데 조선 최대의 동맹파업이라고 해도 좋다.

그 다음 함경남도 신흥에 있는 조선탄업주식회사의 탄광 동맹파업이 유명하다. 신흥에는 그 전해에 조선수력전기의 동맹파업이 있었다. 이 탄광 동맹파업은 대우 개선, 일본인 감독의 구타 금지, 갱내 위험작업 반대, 위생설비의 완비, 부상자에게 수당 지급, 해고수당의 지급, 조합의 승인 등을 요구하였다. 자본가 측은 일단 5월 13일에 해결을 약속했지만 해결조건을 실행하지 않았기 때문에 6월에 들어서 동맹파업이 재발한 것이다.

광산에 동원된 광부의 모습

평양광업소

　이때에는 노동자가 탄광사무소와 발전소를 습격해서 폭동 상태가 되었다. 이 동맹파업도 각지로 파급된 것으로 알려져 있다.
　파급된 동맹파업으로 유명한 것은 1930년 8월 초에 평양고무동업조합이 임금의 1할 인하를 발표했던 일에서 시작되었다. 동업조합과 고무 직공조합 사이의 교섭은 4일부터 시작했지만 해결을 보지 못해 5일부터 12개 공장이 태업에 들어갔다. 7일에는 5개 공장이 동맹파업을 하고 6개 공장이 태업에 들어갔으나 뒤에 이 6개 공장도 동맹파업에 가담했다. 이 동맹파업도 경찰에 지도자가 체포되고 나중에는 타협으로 끝났다.
　동맹파업운동은 농촌에도 파급되었다. 이것은 일본에서는 생각할 수 없는 일이었는데 노동자의 동맹파업을 농민조합이 응원하는 일은 있어도 공동투쟁을 하는 일은 없었다. 그런데 이 당시의 조선에서 특히 함경남북도에서 격심한 농민운동이 일어났던 것은 노동운동의 고조에 자극을 받은 것이다.

항일무장투쟁

 항일무장투쟁은 만주를 무대로 해서 일어난 것이기 때문에 조선인의 만주 이주에 관해 간단히 언급해 둔다.
 간도지방은 합병 전부터 조선인의 이주가 많았던 곳인데 1910년에는 이주 조선인의 수가 109,500명, 1921년에는 307,806명이었다. 1926년 356,016명이 되었다. 1931년에는 395,847명, 1937년에는 933,333명으로 비약적인 증가를 보인 것은 우가키宇垣一成 총독의 정책으로 1930년 경부터 조선인을 만주에 이민 보내기 시작했기 때문이다. 이주의 이유는 생활난에서였다. 또 우가키는 '북선 개척'이라고 해서 화전민의 추방을 단행했기 때문에 화전민이 갈 곳은 간도밖에 없었다. 이 조선이민 가운데는 구한국시대부터의 정치적 망명자도 많았다.
 간도에 사는 조선인의 8할은 농민으로서의 생활 상태는 조선에서 살던 때보다 좋았지만 중국 관헌으로부터 끊임없는 박해를 받고 있었다. 그러나 일본으로부터의 보호는 아무것도 없었다. 이들이 간도지방의 조선인 해방운동의 토대였다.

간도 조선인 부락

조선공산당 만주총국은 1926년에 만들어진 것이었지만 여기에도 조선 내의 분파투쟁이 들어와 있었다. 1928년 코민테른의 12월 테제가 나온 것을 계기로 일체의 분파를 해산하고 중국공산당 만주성위원회에 들어가 활동하게 됐으나 유감스럽게도 분파투쟁이 여기서도 계속되었다.

마침 이 무렵에 중국공산당은 이립삼李立三(1899~1967)[87] 노선의 극좌방침을 채택하고 혁명정세에 있다는 정세 판단에서 전면적인 무장폭동

---

[87] 중화민국에서 중화인민공화국에 걸쳐 활약한 중국공산당의 지도자. 湖南省에서 태어나 호남중학을 졸업한 뒤 1919년 프랑스에 유학하였다. 유학 중인 1921년 중국공산당의 창립당원으로 입당하고 1927년 南昌起義에 참가하고 정치국원이 되었다. 다음 해 중앙선전부장이 되고 1930년 중국공산당의 최고지도권을 장악했다. 그러나 이립삼 노선은 실패하고, 코민테른으로부터 극좌편향이라고 비판을 받아 그는 15년간 모스크바에 머물렀다.

을 호소하고 있었다. 이 방침에 따라 간도에 있던 중국공산당 만주성위원회의 지도 하에 있었던 조선 공산주의자들은 1930년 5월 30일의 폭동에 참가해서 용정촌, 두도구頭道溝, 국자가局子街 등에서 폭동을 일으켰다. 그리고 일본영사관, 동척 지점, 친일 조선인단체 등을 습격했으나 곧 일본군에 진압되어 오히려 막심한 손해를 보았다.

이립삼의 극좌방침은 1931년 상하이에서 개최된 중국공산당 제4 중전회中全會(중앙위원회 전체회의—옮긴이)에서 비판을 받아 새 방침이 나오고 만주에서도 조직이 재건되었다. 만주의 폭동은 희생이 많았지만 이립삼 노선시대의 가장 격렬했던 폭동이었다. 특히 만주에서 이러한 일이 일어났던 것은 만주의 지주는 대체로 중국인으로 조선인과의 대립이 심했고 중국관헌의 조선인에 대한 박해도 지독했기 때문이다.

6.

만주사변과 조선

우가키 가즈시게와 '만주'

우가키가 조선총독이 된 것은 1931년 6월 17일로, 3개월 후인 9월 18일에 만주사변이 시작되었다. 이때의 조선군사령관은 하야시 센주로 林銑十郞(1876~1943)[88]이고 관동군사령관은 혼죠 시게루本庄繁(1876~1945)[89]였다. 내각은 제2차 와카쓰기若槻 내각[90]이었고 육군대신은 우가키의 뒤를 이어 조선총독이 된 미나미 지로南次郞다. 우가키는 혼죠가 제10사단장일 때 육군대신이고 '일찍부터 만몽 적극정책의 주장자'였다. 혼죠는 "때때로 감명을 갖고 그의 만몽에 관한 언설에 귀를 기울이는 기회를 가졌다. 그래서 사변(만주)의 발발과 동시에 중앙부에 대한 자군(관

---

[88] 이시가와(石川) 현 출신으로 1903년 육군대학교를 졸업하고, 러일전쟁에 종군하여 이후 육군대학교 교장, 조선군사령관(1930년), 육군대장이 되었다. 육군대신, 내각총리대신을 역임하였다.

[89] 효고(兵庫) 현 출신으로 제10 사단장, 관동군사령관, 시종무관장, 육군대장을 역임하였다. 러일전쟁·제2차 세계대전·만주사변에서의 공을 인정받아 남작을 수여받고 화족이 되었다.

[90] 입헌민정당 총재 와카쓰기 레이지로(若槻禮次郞, 1866~1949)가 제28대 내각총리대신에 임명되어 1931년 4월 14일부터 12월 13일까지 계속된 내각이다.

동군)의 대변자로 혼죠의 머릿속에 떠오른 것은 우연히도 그때 경성에 근무하던 우가키 총독이었다. 혼죠가 우가키에게 협력을 의뢰한 것은 9월 22일에 이루어졌다."91

우가키의 일기에도 "나는 만주사건의 소식을 듣고 그날 9월 19일부터 신정권을 수립하고 지나支那(중국) 본토와의 관계를 단절시키고 이와 상대해서 선후조치를 해야 한다는 뜻을 수상, 육상, 혼죠 씨 등에 진언하고 있었다"92라고 하는 것만 보아도 혼죠와 우가키의 의견은 일치하고 있었던 모양이다. 그래서 우가키는 "육군과 외무성 사이의 협조를 도모하고 정부의 사변대책 확립을 촉진하기 위해 급히 상경할 것을 결의하였다."93

이렇게 해서 우가키는 10월 29일 서울을 떠나 12월 6일까지 도쿄에 있었는데 이것을 세상에서는 정변을 목적으로 한 행동이라고 보고 있

하야시 센주로

혼죠 시게루

와카쓰기 레이지로

---

91 『太平洋戰爭への道』2, 만주사변.
92 『宇垣一成日記』, 1931년 10월 5일.
93 『太平洋戰爭への道』2, 만주사변.

었던 모양이다. 또 뒤에 인용하는 모리야 에이후守屋榮夫(1884~1973)의 『우가키 총독 하의 조선통치宇垣総督の下に於ける朝鮮統治』 가운데도 우가키는 언제나 중앙정계에 관심을 보이고 안정되지 않았다고 말했다.

그러나 조선 총독으로써 중국 문제에 대해 참견한 것은 우가키만은 아니다. 사이토도 중국의 동란은 조선의 치안에도 영향을 준다고 말하고, 1924년 9월 18일에 시작된 제2차 봉직奉直전쟁94 때에는 일본군의 출동을 정부에 요구한 일이 있었다. 요컨대 일본에게는 만주도 조선도 한 덩어리였다. 따라서 만주사변이 확대되어 전화가 중국대륙의 북부에서 중부로 확장됨에 따라 조선이 가지는 중요성을 다시 한 번 생각하게 된 것은 당연한 일이었을 것이다. 또 만주사변 때에 나남羅南의 제19사단 일부가 월경출병을 한 것도 원래 이 사단이 만주에 출병하는 사명을 처음부터 갖고 있었던 것은

> 조선군 사령관은 평시에 있어 대원수로부터 작전계획 책정 상 만주에서 작전이 일어날 경우는 소정의 병력(이번에 출동한 병력과 대략 같음)을 만주에 급파해서 관동군을 증원해야 할 임무를 갖고 있으며 그 계획을 수립하고 재가를 얻었음95

---

94 1922년과 1924년에 일본의 지원을 받은 봉천군벌 장쭤린과 영미의 지원을 받은 직예군벌 우페이푸(吳佩孚) 사이에 일어난 전쟁. 장쭤린이 패했다.
95 『太平洋戰爭への道』 별권 자료 편.

이라고 되어 있었기 때문이다. 다시 말해서 군사 면에서도 조선과 중국, 적어도 만주와는 한 덩어리였다.

　원래 일본이 조선을 점령하고 곧 이를 영유한 것은 만주로부터 중국의 북부, 그리고 그 다음은 본토로 진출하는 발판으로 삼기 위해서였다. 따라서 미나미 총독시대에 조선을 대륙병참기지라고 했던 것은 일본의 제국주의적 팽창정책으로 말하면 새로운 것이 아니다. 오히려 당연한 귀결이다. 그래서 만주사변 이후의 조선을 말하려면 일본의 제국주의적 대륙정책의 발전으로 인식해야 할 것이다.

우가키 총독의 농촌진흥운동

우가키는 정식으로 조선총독이 되기 전 사이토 총독이 제네바군축회의에 일본 대표로 참석하고 있었던 기간 중에, 즉 1927년 4월부터 10월 1일까지 짧은 기간이기는 했지만 조선총독 임시대리를 지낸 일이 있었다. 그래서 조선의 일을 전혀 모르지는 않았다. 그리고 그는 중앙정계에 야심이 있다고 전해져 그 목적을 위해 조선에서 큰 업적을 올리려 하고 있었다.

우가키가 조선총독으로 부임했던 당시의 조선 농촌의 실정에 대해 농촌진흥운동에 참획하고 그것의 입안과 실시에 임했던 야마구치 사카루山口盛는 다음과 같이 말하고 있다.

"당시의 조선 농촌은 매우 어두운 표정에 싸여 있었습니다. 특히 농민의 8할을 차지하고 있는 소작농의 생활은 식량 부족과 부채의 중압으로 아주 생기를 잃고 있었다고 해도 결코 지나친 말은 아니었습니다. 도대체 이 정도로 내지와 외지를 통해서 이상한 풍작이 계속되어 쌀이 국내에 남아돌고 있다고 하는데 이 농사를 짓는 농민의 대다수는 식량이 부족해서 '춘궁'에 괴로워 한다는 것에 여러분은 이해가 가지 않을 것이라고 생각하기 때문에 이야기가 나온 김에 '춘궁'이라고 하는 말에 대해 그 내용을 언급해 보고자 합니다.

춘궁이라고 하는 것은 옛날부터 거의 습관성으로 되어 있어서 농민들 사이에서는 일반적으로 이것을 이상하게도 느끼지 않고 별로 괴이하게도 여기지 않습니다. 또 그 때문에 각별히 동정도 끌지 않는 그런 농촌에서의 연중 행사적인 환경이 나타나고 있지만, 사실은 그렇게 간단한 내용은 아닙니다. 그것은 소농의 다수가 보존 식량을 겨울 동안에 먹어 없애고 보리 수확기까지 먹는 것을 이어 가는 방편에 고심하는 일로부터 오는 것입니다. 그래서 극단인 경우에는 소나무의 굵은 껍질과 나무 사이의 부드럽고 흰 부분으로 식용이 되는 부분을 벗겨내는 일도 있습니다. 또 5월 초가 되면 보리가 성숙되는 것을 기다리지 못하고 이삭이 아직 푸르고 유상乳狀96인 것을 이삭만 잘라다가 이것을 쪄서 응고시킨 것을 죽으로 만들어 먹는다는 상상조차 힘든 그러한 일도 예가 있습니다.

식량이 이런 상태에 있었던 외에 대다수의 소작농은 크건 적건 간에 빚을 지지 않은 자가 없다고 할 정도로 언제 갚을 수 있을지도 아직 모른 채 식량 부족과 더불어 생활을 위협받고 있는 것입니다.

이와 같은 농촌의 근심스러운 사태는 결코 우연한 것이 아닌 것으로

---

96 곡류의 종자가 아직 익지 않은 상태를 말함.

그 원인은 광범위하고 또 매우 심각했습니다. 이것을 손쉬운 예를 들어 보면 벼농사가 아주 적합하다고 생각합니다. 당시 조선의 논 165만 정보 가운데 '천수답'이라고 해서 관개설비는 아무것도 없고 오로지 빗물에 의존해서 경작하고 있던 면적이 74만 정보나 있었습니다. 수확은 한편으로 해마다 기후에 지배된다고 하는 극히 불안정한 경작을 하고 있기 때문에 그 반수反收97도 자연히 놀랄 만큼 적은 것입니다. 그 적은 가운데서 지주에게 소작료를 물고 남은 쌀은 농가 최대의 환금換金 물자로서 금전경제에 포함되는 것이기 때문에 자연히 필요 앞에서는 나중에야 어떻게 되든 앞뒤를 가리지 않고 이것을 팔아서 돈으로 바꾸기 때문에 보리를 추수할 때까지 식량을 지탱할 수 없게 됩니다. 등이 배가 될 수 없듯이 궁하게 되면 드디어 지주로부터 식량을 빌려 한때를 견디어 넘기고 아주 절박해지면 종자로 남긴 볍씨까지 팔기도 합니다. 그 결과 나중에는 볍씨도 지주로부터 빌리고 그 밖에 고리대금을 빌려 쓰는 것은 당시 농촌의 타성으로써 별로 이상하게 여기지 않았던 것입니다. 뿐만 아니라 타산이나 계수에 어두운 농민에게 자칫하면 있기 쉬운 일이지만 부주의하게 지나는 동안에 이자만 해마다 늘어나서 쉽게 빚을 갚을 방법이 없게 되는 실정이었습니다. 그때의 이자는 매우 비싸서 빌린 종자 볍씨는 가을에 추수 때의 갑절로 갚는 것이 당연한 일로 되어 있었기 때문에 한 번 돈을 빌리면 쉽게 갚지 못하게 되는 것입니다.

조선에서 소작인의 비참한 사정을 풍자한 속담에 '소작인은 지주의

---

97 1단보당 평균 수확량을 말함.

집에서 가을 추수계산을 마치고 돌아갈 때는 빗자루와 키만을 가지고 집으로 돌아가게 된다'고 하는 말이 있습니다. 이것은 소작미를 지주에게 지불하고 그와 동시에 그때까지 빌렸던 식량과 빌린 돈의 이자 등 모든 계산을 끝마치면 소작인이 자기 집에 가지고 돌아가는 쌀은 얼마 남지 않으며, 봄에서 가을까지 정성을 다한 보람도 없다는 소작인의 비참한 생활을 극단으로 표현한 것입니다.

여하튼 이러한 옛날부터의 타성과 환경에다 피할 수 없는 내외의 불황까지 덮쳐서 우가키 총독이 부임하던 당시 조선의 농촌은 실로 암담한 상태에 처해 있었습니다."[98]

조선농민의 비참한 상태에 대해서는 우가키도 자신의 일기 『우가키 가즈시게宇垣一成일기』에 다음과 같이 쓰고 있다.

광희문 밖에 사는 영세민들의 생활은 가련한 상태였다고 느꼈다. 이 겨울을 어떻게 지낼까 어쩐지 염려되어 이를 구제할 수단을 강구할 필요의 유무를 관계자에게 문의했더니 항상 있는 일로서 걱정할 필요가 없다는 대답을 들었다. 그렇다고 하더라도 두고두고 개선의 방도를 강구하지 않으면 안 된다. (1931년 9월 7일)

열심히 일해서 돈 버는 것을 따라잡는 가난은 없다는 속담이 있지만

---

[98] 山口盛, 『宇垣總督の農村振興運動』, 友邦協會, 1966.

조선에서는 일을 해도 가난이 따라와서 편안할 때가 없는 경우가 매우 많다. 그것은 빚 때문이다. 현재 조선 사람이 궁핍을 벗어나는 길은 빚을 쓰지 않는 것과 있는 빚을 갚는 방법을 강구하는 데 있다. (1931년 9월 8일)

함경남북도와 강원도 이외에도 굶주림에 허덕이는 자가 적지 않은데 겨우 초근목피에 의해 연명하는 자가 있는 것을 듣고 아픈 마음 금할 길이 없어 관계자에게 물어 보았다. 그 사람이 말하기를 "조선에서는 그런 일은 흔한 일이고 지금 이때쯤 되면 매년 각지에 나타나는 현상이다. 이제 한 달만 지나면 나뭇잎도 나고 풀도 나기 때문에 그것에 의해서 수확기까지 어떻게 해서 지나간다"고 하며 깊이 배려하는 모양도 보이지 않았다. 동물적인 생활은 아무리 생각해도 마음이 아팠다. 어떻게 해서라도 될 수 있는 한 빨리 인간으로서의 생활만은 보장해 주고 싶다. 아니 그렇게 하는 것이 내 임무다. (1932년 3월 31일)

농촌진흥운동의 명목은 농촌경제의 재건인데 그것을 위해서는 운동의 중심 목표를 '춘궁퇴치, 차금퇴치, 차금예방'의 세 가지에 두었지만 관료들에게 흔히 있는 일로 우선 총독부의 기구개혁으로부터 시작했던 것이다.

당시 총독부의 기구는 총독관방과 내무국, 재무국, 경무국, 학무국, 식산국, 법무국, 토지개량부, 산림부의 6국 2부제 외에 외국으로 철도, 체신, 전매의 3국으로 되어 있었다. 그 식산국의 분장을 상공, 수산, 광산의 3과로 편성토록 하고 토지개량부와 산림부의 2부가 분장했던 사무와 식산국에 속해 있던 농무, 축산 2과의 사무를 일괄해서 관장하는 농림국을 신설하고 농촌을 대상으로 하는 일체의 사무를 이 농림국이 담당하도록 되어 있었다.

농촌진흥운동의 최고 지도기관은 조선총독부 농촌진흥위원회고, 그 구성원은 위원장(정무총감), 위원은 내무국장, 재무국장, 식산국장, 농림국장, 법무국장, 학무국장, 경무국장, 체신국장, 철도국장, 전매국장, 경기도지사, 문서과장, 지방과장, 사계司計과장, 이재과장, 상공과장, 수산과장, 토목개량과장, 임정과장, 학무과장, 사회과장, 보안과장, 조선총독부 촉탁 2명이다.

이 중앙기관 밑에 각 도의 지사를 위원장으로 한 각 도 농촌진흥위원회가, 도사島司와 군에는 도사島司·군수를 위원장으로 하는 각 군도농촌진흥위원회가, 각 읍과 면에는 각 읍면농촌진흥위원회가 성립되었다.

이렇게 농촌진흥운동의 출발점을 기구의 개혁에 두고 농촌대책의 사무는 모두 일괄해서 농림국이 주관하기로 되었다. 농촌진흥운동의 사무도 농림국을 주관국으로 하고 어촌관계상 이의 주관국인 식산국과 밀접한 연락을 취하면서 일을 진행하기로 되어 있었다. 처음에는 농림국 토지개량과에 있었던 야마구치山口盛, 그 밖에 조선 농촌지도의 전문가 야히로 이쿠오八尋生男와 일본에서부터 농본주의자인 야마자키 노부키치山崎延吉(1873~1954)[99]가 와서 우선 운동의 이념을 선전하는 일부터

---

99 이시카와(石川) 현 출신의 농정 교육가. 아이치(愛知) 현의 농업개선에 진력한 인물로 농림학교 초대교장을 지냈다, 1929년 神風義塾을 열고 농촌 청년에게 '古神道'에 근거

시작했다.

즉 운동을 정신주의로 하자는 것이다. 그것을 위해서 독농篤農주의, 정농精農주의의 야마자키를 지도자로 해서 조선 내에서의 강연부터 시작했다. 다음은 우가키 총독이 전 조선의 군수, 도사를 전원 서울에 소집하고 총독이 친히 농촌진흥운동의 취지와 정신을 말하고 이를 격려해서 일반인들에게 취지를 철저히 알리도록 했다.

우가키는 1932년 10월에 전 조선의 군수, 도사를 서울에 소집하고 야마구치가 작문한 훈시를 가지고 강연을 했다. 이것이 준비하는 일이고 다음 해 3월 6일에는 각 도의 지사에게 보낸 정무총감 이마이다 기요노리今井田淸德(1884~1940)의 '농가경제갱생계획수립에 관한 건'이라고 하는 통첩이 나왔다. 이 통첩에서 말하고 있는 것은 다음의 4개 항목이 중심이 되었다. 즉

1. 계획은 농가 하나하나의 경제갱생의 구체적 방책을 본체로 함과 동시에 그 정신적 의의를 충분히 천명토록 할 것.
2. 계획은 각호(各戶)에 있는 노동력의 완전한 소화를 목표로 하고 그 작업능률의 증진을 도모함과 동시에 가급적 다각적으로 이용해서 이를 유기적으로 종합 통제해서 한 가지 일에 쏠리지 않도록 할 것.

한 '農民道' 교육을 실천하였다. 1932년 조선에 와서 총독부 농림국 임정과 촉탁으로 1941년까지 근무하면서 농촌진흥운동을 지도했다. 중의원 의원과 귀족원 의원을 역임. 『農村自治の硏究』, 有隣堂, 1910.

3. 계획은 자급자족을 원칙으로 하고 막연하게 기업적 영리본위의 계획에 빠지지 않도록 할 것.
4. 본 계획은 지방의 현상을 감안, 첫째 식량의 충족, 둘째 금전경제의 수지균형, 셋째 부채의 근절 등 세 가지를 목표로 하고 연차계획을 수립할 것.

이 통첩이 뜻하는 것은 자급자족으로 농가경제를 재건하라는 것이다. 사회발전 법칙에 완전히 역행하는 것으로서 그 실패는 처음부터 약속되어 있었다고 해도 좋다. 그 다음 이 통첩의 내용을 다시 자세하게 한 것이「농가경제갱생지도계획요강」이다.

그것에 의하면 농가 한 집 한 집에 대해 호별 지도는 도저히 불가능하기 때문에 농가 전체 가운데서 어느 부분을 뽑아서 그 농가를 '갱생'시키고 그것을 온 촌락 전체에 미치게 한다고 하는 것이다. 그렇게 하기 위해서 아래의 다섯 항목을 실행하는 것으로 되어 있다.

1. 지도부락의 설치계획 수립
2. 지도부락의 선정
3. 기본조사의 시행
4. 농가경제갱생계획의 수립
5. 경제갱생계획의 실행

그렇게 해서 1933년에 각 읍면에 3, 40호 정도의 부락을 선정한다. 다음에 그 부락의 농가 한 집 한 집의 갱생계획을 세우고 이를 실행에 옮기도록 했다. 그것을 위해서는 우선 ① 가족조사, ② 겸업상황조사, ③ 토지이용상황조사, ④ 농업경영상황조사, ⑤ 경제상황조사, ⑥ 노동력조사를 해서 농가현황조사서를 만든다. 이것을 일정한 형식으로 모은다고 하는 것은 큰일이었다. 이 점에 대해 야마구치는 다음과 같이 말하고 있다.

"이 갱생계획서는 정무총감 통첩의 취지, 정신 특히 계획수립 방침의 네 항목의 여러 요소는 빠짐없이 이를 내용화 하고 있는 것은 물론입니다. 민도에 잘 적응하도록 힘써 복잡함을 피하고 그 실생활과 직결시키고 나아가서 간단하고 친근하게 해서 효과적인 구체적 계획으로 하는 것을 본뜻으로 하였습니다. 따라서 이 갱생계획에 의한 지도는 읍, 면의 서기, 기수로서도 잘 시행할 수 있는 것인데 주재소 순사, 학교 교원, 금융조합 이사는 물론, 서기도 또한 잘 할 수 있는 것으로 했습니다. 그 내용은 정무총감 통첩에서 보여준 '농가갱생 5년 계획'의 양식을 보시면 알 수 있습니다. 이 계획 중에는 그 집, 그 집의 경지, 산림 등의 면적, 가족의 구성, 가축 등의 영농규모 및 1년 중의 현금수입과 지출, 부족식량, 부채액 등에 걸친 그 집의 현황을 한 번 보면 알 수 있을 만큼 게재했습니다. 그 현황에 근거해서 뒤에 말씀드리는 갱생 3 목표를 달성하는 수단으로 5년 동안에 해마다의 영농계획, 즉 주요 작물에서부터 양돈, 양계, 양잠, 자급비료로서의 퇴비 증산, 새끼, 가마니 등의 부업에 이르기까지 일체의 영농계획과 여기에서 생기는 생산물 판매소득의 예정, 현금수지의 예정과 그 결산 등, 영농 및 생활에 필요한 항목을 내걸고 다시 생활 개선의 항목을 설정해서 정신지도와 발맞추어 온 가족이 다 우리 집의 갱생에 정진함과 같은 내용과 수단을 일괄해서 구성하는 것으로 되어 있습니다."100

그런데 이렇게까지 상세하고 면밀한 조사를 하면서도 소작료 조사는 시행하지를 않았다. 미야다 세츠코宮田節子는 이러한 총독부의 입장을 비판해서 다음과 같이 말하고 있는데 나도 그렇다고 생각한다.

"그것은 단순히 빠뜨린 것이 아니다. 왜냐하면 조사항목 중에는 '소작료를 납부할 때의 잡비'가 확실히 열거되어 있기 때문이다. 그것은 분명히 의식적으로 조사를 하지 않은 것이며 그렇기 때문에 조사하지 않은 뜻은 한층 더 중대하지 않은가 하고 생각한다.

당시의 조선에는 해마다 소작료가 고율화하는 경향을 보여 주었는데 평균 5, 6할에서 최고 9할이라는 예까지도 찾아 볼 수 있다. 그와 같은 현실 속에서 소작농에게 소작료야말로 최대의 지출이 아니고 무엇이겠는가? 마찬가지로 지세도 4할 6푼의 지주가 소작농으로 전가轉嫁하고 있었다."101

---

100 山口盛, 앞의 책.

101 宮田節子,「1930年代日帝下の朝鮮における'農村振興運動'の展開」,『歷史學硏究』297 1965.

본래 조선총독부의 관리였던 야마구치는 이 운동이 성공해서 춘궁농민이 없어졌다고 말하고 있지만, 증거로는 아무것도 제시하지 않고 있다. 대체로 우가키가 총독이었던 시기는 1931년 6월 17일부터 1936년 8월까지의 약 5년간인데 농촌진흥운동을 했던 것이 1933년 3월부터 약 3년 5개월이다. 춘궁은 시정 이래로 있었던 것으로 오늘날까지 회복이 되지 못했던 것은 우가키가 말한 그대로다. 일부의 사람들이 말하는 대로 우가키 총독이 이것을 3년 5개월 동안에 없앴다고 하면 정말로 기적일 수밖에 없다.

이와 반대의 의견은 "농촌진흥운동은 현재 여전히 계속되고 있지만 가격경제의 농촌침투 확대는 냉혹하게 그것을 비판하고 있다. 대대적인 선전운동은 총독부 농림국에 농촌진흥과가 존재하므로 해서 겨우 세상 사람들의 기억에 남아 있다"102고 빈정거리는 것과 사이토 시대의 조선총독부 비서과장이었던 모리야守屋榮夫의 다음과 같은 의견도 있다.

"또 자력갱생운동을 일으키는데 열병식이라도 하려는 것인지 많은 민중을 모아 놓고 조선신궁의 광장에서 조서 봉독식을 하는 것까지는 우선 좋다고 할 수 있다. 그러나 그 후 각 도의 군수들을 일부러 경성에까지 불러 놓고 총독, 정무총감으로부터 한 마디 훈시가 있은 다음 대체로 야마자키山崎延吉 씨의 강연을 들려주었던 것 등은 엉뚱하고 비상식

---

102 1940년 판 『朝鮮經濟年報』.

적이라는 비난을 면할 수가 없다.

지사가 제1차 감독기관으로써 군수를 통솔하는 이상은 우선 각 도에서 군수와 기타 유력자를 모아 놓고 자력갱생운동을 일으키는 것이 좋다. 또 그것으로써 충분한 것이다. 이것을 경성에 소집하게 되면 많은 여비를 써야 하고 먼 곳에서는 10일간이나 군청의 사무를 버려두지 않으면 안 되기 때문에 오히려 유해무익하다는 것을 도지사들이 극력으로 주장하였다. 총독부도 일단 납득했던 모양인데도 불구하고 우가키 총독은 그들의 타당한 의견을 듣지 않고 작년 10월 하순 이를 단행했다. 그 결과는 예상한 대로 마음에 들지 않게 되어서 모였던 군수의 태반은 회의가 시시하기 때문에 긴장감을 잃어버리고 낮잠을 자는 자도 적지 않았다고 한다."[103]

다음에 나는 이상 두 가지의 대표적인 의견을 사실과 대조하여 조사해 보고자 한다. 첫째로 춘궁농가의 통계는 1930년에 나온 것뿐이며, 그 후의 숫자는 없다. 또 다음 페이지의 '영농종별 농가호수 통계'에서는 1933년부터 지주의 호수가 기재되어 있지 않다. 이제까지의 통계에서는 '지주 갑'이라고 하는 것이 전혀 자작을 하지 않는 자이고 '지주 을'이라고 하는 것은 일부는 자작을 하고 대부분 소작을 하는 자라는 항목이 있다. 그 대신에 피용자被傭者라고 하는 항목이 생겼다. 그 정의는 '경지를 갖지 못하고 타인에 고용 돼서 농사에 종사하며 독립된 세

---

[103] 守屋榮夫, 『宇垣總督の下に於ける朝鮮統治』.

대를 갖는 자'로 되어 있다. 이 통계에서도 소작은 늘고 피용자도 증가했다. 이 피용자와 소작인을 합한 것이 대체로 춘궁농가의 실제 수에 가까운 것이 아닌가 한다.

자작이 늘어난 것은 통계의 속임수다. 지금까지의 '지주 을'을 자작에 넣고 있기 때문이었다. 순 화전민도 줄어들었다. 옛날이라고 하지만 1932년까지의 숫자에는 '겸 화전민'이라는 항목이 있었다. 그 정의는 '숙전熟田104을 경작하며 아울러 화전식 경작법에 따라 경작하는 자로서 지주, 자작, 자작 겸 소작, 소작 중에 계상됨으로써 합계 중에는 이를 포함하지 않는다'고 하였다. 그러나 '겸 화전민'을 지주나 자작에 넣는 것은 약간 이상하다. 이것도 화전민을 적게 보이게 하려는 잔재주이기 때문이다.

조선총독부가 발표한 '부족식량 충실 실적 조사'의 숫자 조작도 매우 이상하다. 예를 들면 '계획을 실시한 1년간의 식량충실 호수는 전부 충실한 것만을 기재하고, 동 충실 수량 중에는 일부 충실도 합산'하고 있으므로 정확한 숫자는 나오지 않는다. 이 일은 또 이 운동을 지도한 야히로八尋生男의 "배불리 먹고 있지 않더라도 예를 들면 일부는 초근목피라고 하는 춘궁시대가 있더라도 식량부족이 없을 때는 외관상으로는 우선 자급자족하고 있다고 하지 않으면 안 된다"105는 궤변과 꼭 같다. 요컨대 춘궁퇴치가 됐다는 증거는 하나도 없다.

이 운동에 경기도의 농정과장을 지낸 사쿠마久間健一의 다음 글을 인용

---

104 잘 경작된 논을 말함.
105 八尋生男, 『農家經濟更生講本』, 조선총독부, 1936.5.

해둔다.

"이들의 갱생계획의 실적에 대해서는 상당히 만족할 만한 그리고 이 계획의 가능성을 보여줄 만한 보고가 이루어지고 있지만 우리들은 이와 같은 수식이 많은 관료적인 보고에 구애되지 않고 실태의 규명에 힘쓰지 않으면 안 된다. 과연 이 경제갱생정책이 그 스스로의 모순이 없이 수행될 수 있을 것인가 이상理想 이전에 우선 현실을 보지 않으면 안 된다.

사람들은 갱생부락에서의 소위 갱생계획서의 실제를 우선 생각해 보는 것이 좋다. 그것은 틀림없이 하나의 경영개선계획이며 합리화인 것이다. 경종耕種조직, 양축養畜조직과 또는 부업조직에서 정연하게 조직적으로 수립된 갱생계획은 똑똑히 우리들에게 갱생의 가능성을 보여 주고 있다. 그러나 이 가능성에는 이것을 강하게 억지하고 있는 일정한 제한이 있는 것을 알지 않으면 안 된다. 그것은 지식, 기술, 자력의 정도가 낮은 것에 의한 것이지만 가장 기본적인 제한은 농민의 경영규모의 영세성이다.

우리들은 이상에서 농민의 경제갱생이 경영의 영세성에 따른 모순을 강조했지만 또 하나의 중요한 경영합리화의 장애로서 소작제도를 생각하지 않으면 안 된다. 왜냐하면 농민의 약 75%는 소작농, 경지의 약 60%는 소작지며, 농민의 경제갱생은 한편으로는 소작문제 그것이라고 해도 조금도 과언이 아니기 때문이다."[106]

---

106 久間健一, 『朝鮮農民の課題』, 成美堂, 1944.

다음에 화전민과 토막민에 관한 것을 설명해 둔다. 이것은 1940년에 경성제국대학 위생조사부에서 편찬하여 1942년 8월에 이와나미岩波서점에서 『토막민의 생활·위생』으로 출판된 조사보고서로부터 선택한 것이다. 이 조사보고에서도 "조선에서의 특수 세민細民의 세 가지 형태로 춘궁, 화전, 토막의 셋을 열거하고 싶다고 생각한다"고 말하고 있다.

우선 화전이라고 하는 것은 일본에도 옛날에 있었던 소전경작燒畑耕作107이다. 화전민은 강원도, 평안남도, 평안북도, 함경남도, 함경북도에 많고 국유림이 적은 남쪽 조선에는 적다. 이제 순純 화전민의 매년 증가된 호수를 적어 보면 1926년 34,316호, 1929년에 34,332호, 1931년에 41,212호, 1935년에 76,472호, 1937년에 72,919호, 1939년에 69,280호로 되어 있다.108

표6-1 · 영농종별 농가호수

(단위: 호)

연차	자작	자작겸 소작	소작	순 화전민	피용자	소작겸 피용자	합계
1933	545,502	724,741	1,563,056	82,277	93,984	1,657,040	3,009,560
1934	542,637	721,661	1,564,294	81,287	103,225	1,667,519	3,013,104
1935	547,929	738,876	1,591,441	76,472	111,771	1,703,212	3,066,489
1936	546,337	737,849	1,583,622	74,727	116,968	1,700,590	3,059,503
1937	549,585	737,782	1,581,428	72,919	117,041	1,698,469	3,058,755
1938	552,430	729,320	1,583,435	71,187	116,020	1,699,455	3,052,392

(『朝鮮經濟年報』1940년판, 소작+피용자에 대해서는 저자가 합계한 것임)

---

107 열대에서 온대에 걸쳐 전통적으로 행해지고 있던 粗放的인 농업 형태이다. 일본에서도 산간지대를 중심으로 향해지고 있었다.
108 『朝鮮經濟年報』 1939, 1940년판 기타 영농종별농가호수.

앞의 통계에서 순 화전민이 1935년을 경계로 점점 감소되는 경향으로 나타난 것은 우가키 총독시대의 '북선北鮮개척사업'의 일환으로 1932년부터 17년 계획으로 화전민 추방과 삼림보호사업의 결과 순 화전민으로부터 겸 화전민으로 옮겨진 때문이라고 한다. 이 화전민의 토지는 생산성이 극히 낮기 때문에 지대(소작료)도 이윤도 모두 성립되지 않는다는 것이 특징이다. 화전에서는 잉여생산물이 되지 않고 겨우 살아가는 데 지나지 않지만 그 화전민에게도 공조公租와 공과금이 소요되고, 또 일용잡화품도 사지 않으면 안 되기 때문에 그들에게도 화폐가 필요하다. 그 때문에 얼마 안 되는 부업 수입과 계절적인 노임 수입 이외에는 충분하지 못한 식량마저 그 일부를 떼서 현금으로 바꾸지 않으면 안 된다. 우가키 총독조차도 1936년의 일기에 다음과 같이 쓰고 있지 않은가?

"전차 위에서 본 길 옆 회양군淮陽郡 내의 화전의 모양은 변함없이 참담한 것이다. 쇼와 6년(1931) 순시 때에 정리방법을 주의시켜 주었는데 새 화전이 일구어진 형적形跡은 없어도 구 화전의 감소·개선된 형적이 보이지 않음을 유감으로 생각해 지사에게 엄한 경고를 해 두었다. 금강산은 오늘날에는 세계적인 명소이며 그 연선은 국제적인 교통로이다. 그것을 이런 참상으로 내버려 두는 것은 조선의 수치를 드러내는 것이다. 조선을 실력 이하로 평가하게 하는 하나의 유력한 자료다. 빨리 개선하지 않으면 안 된다. 아니면 금년부터 건설에 착수하는 중앙선의 선로도 지금부터 주의를 해서 조치할 필요가 있다고 생각한다."[109]

말하자면 외양이 보기 흉하니까 무언가 해야겠다는 데 불과하다.

다음에 토막민에 관한 것을 서술해 본다. 이것은 앞의 경성대학 의학부의 조사를 그대로 인용한다.

"요컨대 토막민은 조선인 빈궁계급이 도시의 한 모퉁이에 모여 살며 비참한 빈민굴을 형성하게 된 것에 불과하다. (중략)

그들은 시내와 교외를 불문하고 제방, 냇가, 다리 밑, 산림 등 유한지를 관유지, 사유지를 가리지 않고 무단으로 점거한다. 그들 특유의 극히 조잡한 임시건물을 짓고 날마다 달마다 그 수를 늘려 결국은 비참과 혼잡과 불결을 특색으로 하는 소위 토막부락에까지 발전하는 것이 보통이다.

이와 같은 토지의 불법점거는 오로지 그들의 막다른 골목에 이른 가난에 원인이 있는 것이지만, 당국으로서는 해마다 증가하는 토막집의 멈출 줄 모르는 범람을 도시 미관상, 그리고 도시 위생상 중대한 문제로서 그들에 대해 여러 가지 대책을 강구하고 있다. 도시세민을 토막민이라는 명칭으로 호칭하게 되어 이 명칭이 점차 일반에게도 사용되어 온 모양이다." (중략)

다음에 그들[토막민]이 농촌에 살았던 때의 지위를 조사해 보면 소작농이 57호로서 총수의 71%를 차지하고 자작과 자작 겸 소작농은 19호 24%에 불과하다.

---

109 『宇垣一成日記』 1936년 5월 25일.

토막민이 살던 집

그중에도 순 소작농은 아주 드물고 대부분은 자작 겸 소작농이었던 모양이다.

　　이농 전의 농촌에서의 지위(특수조사에 의함)
　　자작 겸 소작농 19호, 소작농 57호, 고용농 4호, 계 80호

고용농이란 토지를 가지지 못하고 머슴으로 타인의 집에서 먹고 살며 일하는 사람과, 따로 한 집을 이루고 있으나 농경지를 가지지 못해 타인의 농가 집에서 일을 도와주고 생활을 하는 사람들을 말한다.
토막민의 이농 전에 있어서의 자작과 소작의 비율을 전 조선의 일반

농가의 그것과 비교하면 다음과 같다.

표6-2 • 全朝鮮 농민과 이농 전 토막민의 자작 및 소작의 비율(%)

구분	지주	자작겸 소작농	소작농
이농 전의 토막민	—	24.0	71.0
전 조선 일반농가	3.6	42.0	51.9

즉 토막민으로서 이전에 지주였던 사람은 전혀 없고 자작농 내지 자작 겸 소작농이었던 사람의 수도 전 조선 평균에 비해 매우 적고 과반수가 소작농이었던 것이다.

다시 이농 전의 농경지 면적을 일반 농가의 그것과 비교하면 다음과 같다.

표6-3 • 이농 전 토막민 및 경기도 농가의 1호당 농경지 면적

구분	논	밭	계
이농 전의 토막민	7.6반(反)	4.7반(反)	12.3반(反)
경기도 전 농가	8.5반(反)	7.4반(反)	15.9반(反)

위의 표에서 보여준 바와 같이 역시 평균 수준보다 약간 낮은 정도에 있다.

일본 전체 농가의 1호당 평균 농경지 면적은 1.09반(反)인데 조선농가의 집약도는 일본의 그것보다 훨씬 저위에 있다. 더욱이 자작과 자소작

농은 전체 농가의 73%에 이르며 소작 농가는 겨우 27%다.

위와 같이 사실을 종합하면 농촌생활의 궁핍과 더불어 우선 그 하층을 차지하는 빈궁 소작농이 이촌移村을 강요당하고 있어 도회지로 떠나 토막에 들어가게 된 것이 분명하다. (중략)

이상에 기술한 것을 총괄해서 결론을 지으면

1. 토막민이란 일반 조선인과 혈족적으로 동일한 요소로 이루어지는 도시 세민군細民群이다.
2. 토막민의 생활 상태는 의식주 기타 모든 점으로 보아 가장 비참한데 일본 영토 내의 여러 세민군 중에서 최하위에 처해 있다고 생각된다.
3. 그들의 수는 해마다 급격한 비율로 증가일로를 가고 있으며 경성에 있는 그 수도 현재 3만 수천명에 달하는 것으로 추정된다.
4. 이러한 경성 토막민의 약 3분의 2는 빈농으로 농촌을 떠나 도회지에 모여든 자들인데 나머지는 원래 도회지에 살고 있던 가난한 생활자들이다.
5. 토막민과 비슷한 비참한 생활을 하는 자는 조선의 농촌과 도시에서 널리 볼 수 있으며 장래의 토막민은 이들을 원천으로 해서 줄기차게 계속될 것이다. 특히 농촌으로부터 많이 흘러 들어올 것이라고 추측된다.
6. 인구론적으로 관찰하면 20세에서 30세의 청장년이 적고, 혼인은 제약되고 출생률은 낮으며 자녀 사망률은 현저하게 높아 극빈자

특유의 현상을 보여주고 있다.

7. 직업은 일용 노동자, 인부, 직공, 행상 등 육체노동자가 절대다수를 점하고 특수기능을 가진 자는 적다. 근년의 물가와 임금의 앙등에 불구하고 그들의 하루 평균 수입은 남자 1.20원, 여자 0.56원에 불과하다. 여자의 취업률은 매우 낮다.

8. 총지출 중에 음식비가 대부분을 점하고 총수입액의 71%에 달한다.

9. 부채는 1호당 34.08원으로 심한 자는 너무 가난해서 심지어는 돈을 빌릴 수도 없는 자가 적지 않다.

10. 주거의 비참한 모습은 특히 심해서 집이란 말 뿐인 판잣집 정도가 많다. 단칸방살이의 총 호수가 8할 이상에 달하며 1인당 평균 거실 평수는 0.45평으로 다다미疊 한 장도 되지 못한다.

11. 한 사람당 옷가지 수는 여름옷, 겹옷, 겨울옷을 합쳐도 3.5벌에 불과하며 입고 있는 옷만으로 지내는 자가 반수 이상이다. 한 집당 이불 1.6, 요 1.4장밖에 안 된다.

12. 토막민 성인 남자가 하루에 섭취하는 총열량은 약 2,770칼로리다. 부식물은 일반적으로 단백질과 지방질이 부족하고 된장과 같은 가장 값이 싼 단백질조차 충분히 섭취할 수 없는 사람이 많다.

13. 토막민의 8할 이상은 한글조차 해득하지 못하는 문맹이며 불충분하나마 일본어를 해득하는 자는 총수의 1할에 불과하다.

14. 이러한 비참한 생활을 하고 있는 토막민은 아무런 적극적인 희

망을 갖지 못하고 극빈생활에 빠져 있어 그저 그날그날의 생활에 급급하고 있다.
15. 이들 토막민에 대해 관할 관청의 이렇다 할 대책이 없어 그 장래는 참으로 우려할 만한 상태에 놓여 있다.

이번에는 빚 퇴치가 되었는지를 살펴보자. 우선 그 빚인데 1933년 「함경남도의 갱생농가부채상황조사」에 따르면 농가부채의 55%가 개인, 즉 고리대로부터의 빚이다. 그 이자는 평균 3할 5푼 2리이기 때문에 최고는 어떤 것인가를 상상할 수 있다. 그러나 이런 것은 조선의 사정을 조사해 본 사람에게는 상식으로 되어 있던 일로 별로 놀랄 것이 없다.

그리고 이 부채의 원인도 식량 부족 때문이 가장 많고, 부채액과 부채 건수도 기타의 원인, 즉 생산자금, 관혼상제, 이재罹災, 구채상환舊債償還 등에 비해서 월등히 많다.

빚에 고민한다고 해도 처음에 빌린 돈은 대체로 100원 미만의 돈이지만 이것이 고리가 붙고 만약 갚지를 못하면 이자에 이자가 붙어 상당한 빚이 되어버린다. 보통 소작인이 지주로부터 돈 또는 기타의 물건을 빌리면 추수 때에는 벼로 환산해서 빌린 만큼을 갑절로 갚는 것이 대체적인 관례였다. 그래서 금융조합으로부터 남의 부채를 인수하는 빚도 이자가 불어나기 이전에만 가능하다. 그러면 이런 일은 춘궁농민에게는 도저히 불가능한 이야기라는 것이 될 것이다. 이것이 가능한 것은 기껏해야 자작겸 소작농이나 지주뿐이다. 정말로 고리의 빚 때문에 고민하는 사람이 금융조합에 의해서 도움을 받지 못하는 것은 이 때문이었다.

 또 이렇게 해서 금융조합으로부터 돈을 빌린다고 하더라도 고리대이식의 반액이 금융조합의 이자여서 무언가 싼 것 같이 느껴지지만 원래 매우 비싼 고리이기 때문에 그 절반이라고 해도 일본의 고리대 이자보다도 비싼 셈이다. 그뿐만 아니라 그 이자의 차액은 금융조합에 예금을 하지 않으면 안 된다. 이것을 차액예금이라고 한다. 고리채를 먼저 갚고 또다시 빌리지 않는 사람이 금융조합에서 돈을 빌리면 일정액을 미리 공제하고 빌려주는 방식이다. 미리 공제한 만큼의 돈은 금융조합에 예금하지 않으면 안 된다. 이것을 공제예금이라고 한다. 이렇게 해서 금융조합은 새로운 빚 노예를 만드는 기구였고 개개의 고리대에의 예속으로부터 총독부에의 예속이 된다. 이것이 바로 금융조합이 농민지배의 기구라고 불리는 이유였다. 금융조합에서 얻는 빚은 비싼 고리대로부터 약간 이자가 싼 총독부 어용의 고리대 빚으로 바뀐 것뿐이다.

 빚 퇴치라고 하는 것은 이와 같이 고리채를 금융조합에서 얻는 빚으로 바꾸어 놓는 것이다. 금융조합에서 얻은 빚을 통계표로 보면 농업자금이 가장 많다. 담보별로 보면 부동산, 동산, 유가증권 담보의 순서로 되어 있으나 보증에 의한 것은 부동산담보에 의한 것보다도 훨씬 적다. 신용대부는 20만 원에서 50만 원 정도다. 소작인에게 담보가 있을 리가 없다.

 우가키 총독시대의 1934년 여름부터 가을에 걸쳐 약 3주일 동안 경성제대교수 오오쓰키 마사오大槻正男(1895~1980)[110]와 함께 조선의 농촌을 시찰한 도우바다 세이이치東畑精一(1899~1983)[111]는 '쾌청한 가을의 농촌을 달리기를 몇 십 백 리, 벽시계 하나도 없고 가구라고는 거의 볼 수 없는 농가를 방문하기를 수십 호'라고 말한 것처럼 동산담보도 있을 리가 없다. 따라서 만약 소작인이 금융조합으로부터 빚을 낼 때에는 개인 신용에 의하든가 무언가 보증에 의할 수밖에 없을 것이다.

통계표에서 보는 한 신용대부가 적지 않고, 많았던 해인 1936년에 528,000원이고 보증에 의한 차금이 78,466,000원이다. 이때의 이자는 일정하지 않고 원칙적으로 고리대 이자의 반액이었다.

함경남도 금융조합 연합회

---

110 미야기(宮城) 현 출신. 교토제대교수, 도쿄농대교수를 역임하였다. 『農業経営学の基礎概念』(1954) 『稲と杉の国』(1967) 등의 저서가 있다.

111 미에(三重) 현 출신. 1933년 이후 도쿄대 농학부 교수로 경제학부 교수(1939년)를 겸하여 식민정책강좌 주임을 맡았다.

만보산사건

1931년 7월 1일에 일어난 이 사건은 만주에 있었던 조선인(9명) 농업경영자가 중국인 하오융더郝永德가 빌려 가진 토지를 또다시 빌려서 약 200명의 조선인을 사용해서 개간하려고 했던 데서 시작된 중국인과 조선인의 충돌이다.

토지를 빌린 것까지는 형식상으로 어쨌든 합법적이었다고 할 수 있다. 그러나 이 계약이 성립되기 위해서는 중국 측의 현縣 정부로부터 인가를 받지 않으면 안 됐지만, 일본 측이 뒤에서 밀어줄 것을 믿은 조선인 농업경영자는 그런 수속을 하지 않았다. 그들의 계획은 이곳에 논을 만드는 것인데 만철이 그 논을 만드는 설계를 해주고 볍씨 90석을 대부해 주었다. 논을 만드는 데는 수리를 생각하지 않으면 안 된다. 그래서 개간 예정지에서 남쪽으로 조금 떨어진 이통하伊通河로부터 물을 끌기로 했다. 이 토지는 전부가 중국인 지주의 사유지이었기 때문에 이 중국인 지주의 승낙을 얻어야 했다.

만보산사건의 발단이 된 수로

    그럼에도 불구하고 하오융더로부터 땅을 빌린 조선인들은 일본의 위력을 배경으로 중국인의 양해를 얻지 않고 조선인 이민을 고용해서 개간공사를 시작했다. 이 공사는 4월부터 시작해서 6월 말에 이르러 거의 완성에 가까워져서 이 도랑과 이통하와의 접속점에 둑을 막는 공사를 할 예정이었다.

    그런데 이 부근의 중국인은 밭농사를 하고 있었다. 이곳에 둑이 만들어질 경우, 만약 하천이 범람했을 때에는 밭이 엉망이 된다. 또 이통하의 항해에 의해 생계를 이어가고 있었던 중국인들도 이 둑을 막는 공사에는 반대였다. 그래서 이 사람들과 자기들의 토지가 양해나 허락 없이 파헤쳐진 중국인 지주들이 7월 1일 만보산의 조선인을 습격하고 수로를 메워 버렸다. 그래서 다음 날인 2일에는 장춘長春의 일본 영사관으로부터 제국신민을 보호한다는 명목으로 무장경찰관 15명이 달려왔다. 중국 측도 300명의 경찰관을 파견해 왔는데 일본영사관에서도 다시 응원, 무장경찰관을 파견하고 이 무장경찰관의 원호로 개간공사를 진행시켜 7월 6일에 공사를 완성했다. 중국인은 처음부터 폭력에 호소한 것이 아니고 현縣 당국에 의뢰해서 공안국이 공사를 중지하라는 명령을 냈지만, 공사를 하고 있었던 조선인이 이 명령을 듣지 않고 공사를 계속했기 때문에 중국인들이 노해서 조선인을 습격한 것이다.

이 사건을 인천의 〈조선일보〉가 2일에 호외로 「만보산에서 중국농민과 조선농민이 충돌해서 많은 조선인이 피살됐다」고 하는 보도를 했지만, 실제로는 중국인 쪽이 부상을 당했다. 장춘에서 그런 내용의 전보를 친 것은 〈조선일보〉 장춘지국원인 조선인 기자 김이삼金利三이었다. 그는 이 정보의 진위를 가리지 않고 타전했다. 그런데 김이삼이 얼마 안 되어서 자기가 잘못 전한 정보로 조선에서 큰 소란이 일어났음을 알고 〈조선일보〉에 기사의 정정과 사죄문을 냈다. 이상한 일은 이 사죄문을 발표한 다음 날 그는 조선인에게 피살되었다.

조선인들은 이 보도가 조선에 전해지자 각지에서 중국인들을 습격했다.

조선에서의 소동은 7월 3일 밤부터 인천과 서울에서, 5일에는 원산, 진남포, 대전, 개성, 신의주, 평양, 군산, 전주, 운산雲山, 청주, 안주, 선천, 울산, 금성金城, 대구, 장전長箭에 파급되었다. 그중에 평양의 소동이 가장 심했다. 중국인 상점이 파괴되었으며, 중국인 사상자는 사망자 127명, 부상자 400명이었고 손해는 250만 원에 이르렀다고 한다.

평양역으로 몰려든 중국인들

이 소동은 지금 와서 생각하면 이상한 것이 실로 많다. 첫째로 만주에 있었던 조선인 농민의 일이다. 제1장에서 썼던 바와 같이 조선인의 국적을 대외적으로는 일본인이라고 했다. 마치 먹을 것을 먹이지 않고 만주로 쫓아낸 조선인이 이곳에서 중국인과 충돌하면 일본 국적의 사람을 박해했다고 떠들어댄다. 뿐만 아니라 이때쯤에는 만주사변이 시작되기 바로 직전의 일로서 도처에서 일어났던 조선인과 중국인과의 충돌을 특별히 중대하게 취급했다. 또 군사 스파이인 나카무라 신타로中村震太郎(1897~1931) 대위가 흥안령興安嶺 부근에서 피살된 것도 만보산 사건 무렵인 1931년 6월 27일의 일이었다.

대체로 조선에서 조선인이 집단행동을 일으키면 즉시 일본군이 출동해서 진압했는데, 만주사변 전인 이 무렵에는 조선인의 불법적인 중국인 습격을 두둔한 형적조차 있었던 것이다. 그런데 중국에서는 '조선인의 폭동은 만몽 침략정책을 취하는 일본제국주의가 고의로 선동, 촉진한 것'이라고 사태를 정확히 간파하고 있었다.

한편 조선에서도 이 폭동의 진상을 폭로한 사람들은 속속 체포되었다. 처음에 말한 바와 같이 자신이 보낸 오보를 인정하여 정정하고 또 사과문을 쓴 김이삼이 피살된 것도 일본의 특무기관에 당했다고 하는 사람이 있었던 것도 당연했다.

조선인은 전통적으로 친親 중국 감정을 갖고 있었는데 이 사건을 계기로 조선 전토에서 반중국 감정이 일어났다. 이것은 일본이 만주를 점령하려고 했을 때에 유력한 지지의 계기가 될 것이다. 만보산사건은 이것 때문에 일으켰다고 말해도 좋다.

만주사변 전후의 조선공업

조선에 근대공업이 일어나기 시작한 것은 제1차 세계대전 전후부터이다. 이 무렵에는 방직, 식료품공업뿐이며, 기계공업이라고 하면 차량 공장으로 용산공작龍山工作주식회사가 있을 뿐이었다. 만주사변까지는 경공업이 중심이었다. 용산공작주식회사 이외의 중공업회사로는 전력, 철도, 광산이 있었다. 전력과 철도는 사업의 성질상 모든 산업 활동의 기초로서 필요한 것이었고, 광산 경영은 일종의 원료산업이었다.

중공업이 조선에서 본격적으로 일어난 것은 만주사변 이후의 일이다. 조선에서는 중요산업통제법이 시행되지 않고 있었기 때문에 일본의 중공업 자본에 대한 공장법이나 통제법이 시행되지 않았다. 뿐만 아니라 노임이 싼 조선에 들어온 것이 만주사변 후에 조선에서 공업이 일어난 원인이었다.

그러나 만주사변 후에도 재벌자본이 조선에 들어오는 것이 늦어진 것은 만주의 치안이 확립되기를 기다리고 있었기 때문이다. 그들은 투자하는 곳의 치안 확립이 확인되지 않으면 쉽사리 진출하지 않는다.

만주를 침략한 관동군(1931.9.21)(위)과
청진항의 어유(魚油) 반출(아래)

신흥재벌에 비하면 상당히 겁쟁이였다.

여기에도 일본질소계日本窒素系 자본의 진출에는 수력발전에 관한 기술의 진보와 관계가 있을 것이다. 이것은 유역流域변경방식에 의해 북조선에 대 전력발전을 해서 흥남의 화학공장을 만들었다. 이것이 동기가 되서 북조선에 대 화학공장이 건설됐을 뿐만 아니라 북조선에서 무제한으로 잡혔던 정어리로부터 얻어지는 기름으로 글리세린을 만드는 수산업과 결합한 화학공업이 발전했던 것도 만주사변 후의 일이다.

다음의 표를 보면 재벌회사가 언제쯤 조선에 들어왔는지를 알 수 있어 꽤 흥미롭다.

이것은 1935년 3월의 숫자지만 이들 재벌회사의 성립연대를 조사해 보면 1920년의 회사령이 폐지될 때까지 생긴 것은 10개 사이다. 회사령이 폐지된 후부터 1931년의 만주사변까지 설립된 것은 13개 사, 만주사변 후에 설립된 것이 19개 사이다. 그것이 1936년 이후가 되면, 예를 들면 가네보鐘紡(鐘淵紡績주식회사를 말함-옮긴이)사가 서울에 새 공장을 만든 것처럼 이때까지 있던 공장 이외에 새 공장을 증설하는 것이 늘어났다.

따라서 1936년 이후에 건설된 대공장은 거의 일본의 재벌계 회사로서 32개 사이며 조선인이 경영하는 것은 겨우 하나 조선비행기주식회사 정도였다. 이들 재벌계 회사 가운데 광업에 미쓰비시三菱 계열이 3개 사, 스미토모住友 계열이 3개 사, 동척 계열이 13개 사나 늘어났다.

표6-4 • 조선에서의 일본자본 진출 상황

자본계통	사업별	회사명	자본금	설립 연월	소재지
三井系	섬유방직공업	朝鮮紡織주식회사	500만 원	1917. 11	부산
〃	〃	東洋製絲주식회사	100만 원	1929. 5	서울
〃	〃	朝鮮生絲주식회사	〃	1919. 5	〃
〃	〃	南北棉業주식회사	〃	1919. 3	목포
〃	〃	鐘淵紡績鮮內공장	투자액 500만 원	1935. 2	광주
〃	화학공업	北鮮製油주식회사	10만 원	1933. 8	서울
〃	〃	朝鮮小野田시멘트주식회사		1934.11	평양勝湖里 원산川內里
〃	〃	王子製紙鮮內공장		1922. 1	신의주
〃	〃	北鮮製紙化學공업회사	2,000만 원	1935. 4	서울
〃	광업	三成鑛業주식회사	500만 원	1928. 3	〃
〃	〃	義州鑛山주식회사	50만 원	1929. 8	〃
〃	양조공업	朝鮮麥酒주식회사	600만 원	1933. 8	영등포
〃	제분공업	日本製粉鮮內공장	공장건설비 12만 원, 기타 기계는 일본공장 것을 사용	1935. 3	인천
三菱系	광업	朝鮮無煙炭주식회사	1000만 원	1927. 2	서울
〃	양조공업	昭和麒麟麥酒주식회사	300만 원	1933. 12	영등포
野口系	화학공업	朝鮮窒素肥料주식회사	6,000만 원	1927. 5	흥남
〃	〃	朝鮮石炭工業주식회사	1,000만 원	1935. 4	〃
〃	경금속공업	日本마그네슘金屬회사	420만 원	1934. 6	〃
〃	전기공업	長津江水電주식회사	2,000만 원	1933. 5	함경남도 下岐川面 東興里
〃	〃	朝鮮送電주식회사	1,500만 원	1934. 5	서울
〃	〃	雄基電氣주식회사	100만 원	1923. 12	웅기
〃	광업	朝鮮鑛業開發주식회사	300만 원	1929. 9	서울
〃	철도업	新興鐵道주식회사	80만 원	1930. 1	흥남
東拓系	광업	東拓鑛業주식회사	700만 원	1933. 5	서울
	전기사업	西鮮合同電氣주식회사	1,000만 원	1933. 12	평양
東京筋	광업	成歡鑛業주식회사	100만 원	1934. 6	경기도 성환

자본계통	사업별	회사명	자본금	설립 연월	소재지
大阪筋	〃	鳳泉無煙炭礦주식회사	500만 원	1934. 2	평안남도 价川郡北面鳳泉里
東京及大阪筋	화학공업	朝鮮油脂주식회사	150만 원	1933. 10	청진
中國筋	전기사업	南朝鮮電氣주식회사	246만 원	1924. 3	군산
〃	〃	南朝鮮水力電氣주식회사	250만 원	1929. 10	전주
〃	〃	大田電氣주식회사	〃	1911. 5	대전
〃	〃	朝鮮電氣주식회사	100만 원	1912. 3	청진
政府系	제철공업	日本製鐵鮮內工場	투자액 1,693만 원	1934. 1	兼二浦
大川系	광업	朝鮮合同炭礦주식회사	215만 원	1931. 6	서울
〃	철도운수업	朝鮮鐵道주식회사	5,450만 원	1916. 4	〃
大橋系	전기공업	京城電氣주식회사	1,500만 원	1908. 9	〃
藤山系	제당공업	大日本製糖鮮內工場		1919. 2	평양
三重伊藤系	방적공업	東洋紡織鮮內工場	투자액 400만 원	1934. 6	인천
大阪日本棉花系	섬유공업	全南道是製糸주식회사	200만 원	1926. 5	광주
〃	〃	朝鮮棉花주식회사	〃	1913. 10	목포
片倉製糸系	〃	東亞蚕糸주식회사	100만원	1918. 3	서울
東京中外産業系	광업	橋洞金山주식회사	200만원	1933. 2	〃

1936년 이후에 설립된 회사의 자본금을 합계하면 4억 원 정도 되며 1935년의 모든 주식회사의 공칭자본금 787,000,000원의 반이 된다. 1939년 조선에 본사를 둔 회사의 자본금은 합계 19억 정도가 넘는다. 그 가운데 이상 열거한 재벌회사의 자본금은 약 10억이 될 것이다. 요컨대 조선에 있는 주식회사의 총자본의 약 반은 일본의 대재벌 자본이라고 해도 좋을 것이다.

다음 표에서 볼 수 있는 바와 같이 미쓰이三井, 미쓰비시三菱, 스미토모住友 세 재벌의 조선 산업 지배율 12%에 비해서 일본질소[日窒], 동척, 닛산日産 계열의 지배율은 59%가 되는데, 여기에는 다음과 같은 이유가 있다. 우선 동척인데 이것은 반관반민의 국책회사이기 때문에 조선 내의 자본이 많은 것은 당연하다. 일본질소도 북조선의 중화학공업 투자가 바로 회사 그 자체가 주체였기 때문에 조선에서는 가장 큰 회사였다. 닛산도 이와 비슷한 회사로서 당시 이 회사는 조선과 만주에의 투자에 주력을 하고 있었기 때문이었을 것이다.

표6-5 · 재벌과 산업자본의 조선 산업 지배율

(%)

三井系	4	鍾紡系	6
三菱系	6	大日本紡系	2
住友系	2	東洋紡系	2
小計	12	小計	10
日窒系	36	日鐵系	4
東拓系	11	以上計	85
日産系	12	기타 主要 産業資本系	15
小計	59	小計	100

(『年鑑朝鮮』에서)

다음에는 조선 내에 축적한 상업자본을 근본으로 한 일본인 자본이 있다. 대부분이 일찍부터 조선에 와 있던 개인경영 또는 개인회사로서 사이토齋藤久太郎, 오쿠라小倉武之助(1870~1964)112, 고바야시小林采男, 이와무라岩村長市, 다가와田川常治郎, 히로나카弘中良-와 같은 조선에서 재산을 쌓아 올린 사업가들이다. 조선인은 민대식閔大植 일가, 김연수金秊洙, 박흥식朴興植 등과 같은 지주 출신자들이다.

민대식 일가는 조선인 부호 중에 첫째가는 자로서 그 자본은 주로 토지에 투자되고 산업에는 직접 투자를 하지 않았다. 재산의 보전과 농지의 부동산 경영을 위해서 영보합명永保合名(공칭자본 2,500만 원, 전액불입)과 계성주식桂成株式(공칭자본 200만 원, 전액불입)의 두 회사를 가지고 있다. 또 조흥은행의 전신인 동일은행東一銀行(공칭자본 400만 원, 불입자본 2,775,000원)을 지배하는 외에 기타 주식 보유의 형태로 여러 산업에 간접투자를 하고 있다.

김연수의 중심사업은 경성방직京城紡織(공칭자본 1,000만 원, 불입자본 750만 원)이다. 공장은 경인공업지대인 영등포에 있으며, 방기紡機 26,000추, 직기 900대를 갖고 있는 근대 공장의 대표다. 그가 지배하는 회사로서는 삼양사三養社(공칭자본 300만 원, 전액불입)가 있다.

박흥식은 백화점 화신(공칭자본 100만 원, 불입자본 50만 원)을 중심으로 전 조선에 화신연쇄점和信連鎖店(공칭자본 200만 원, 불입자본 50만 원)을 갖고 있다. 화신무역(공칭자본 275만 원, 불입자본 687,000원)이라고 하는 엔

---

112 대구전기[南善合同電気] 창립자. 조선에서 수집한 문화재로 만든 오쿠라컬렉션이 있다.

역円域무역113을 하는 회사도 갖고 있으며, 부동산 경영을 하는 대동흥업大同興業도 지배하고 있다. 그리고 전쟁 중에는 조선비행기주식회사를 만들어서 침략전쟁에 협력하고 있었다.

이와 같이 조선 내의 주요한 산업자본에서의 일본인 자본의 지배율도 90%나 되며 토착 민족자본의 지배율은 6% 정도에 지나지 않는다. 이들 조선인 자본가는 모두 일본의 침략에 협력하고 조선인 억압에 참가한 매국자본가들이다. 또 조선에 있는 일본인 자본도 처음에는 상업자본으로 출발을 했지만 산업자본가가 된 이후에는 대부분 식산은행, 조선은행 등의 금융기관을 통해서 일본으로부터 자금을 끌어들이고 있다.

조선에 본사가 있는 회사 가운데 조선인의 지배 아래 있는 회사 비율을 식산은행의 조사에 의하면 회사 수는 2,278, 공칭자본은 201,382,000원, 불입자본은 122,660,000원이다. 일본인이 지배하는 회사는 3,136, 공칭자본은 1,499,306,000원, 불입자본은 958,622,000원이다. 회사 수에서 일본인회사 수가 57.9%, 조선인회사 수 42.1%, 공칭자본은 일본인의 것이 87.5%, 조선인의 것이 12.5%로서 회사 수의 비율에 비하면 그 차가 심하다. 요컨대 조선인 회사는 소자본이 많다는 증거다. 불입자본을 비교해 보면 그 비율의 차는 훨씬 더 크다. 일본인의 불입자본은 88.6%이고 조선인의 것은 11.4%다.

한 회사의 평균자본을 비교하면 일본인이 지배하는 회사는 478,000

---

113 엔(円)블록 무역을 말함. 엔이 결제통화로 통용되는 지역에서의 무역. 1930년대의 세계적 불황기에는 본국과 식민지를 포괄하는 배타적인 블록경제권이 몇 개 생겨났다. 제2차 세계대전의 패전에 의해 엔 블록은 무너졌다.

원이고 조선인이 지배하는 회사는 94,000원이다. 불입자본으로 말하면 일본인이 지배하는 회사는 307,000원이고 조선인이 지배하는 회사는 54,000원이 된다.

업종별로 보면 조선인이 지배하는 회사는 상업, 농림, 양조, 제약, 인쇄, 부동산업에서 우세하고, 나머지는 전부 일본인이 지배하고 있었다.

이렇게 해서 조선에서 일본자본의 지배권을 확립하고 조선에서 근대공업의 토대를 쌓아 놓고 조선인을 만주로 이주시켰다. 또 조선인의 반중국감정을 자극해서 대륙침공을 위한 대륙병참기지의 건설에로 나아가는 것이었다.

표6-6 · 조선 내 주요 산업 자본계의 지배율

특수회사	17.0%
殖銀 계	29.0
기타 일본인 계	48.0
조선인 계	6.0
합계	100.0

(『年鑑朝鮮』에서)

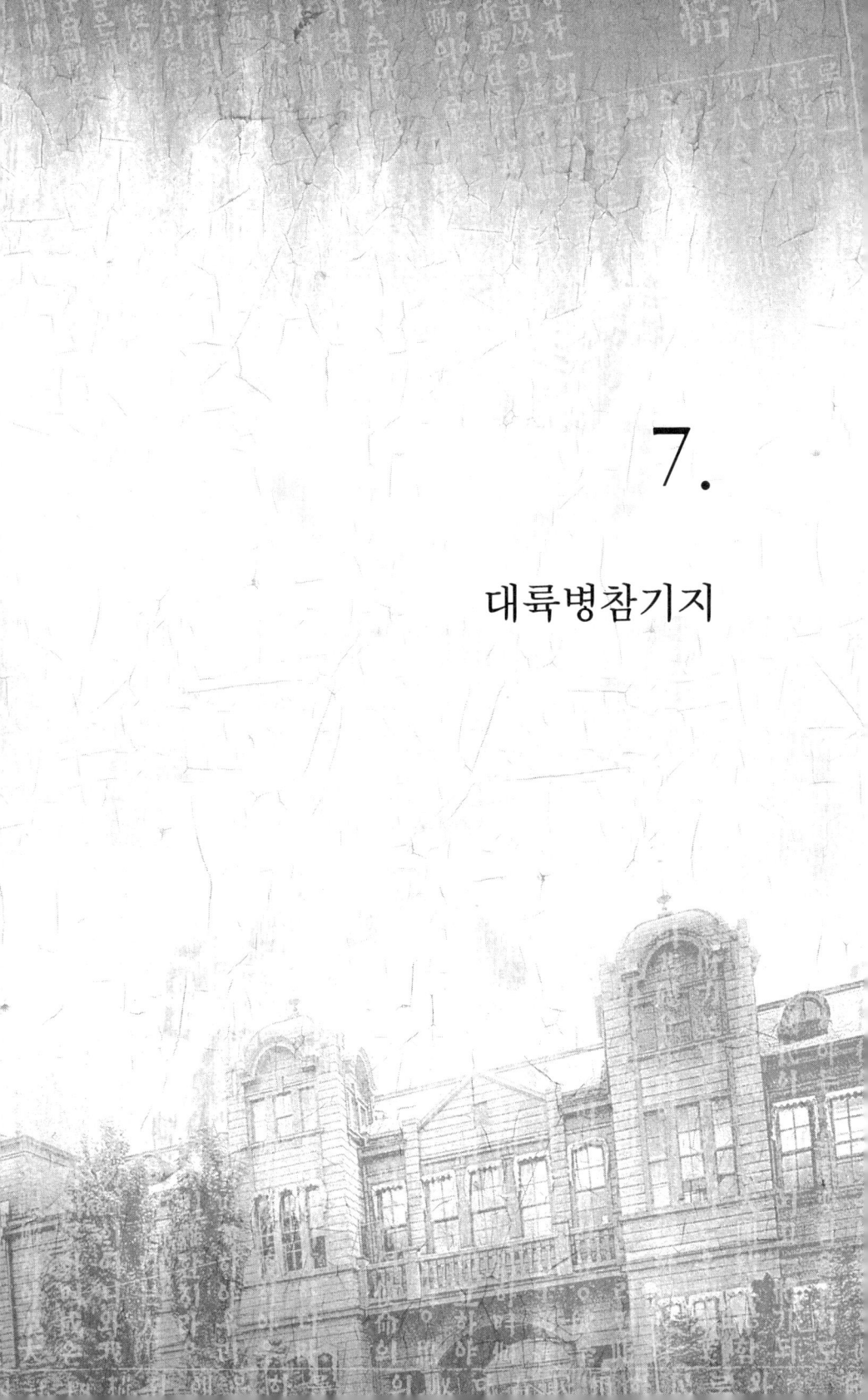

조선경제의 재편성

 대륙병참기지의 구상을 언급하기 전에 조선경제가 걸어온 길을 간단히 돌아보기로 하자. 조선의 산업은 1920년의 '산미증식계획'의 확립에 따라 식민지형의 미작을 중심으로 하는 단일 농경제로 재편성되었다고 할 수 있을 것이다. 이해는 또 4월에 회사령이 철폐되고 일본의 자본이 조선에 자유로이 들어오게 되며 8월에는 10년간의 관세 거치기간이 끝나고 조선이 하나의 관세선關稅線 안으로 들어온 해였다.

 이 '산미증식계획'도 일본의 식량문제를 해결하기 위해 채택된 정책이고 조선인을 위한 정책이 아니었다. 그것은 쌀의 생산에 주력을 둔, 말하자면 중농정책으로서 공업개발은 일본에 종속적으로 되어 있었다. 1921년 9월 조선총독부의 산업경제조사회의 답신에도 '조선 산업에 관한 일반방침'으로서 "조선의 산업은 시정 이래 진보의 흔적이 현저한 것이 있다고 하지만 그 진보는 필경 초창기의 초기에 속하고, 그 기초가 박약해서 전도 발전의 요건으로 부족한 것이 적지 않다"고 하고, "산업제반의 조직과 교통통신기관을 정비하고 자력資力의 충실과 금융의 소통을 도모"하는 것이 당면 목표라고 지적하고 있다.

어쨌든 '산미증식'이 진전됨에 따라 쌀의 이출도 왕성해졌지만, 동시에 일본으로부터의 상품수입이 모든 외국으로부터의 수입액을 추월해서 식료품 수출·상품수입 비중의 증대라고 하는 식민지형 경제가 형성된 시기였다. 1929년 말의 세계공황은 일본에도 파급돼 조선 쌀의 일본에의 수출억제책이 채택됐기 때문에 이러한 식민지형의 조선경제는 불황을 맞이하게 되었다.

이때 북조선의 풍부하고 값싼 수력전기와 결부된 화학공업이 건설되었다. 이 수력전기사업은 1922년부터 조사를 시작하고 1926년에는 부전강赴戰江114 수계水系의 전력개발을 목적으로 하는 조선수력전기주식회사가, 그리고 다음 해인 27년에는 조선질소비료주식회사가 창립되었다.

함흥 조선질소비료 주식회사

---

114 함경남도 부전군과 양강도 김정숙군을 북류하는 강. 압록강의 제2지류이며 장진강의 제1지류이다.

1929년에는 부전강 제1발전소가 송전을 개시하고 다음 해인 1930년에 이 전기를 밑천으로 해서 조선질소비료 흥남공장이 조업을 시작했다. 이렇게 해서 북조선의 하나의 어촌에 불과했던 흥남은 인구 10만의 공업도시로 탈바꿈했다.

이 시기에는 1931년 4월의 중요산업통제법이 아직 실시되고 있지 않았기 때문에 일본의 자본이 조선에 들어올 수 있게 되었다. 당시의 일본은 수출을 할 수 있을 만큼 자본이 초과하지는 못했지만 일본 국내의 불황 때문에 노임이 싼 조선에 공장을 옮긴 것이다. 조선에는 공장법이 시행되지 않고 미성년 노동자도 많았기 때문에 이런 것들이 일본자본에는 매력이었다.

바로 이때 1931년 9월에 만주사변이 일어나 조선경제는 농업본위에서 광공업 중심으로 바뀌기 시작했다. 이 무렵은 광공업 중심이라고 해도 처음은 공업이 주였다.

다음의 현저한 변화는 만주사변 후의 일이다. 세계적인 금본위제의 정지로 금값이 앙등하게 되자 조선총독부가 산금장려정책을 채택하게 되고 이것이 다른 광물자원의 개발도 촉진하는 요인이 되었다. 그러나 이 광공업의 약진도 일종의 자원개발이었고 금속공업을 중심으로 한 전반적인 공업개발까지는 이르지 못하고 있었다.

이 시기도 앞 장의 〈표6-4〉에서도 알 수 있는 것과 같이 일본자본의 조선 진출이 아직 그렇게까지 왕성한 것은 아니었다. 그러나 일본과의 무역에서는 생산재의 수입이 이때부터 많아졌다. 생산액을 가지고 말하면 공업생산액이 가장 많고 그 이후는 착실한 증가를 보여 주고 있다.

중일전쟁 때의 충칭(重慶)

 1934년에 총독부는 '산미증식계획'의 폐지를 정식으로 결정했다.

 산업정책으로서의 전면적인 공업화운동은 1937년의 일화사변日華事變(중일전쟁-옮긴이)부터 시작한다고 해도 좋을 것이다.

 조선의 공업화가 점차 본격적으로 되고 대륙병참기지로서의 조선이 문제가 되는 것은 일화사변 후의 일이다. 그러나 그 이전에 1936년 가을에 열린 조선 산업경제조사회의 답신은 이미 명백하게 이 방침을 내세우고 있다.

▶ 조선 산업경제개발에 관한 일반 방침

조선에서의 산업경제는 현하의 정치·경제·사상 등 제반 국제 정세에 비추어 또 일만일체日滿一體를 강화하는 국책상 조선이 지리적으로, 그리고 자원적으로 맡아야 할 중책에 비추어 국책의 대강에 순응하고 적극적으로 개발진흥의 방책을 강구해야 할 시기에 당면했다. 그러므로 속히 원시산업중심방책에서 여러 가지 광범한 산업의 전면적 발전방책으로 전환해서 농공병진을 취지로 한다. 산업대중의 후생을 도모하고 농본을 키우는 한편, 여타의 여러 산업 특히 요람시대에 있는 광공업에 대해서는 그 비약적 진흥을 기한다. 아울러 내지와 만주 산업과의 연락을 긴밀히 하고 조선의 지리적, 그리고 자원적 특질에 비추어 제국帝國 전반의 수요충족을 위해 충분한 기여를 할 준비가 없어서는 안 될 것이다. 그래서 이들 정책을 실시함에 있어서는 세계경제의 정세, 특히 현하 시국의 중대성에 비추어 우리 경제권 내에 있는 자원의 총동원적 활용에 의해 세계경제전의 승자로서의 지위를 뺄 수 없는 것으로 키운다. 동시에 광의 국방의 요망을 충족하는 취지 밑에 아국我國의 재정 금융 및 기타의 상황을 감안해서 그 완급을 따를 필요가 있다.

여기에서는 '농공병진農工倂進'의 답신을 하고 있으나 모름지기 총독의 뜻을 받은 것이었을 것이다. 어쨌든 '산미증식' '농촌진흥'의 슬로건으로 상징되는 중농정책에서 '농공병진'으로 바뀐 것은 만주사변 후의 진전과 일본의 대륙침공과 크게 관계가 있다.

이 일반 방침만으로는 알기 어렵지만 답신의 구체적 내용을 보여주는 다음 문서를 읽으면 이 시대의 공업화정책을 알게 된다.

▶ 조선산업경제조사회 공업관계 답신

1. 공업통제에 관한 건(생략)
2. 국책상 중요한 공업에 대해서는 특별한 진흥책을 강구할 것

국책상 특히 국방상의 견지에서 중요하다고 인정하는 공업에 대해서는 현하의 정세에 비추어 특별한 진흥책을 강구함으로써 급속히 그리고 적극적으로 그 발달을 도모할 필요가 있다.

시설계획

조선의 지위와 자원, 기타의 기업조건에 비추어 내지와 만주에서의 대책과 연계를 갖고 제철업, 경금속공업, 조선업, 자동차 및 비행기조립 수리공업, 광업용 기계제조공업 등의 진흥을 도모하는 외에, 제국 액체연료정책의 일부를 분담해서 계획적으로 석탄계 액체연료공업과 연료 '알코올'공업의 확립을 기한다. 이를 위해 다음에 언급하는 시설을 급히 시행해야 할 필요가 있다.

(1) 필요에 따라 장려금을 교부하는 외에 사업에 필요한 동력요금과 운임의 경감, 운수시설의 정비, 원료의 확보, 용수조사 등에 대해 될 수 있는 대로 특전 또는 편의를 줄 것.
(2) 사업에 대한 인가제의 설정, 사업을 위해 필요한 토지수용권의 부여, 조세에 관한 특전과 보호관세의 설정 등에 대해서는 그 사업에 따라 이에 알맞은 방책을 강구할 것.
(3) 신탄자동차와 전기자동차의 보급을 장려할 것.

3. 공업의 합리적인 분포를 도모할 것

공업지대로서의 소지가 있는 지방에 대해서는 미리 적당한 시설을 강구함으로써 공업의 성립과 경영을 용이하게, 그리고 경제적일 수 있도록 함과 동시에 그 공업지대 이외에도 유리한 기업조건을 갖는 지방에 대해서도 적당한 시설을 강구해서 공업의 지방적 발전을 촉진시킬 필요가 있다.

시설계획

(1) 공업지대를 설정할 것

공업의 성립과 경영을 용이하게 하고 경제적일 수 있도록 하기 위해 공업지대의 지가 폭등을 억제하는 데 필요한 방도를 강구하는 이외에 교통, 운수, 전력, 용수, 산업교육 등에 관한 집약적이고도 합리적인 시설을 할 필요가 있다.

(2) 공업의 지방 분산화에 관한 조사를 할 것

지방화가 가능한 공업에 대해서는 가급적 지방에의 분산을 도모하기 위해 그 종목, 지역과 시설해야 할 사항에 대해 조사 연구를 수행하고 그 결과에 따라 적당한 시설을 할 필요가 있다.

4. 중소공업의 진흥을 기하고 아울러 대공업과의 조정된 발전을 도모할 것

조선에서의 중소공업은 아직 부진한 영역을 벗어나지 못하고 있지만 공업 전반의 건전한 발전과 더불어 현하의 사회적 정세에 비추어 금후 한층 더 중소공업의 진흥과 부업적인 공업의 보급에 노력할 필요가 있

음과 동시에 대공업과 이들 공업과의 조정을 도모함으로써 양자의 상호 보존적 발전을 기할 필요가 있음.

(1) 공업조합제도를 설치할 것
(2) 자금융통 손실 보상제도를 설치할 것
(3) 조성시설을 확충할 것

중소공업의 진흥과 부업적인 공업의 보급에 필요한 경비에 대해서는 한층 더 보편적으로 조성금을 교부하는 것으로 하고, 다시 조성업종의 선정에서는 특히 대공업과의 관련을 고려해서 양자 사이의 조정된 발달을 기할 필요가 있음.

5. 노동효율의 앙양과 노자勞資 사이의 융화를 도모할 것

노동효율의 앙양을 촉진함과 동시에 노자 사이의 융화를 도모함으로써 공업의 순조로운 발달에 이바지하도록 해야 할 필요가 있음.

시설계획

(1) 공업노동에 관한 조사를 할 것
(2) 노자 사이의 융화에 힘 쓸 것

공장주로 하여금 한층 더 노동자의 보건, 위안, 교양, 기타 생활의 향상과 능률의 증진 등을 도모하는 데 필요한 시설을 강구토록 하는 한편 노동자의 자율정신 함양에 노력할 필요가 있다.

1938년의 미나미 총독 훈시는 농공병진을 추진하고 '조선 산업정책의 근본지침으로서의 대륙병참기지'의 구상을 보여준 것이었다.

▶ 조선 산업정책의 근본지침으로서의 대륙병참기지

첫째는 제국의 대륙전진병참기지로서의 조선의 사명을 명확하게 파악하는 것입니다. 현 사변에서 우리 조선은 대지對호 작전군에 대해 식량, 잡화 등 상당량의 군수물자를 공출해서 다소의 효과를 올릴 수 있었습니다. 그렇지만 이 정도로는 아직 불안하고 장래에 더욱 큰 사태에 직면할 때에는 예를 들어 어느 기간에 대륙작전 군에 대해 내지로부터의 해상수송로가 차단될 경우가 있다고 하면 조선의 능력만 가지고서 이를 보충할 수 있는 정도까지, 조선의 산업분야를 다각화하고 특히 군수공업의 육성에 역점을 두어서 만전을 기할 필요가 있다는 것, 이것이 그 내용입니다. 즉 지금부터 장래에 걸쳐 동아의 변동하는 정세를 내다볼 때에 일체의 종합된 여러 조건은 이 국책의 필요성과 가능성을 가르쳐 주고 있습니다. 농공병진은 나의 5대 정강의 하나로 하는 것이지만 이 뜻은 막연한 개념이 아니고 시국에 적응해서 조선의 책무를 최대한으로 완수하려는 의도 외에는 아무것도 아님을 양해해 주시기를 바라는 바입니다.[115]

---

[115] 1938년 9월 제1회 각 도 산업부장회의에서의 미나미 총독의 훈시.

이른바 대륙루트에 대하여

대륙병참기지의 구상에는 전쟁이 시작되면 쓰시마 해협 항행의 안전이 보장되지 못한다. 그래서 조선에 식량과 공업과 군사기지를 만든다고 하는 것이다. 일화사변이 확대되고 만주 전토가 일본의 지배 아래 들어가고부터는 조선과 만주와의 연락이 당연한 문제가 된다.

원래 조선의 철도는 처음부터 군사상의 목적으로 만들어진 것으로, 예를 들어 조선을 종관하는 간선인 경부(서울-부산 간), 경의(서울-신의주 간)의 두 철도가 러일전쟁의 필요에 의해 전쟁 중에 건설이 강행되었다. 그 후에도 이 두 철도의 단락短絡(Schort circuit)116과 정비가 끊임없이 이루어지고 있었다. 또 러시아 혁명 후에는 철도 건설이 북조선을 중심으로 이루어졌다. 동시에 나진, 웅기, 청진 등 북조선의 3개 항이 완성되고 이 지방의 공업도 발전해서 일본이 대륙침략에 진출할 군사기지가 북조선에 완성되었다.

---

116 단락은 쇼트라고 한다. 전기회로에서 전위차가 있는 2점 사이를 전기 저항이 아주 작은 도선으로 접속하는 것.

경부선철도공사 광경(1904.11.10) (위)
신의주역(경의선 종착역) (아래)

야마가타 아리토모

이 일은 한국병합 때부터 태평양전쟁까지 일관된 것이었다. 한국을 병합한 다음 해인 1911년 6월 야마가타 아리토모山縣有朋(1838~1922)117가 정부에 제출한 의견서 '군사상의 요구에 근거를 둔 조선과 만주에서의 철도경영방책'을 보면 뒷날의 조선철도 경영이 대체로 이 방책대로 되어 있는 데 놀랄 것이다. 다음에 조선의 철도를 논한 '의견서'의 제3장을 소개한다. '의견서'의 총기總記에서는 "아국이 이미 조선을 합병한 후 남만주에 세력을 수립하고 제국의 권위가 이제부터 바야흐로 대륙에 신장하고자 하는 시기에 있다. 그런데 구주 열강의 이해도 또한 점점 극동에 집중되어 장래 세계의 시국은 이 방면의 관계로부터 더욱더 분규가 극에 이를 것은 불을 보는 것보다 더 명확"하다고 기술하고 있다. 제2장에서는 러시아의 철도 수송능력의 현상과 장래를 논하고 있다.

▶ 군사상의 요구에 근거한 조선과 만주에서의 철도경영방책
3. 조선과 만주철도 경영방안

러시아철도의 수송력이 상술한 바와 같이 되는 데 대해 아국의 조선과 만주철도의 현상을 고려하고 그 군사상의 가치가 어떠한가를

---

117 야마구치 현 출신. 일본육군의 기초를 쌓은 인물로 그가 군부·정관계에 쌓은 폭넓은 인맥을 '山縣閥'이라고 한다. 만년 육군만이 아니라 정관계에 막강한 영향력을 행사하여 두 차례의 총리대신을 역임하였다.

연구해 보면, 러시아철도의 수송력에 대항하기 위해 가장 시급히 시설해야 할 요건은 대개 다음과 같다.

제1, 북부 남만철도를 복선으로 개축할 것

현재 아국의 선박 상황과 적에 대한 해상의 안전을 고려하면 아군은 조선 남부해안에 군대를 상륙시키고 조선 종관철도縱貫鐵道, 안봉철도安奉鐵道118와 북부 남만철도로서 군대수송의 간선을 삼는다. 아울러 선박 수송력의 잉여부분을 가지고 다롄大連에 상륙토록 함으로써 남만철도에 의해 북방에 수송을 하는 것 같이 하지 않으면 안 된다. 그렇게 해서 현재 남만철도의 간선은 펑텐奉天 이북이 단선이기 때문에 부산과 다롄 두 곳으로부터 펑텐까지 수송된 군대는 이로부터 이북으로는 다만 한 줄의 단선철도에 의존하는 이외에 수송을 할 수 없다. 이는 병력상 매우 불리한 처지에 놓이게 되며 그 결과는 적군의 집중속도가 우리의 배가 되는 상황으로 진행된다. 그러므로 우리는 북부 남만철도를 하루라도 빨리 복선으로 만들어서 전시에 부산과 다롄 두 방면으로부터 수송을 해서 펑텐 부근에서 정체되지 않도록 하는 것이 초미의 급무이다.

제2, 원산에서 경원慶源에 이르는 철도를 부설할 것

아국이 러시아와 개전을 하게 되면 조선방위를 위해 북부 함경도를 그냥 포기할 수 없음은 많은 말이 필요하지 않다. 그런데 함경도는 지세

---

118 안동(지금의 단동)에서 펑텐(지금의 심양)에 이르는 궤간 762㎜의 경편철도.

가 좁고 길며 물자는 적고 또 그 해면은 러시아의 해군 근거지인 블라디보스토크에 가깝기 때문에 언제나 안전하지 못하다. 그러므로 원산에서 경원에 이르는 철도를 부설함으로써 경성과 연락하도록 해서 이 방면의 방어에 도움이 되도록 하지 않으면 안 된다. 뿐만 아니라 현재 조선과 남만철도의 평시에 비축해 둔 윤전輪轉재료는 전시수송을 위해서는 매우 부족하다. 특히 그 기관차는 필요한 수의 반을 갖고 있음에 불과하다. ―즉 이 원산, 경원선(380리)의 부설에 의해 평시의 윤전재료 비축수를 늘려서 전시에 이를 군대수송의 간선으로 이용하면 군사상에 큰 이익이 있을 뿐만 아니라 평시에는 조선팔도 중에 가장 미개한 땅인 함경도지방 개발을 위해 다대한 도움과 이익을 주게 될 것이다.

제3, 조선철도와 안봉철도의 개축

쓰시마 해협은 해전海戰의 상황 여하에는 상관없이 우리 해군에서 안전하게 확보해 두어야 할 유일한 교통선이다. 또 해상수송 거리가 짧고 가까워서 아국의 현재 운송선을 가지고 다롄 방면에 수송하는 데 비해 크게 해운의 유효거리를 증가할 수 있는 이점이 있다. 그렇기 때문에 조선 남해안 중에 방비가 있는 진해만 내의 마산 부근을 상륙점으로 삼고 이 곳을 기점으로 조선철도를 개축해서 복선으로 만들며 그 경사를 백분의 1 이하로 한다. 또 같은 요령으로 하는 안봉선의 개축과 발맞추어서 마산에서 펑텐까지 적어도 하루에 40열차를, 그리고 펑텐과 창춘 사이는 하루 48열차를 운전할 수 있도록 해야 한다. 대개 이와 같이 마산을 기점으로 해서 조선, 안봉과 북부 남만철도의 개축을 끝내면 이에 의해 아군은 러시아군의 수송력에 대해 우세한 위치를 점할 수 있게 될 것이기 때문이다. 단, 이 경우에서도 전시의 최대수송력을 발양하기 위해 윤전재료가 많이 소요됨을 고려해 두어야 한다. —그런데 이 개축과 동시에 마산 부근에 군사상의 요구에 적합한 정거장과 상륙 부두의 설비를 시설함으로써 하루 40열차의 탑재력에 상응하는 인마人馬재료의 탑재 상륙을 실시할 수 있도록 하는 일도 필요불가결한 것이다.

제4, 평양, 원산선의 부설

이 선로는 경성-원산선과 더불어 조선의 동서 두 해안의 연락을 위해 전시에 필요한 선로인데 겸해서 평시에 조선의 발전을 도모하기 위해서도 중요한 선로다. 그렇지만 전술한 다른 선로에 비하면 그 용도가 비교적 적기 때문에 부득이 하다면 그 공사의 착수는 이를 제2로 돌린다. 또 그 공사는 비교적 급경사, 작은 곡선반경曲線半徑119으로 해도 그다지 크게 불리함이 생기지 않을 것이다.

제5, 함흥, 모자산선帽子山線, 청진, 경흥, 온성선穩城線, 회령, 길림선의 부설

이 세 선로도 우리 병략 상 필요한 선로이기는 하지만 위에 말한 여러 선로에 비하면 그 용도가 비교적 가장 적다. 또 회령, 길림선과 같은 것은 국제관계가 있는 것이기 때문에 이의 공사착수는 재정과 기타 상황

---

119 주행에서 사용되는 궤도가 구부러져 있을 때 그 곡선의 내반경을 말한다. 곡선반경이 크면 느슨하고 작으면 급하다.

에 비추어 최후로 돌리는 것도 무방하다. 따라서 여기에서는 오직 군사상 요구되는 선로임을 기재해 두는 데 그친다.

제6, 조선에 부설하는 철도에는 전시 군사수송에 사용할 수 있는 재료를 쓸 것

근자에 조선척식철도를 부설하는 데 경편輕便철도로 한다는 설이 있다(현재 대전, 목포 간은 이 주지에 따라 기공한다고 한다). 이와 같은 것은 군사상 극히 불리한 결과를 초래하는 것이다. 아무리 척식철도의 발달을 본다고 해도 그 재료가 경편식이 된다면 전시에 이를 간선에 이용해서 그 효과를 거둘 수 없으므로, 장래에 조선에 부설하는 철도재료는 오로지 군사에 응용할 수 있는 것을 써야 한다.

제7, 조선과 만주에서의 철도 통일

조선과 만주의 두 철도는 평시부터 이를 통일 지휘 밑에 두어 경영케 하고 철도행정과 제반설비, 특히 그 윤전재료를 균일하게 해서 전시의 요구에 적응토록 한다. 또 운전에 종사하는 인원으로 하여금 두 철도를 통해서 선로의 각 부분 운전에 숙련이 되도록 함으로써 전시에 이 두 철도의 운행을 통일적으로 해서 원활하게 그 수송을 실시할 수 있도록 하여야 한다.

부기附記, 현재에서도 조선과 만주의 철도경영 당국자는 어느 정도 군사당국자와 밀접한 관계를 보지하고 제반설비를 군사상의 요구에 적응

토록 노력하는 것이 긴요하다.

4. 결론

조선과 만주에서의 철도경영은 전적으로 러시아의 극동정책에 대해 필요할 뿐만 아니라 장래 동서정국의 발전에 대해 조선을 방어하고 아울러서 이의 개발을 도모하며 또 만주에 부식한 세력을 보호하기 위해 교통기관의 완성을 기한다. 우선 조선 종관철도와 안봉선을 지나 장춘에 이르는 철도를 전략 간선幹線으로 한다. 이를 복선으로 개축함과 동시에 필요한 윤전재료를 풍부케 하는 방법을 강구하는 것은 병략兵略 상 초미의 급무다. 또 이 간선의 기점인 마산 부근에 적당한 상륙설비를 하는 것도 또한 소홀히 할 수 없는 요건이다. 요컨대 조선과 만주에 있는 철도의 경영은 오로지 군사상의 요구를 주안으로 하고 반드시 제국의 영원한 이익에 비추어 눈앞의 작은 이해를 타산해서 국가장래의 대 방침을 허술하게 하지 않고 착착 계획을 실행해야 한다. 이로써 유사시에 신속하고 기민하게 최대의 수송 유효거리를 나타내서, 항상 적을 능가하는 병력을 집중하기 위해 계산이 어긋남이 없도록 하지 않으면 안 된다. 이것이 대륙에 부식한 우리 제국의 주권을 옹호하는 데 가장 긴요한 일이라고 믿는다.

청진역(위)
회령역(아래)

조선철도와 만주철도의 연락은 신의주와 안동을 연결하는 것으로 한국의 병합과 동시에 이루어졌으나 문제는 또 하나의 북방선이다.

이 철도에서는 길장吉長120철도를 연길延吉을 거쳐 국경까지 연장하여, 다시 두만강을 건너 회령에서 조선의 철도와 연락하는 것이 일본 대륙정책의 근본 문제였다. 이것이 길회선吉會線121 문제라고 해서 유명하다. 일본은 이를 실현하기 위해 한국을 병합하기 전에 동국同國의 외교권을 장악하고 있었던 1909년 9월에 이때까지 다년간 주장해 왔던 간도지방의 일부가 조선 영토라고 하던 주장을 깨끗이 거두어들였다. 그 대신 '간도에 관한 협약'을 중국과의 사이에 체결하고 그렇게 해서 길회선의 권리를 획득하게 되었던 것이다.

이에 대해서는 일본 국내에 일부의 반대가 있었다. 중요한 위치에 있는 육군은 언젠가는 만주 전체를 가질 생각이 있었기 때문에 처음에는 한국 통감이었던 데라우치도 각의에서 반대를 하고 있었는데, 어느 사이엔가 반대를 하지 않게 되었다. 그 당시에는 한만韓滿을 하나로 생각하는 의견이 육군 내부에 강해서 한국을 병합한 후에 쓴 야마가타山縣有朋의 조선철도에 관한 의견서에서도 언제나 러시아를 염두에 둔 북쪽으로의 철도를 논하고 있다.

그 길회선도 1917년 11월에 청진-회령 간이 개통되고 1928년 9월에 경원선과 함경선 전선이 개통됨으로써 더욱더 만주 측의 선로연장을 기다릴 뿐이었다.

---

120 길림에서 장춘까지의 선로.
121 길림에서 회령까지의 선로.

재령 경편철도의 부설공사

그 후 원래의 예정 선을 변경해서 길회선의 돈화敦化부터 시작되는 연장선을 도문-남양으로 하고, 돈화-도문 사이의 가영업을 1933년부터 개시하게 되었다.

이에 못지않게 중요한 것은 함경선의 전선 개통일 것이다. 그렇지만 조선의 철도가 북방군사철도에 중점을 옮겨 놓고 있는 동안에 경의·경부선의 복선화나 동해연안 선로의 건설을 게을리 했기 때문에 태평양전쟁 중에는 생각지 않았던 장애도 생겼던 것이다.

창씨개명

대륙병참기지론이 논의되던 때에 조선에서는 이미 조선만의 정책이라는 것이 없고 대륙침공작전의 말하자면 조선판이라고 하는 것이 있었던 셈이다.

미나미 총독은 취임한 다음 해인 1937년 4월에 도지사회의를 개최하고 5대 정강이라는 것을 발표했다. 이것은 국체명징國體明徵, 선만일여鮮滿一如, 교학진작敎學振作, 농공병진農工倂進, 서정쇄신庶政刷新이다. 이 정강을 보면 뭐가 뭔지 알 수 없는 것들뿐이다.

농공병진이라고 하는 것은 우가키가 요란한 선전을 했던 농촌진흥운동을 그만두고 '산미증식계획'도 그만두고(뒤에 다시 하게 된다) 공업에 크게 힘을 쏟는다는 것이다. 선만일여라는 것은 만주사변으로 전화가 화북에 확대됐기 때문에 조선과 만주가 일체가 되는 것을 뜻하는 셈이지만 다른 정강은 무엇인지 알 수 없는 추상적이고 미신적인 잠꼬대에 불과하다.

창씨개명을 위해 경성부청 호적과에 줄을 선 광경

이런 방식으로 고안된 악정의 하나가 조선인의 창씨개명이었다. 창씨개명이란 도대체 무엇인가?

그것을 설명하기 위해 지금도 창씨개명에 '진보적 의의'가 있었다고 하는 스즈키 다케오鈴木武雄(1901~1975)의 설명을 들어 보기로 하자.

"조선에는 종래에 남계男系의 혈통을 표시하는 성姓은 없었다. 가계를 표시하는 씨도 없었다. 그리고 유교의 영향으로 남계의 혈통과 그 혈통 단체를 사회구성의 기본으로 하고 있었기 때문에 성은 변할 수 없고, 동성同姓의 여자에게 장가들지 않으며, 이성異姓을 양자로 삼지 않는 것이 신분법상의 철칙으로 되어 있었다. 그 결과 성의 수는 한정되어서 1930

년의 국세 조사 때에 실시된 성의 조사에 따르면 현재의 성은 326종이다. 더욱이 김 씨 성이 85만 세대, 이 씨 성이 57만 세대, 박 씨 성이 30만 세대와 그 위에 제한된 소수의 성에 집중되어 있었다. 창씨제도는 이 성만을 가진 조선인에게 가계를 표시하는 씨를 창설하는 것을 **허락함**(강조-저자)과 동시에 이성양자를 할 수 있게 하고 창씨를 할 때에 일본인식의 씨명을 사용하는 것을 인정한 제도다.

조선에서의 성의 제도는 분명히 원시적인 혈연공동체적 사회관계의 흔적을 보여주는 것이다. 그것이 아직 사회적 관행 내지는 정신생활상 보존되어 왔음에도 불구하고 실질상 예를 들면 사회적 생산과정에서는 단순한 유제遺制에 불과하다. 사회관계는 이미 부모를 중심으로 하는 소혈연단체, 즉 '家'의 관계로 분파되고 있었던 것을 생각하면 이 '家'를 표시하는 칭호로서 씨 제도를 창설한 것은 그 일 자체가 사회적으로는 훨씬 근대적인 것에의 전진 외에는 아무것도 아니었다.

그렇지만 창씨제도는 동시에 일본인식의 씨명을 쓰는 것을 조선인에게 **허락하는**(강조-저자) 것이었기 때문에 이것이 형식적 황민화운동에 이용되었다. 결국은 창씨제도 본래 의의는 무시되고 단순히 황민화의 외형적 지표로서 일본인식 씨명을 가지는 것이 창씨제도의 전부인 것 같이 생각하게 되었다. 창씨개명이 말단 행정당국에 의해 자기의 황민화 행정의 성적을 과시하는 수단으로서 강제됨에 이르러, 조선인들의 반감을 사는 데 불과한 결과가 되었던 것이다. 예를 들면 창씨를 하지 않는 자에 대해서는 일본내지에의 도항허가를 내주지 않는다고 하는 것과 같은 강제를 했다."

이상이 『조선통치의 성격과 실적─반성과 반비판』(鈴木武雄 著)에서 논술된 「창씨개명」에 대한 줄거리다. 글 가운데 '허락한다'고 하는 표현의 말 한 마디에서도 볼 수 있는 것처럼 그에게는 어쩐지 과거의 반성은 없는 것 같다.

8.

태평양전쟁 하의 조선

전시 인플레이션

　전쟁에 의해 조선인들에게 강요된 희생 가운데 하나로 전시 인플레이션의 문제가 있다.

　이때는 미나미 총독 이래의 선만일여鮮滿一如도 조선에게는 벌써 무거운 짐이 되어 있었다. 그것은 어떤 것인가 하면 당시의 만주는 심한 인플레이션에 놓여 있었는데 조선의 인플레이션에 비해 보다 더 심했기 때문에 물가도 조선보다는 2, 3할이 비쌌다. 그런데 선만일여라고 해서 만주의 1원은 조선에서도 1원이라고 하기 때문에 만주중앙은행의 지폐로 조선의 물자를 사가지고 갔다. 이것이 조선 인플레이션의 하나의 원인이 되었던 것이다.

　그 밖에 임시군사비의 중압이 있었다. 군이 임시군사비로 조선에서 물자를 구입하면 그 지불은 결국 조선은행권으로 하게 된다. 이렇게 되면 통화가 팽창하는 것은 당연할 것이다. 조선은행권의 팽창은 태평양전쟁이 시작되기 1년 전인 1940년에 이미 상당히 심했는데 1942년에는 점점 더 심해졌다.

이런 상태로서는 생산이 잘 될 수가 없다. 이 전시 인플레이션을 조선은행권의 액수를 통해 보면 1943년의 1,466,000,000원에 대해 1945년에는 4,339,000,000원으로 늘어나 있다.

일본은행권은 1943년에서부터 45년까지 배倍가 되어 있지 않았는데 조선은행권은 3배약弱이었으니 얼마나 심한 인플레이션이었던가를 알 수 있을 것이다. 이 인플레이션으로 가장 고생하는 것은 조선인들이었던 것은 말할 것도 없다. 전쟁으로 가장 많이 희생된 것은 중국인이었지만 그 다음은 조선인이었을 것이다.

조선은 인플레이션에 붙어 다니는 물가상승도 일본보다 심했다. 암시장 물가도 일본에서는 공정의 3배 정도였는데 조선에서는 10배 정도였다. 물가지수도 조선에서는 1937년을 100으로 하면 1941년은 161, 1944년은 217이었다. 같은 해 도쿄의 물가지수와 비교해도 3할 정도는 조선 쪽이 비쌌다.

공출미와 징용

일본에서도 전쟁 중에 공출미가 심했던 것은 지금도 농촌 사람들의 기억에 남아 있지만, 조선의 미곡공출은 일본의 공출보다 훨씬 심했다.
제85회 일본 제국의회에서의 설명에서까지도 다음과 같이 밝히고 있다.
"요사이 조선에서의 식량 사정은 잇따른 가뭄에다 시국의 요청에 따른 식량공출의 강화와 더불어 해마다 곤란의 정도를 더해 가고 있다. 그럼에도 불구하고 현재 제국의 식량 사정은 조선에 그 대부분을 기대하지 않으면 안 되는 상황에 처해 있다. 이러한 관계로 식량공출이 조선농촌에 가하고 있는 중압은 심각한 것이다. 최근 농민 대중층은 시국의 중압, 통제경제의 강화와 더불어 특히 자가 식량의 궁핍화는 농민의 불평불만이 되서 날로 심각해졌다. 드디어 대거 배급증액 진정, 공출관계 직원과의 폭력에 의한 마찰 충돌사건, 악질적인 공출기피사안이 많이 발생하는 경향을 보인다.

인천항의 공출미(1935년경)

나아가서는 염농厭農, 반관反官사상조차 빚어지고 있어 식량공출은 조선농촌이 당면한 가장 절실한 문제의 하나로 취급되어 치안 상으로 보더라도 극히 중대시 되고 있다."

이때 조선에서는 일본 이상으로 엄중하게 쌀을 공출시켰는데 총독부의 문서에 따르면 강권적인 조치를 취했음에도 불구하고 잘 되지 않은 것이 알려져 있다. 동시에 만주에서 일어났던 반만反滿 항일군의 활동에서 오는 수송력의 영향을 엿볼 수 있어 흥미롭다.

▶ 공출촉진조치요강과 부진의 원인

1. 공출촉진에 대해 취한 조치

  • 공출성적불량자에 대한 조치

    ① 불량부락에 대한 물자배급의 일시정지

    ② 불량자를 군郡에 소환하고 공출서약서를 징취徵取

    ③ 공출을 완료하지 못한 관리의 징벌

2. 양곡 공출부진의 원인

  (1) 할당량의 과대에서 오는 것

  (2) 공출지연에 따라 농가의 결손을 조장한 데서 오는 것

      ① 공출할당의 지연을 초래한 것

      ② 공출초기의 악천후에 의해 공출이 저해된 것

      ③ 포장용 볏가마니의 부족을 낳게 한 것

3. 3년간에 걸친 흉작에 의해 농가식량이 탄력성을 상실함에 따른 것

  1943년 산미, 18,719천 석

  1942년 산미, 15,676천 석

4. 만주잡곡 수입의 지연에 의한 대체 식량의 부족에 따른 것

(제86, 87회 일본 제국의회 식량관계설명자료)

1943년도의 쌀과 잡곡의 실수확고는 평년작에 미치지 못했다. 수요는 인구의 자연증가와 군수 관계 노무자의 격증 때문에 증대되어서 조선 안에서의 수요 조정조차 되어 있지 않았다. 그래서 농가 소비를 줄이고 이만큼의 쌀을 조선 밖으로 공출해서 일본의 식량 사정을 완화하

고자 했다. 간단하게 말해 조선인의 쌀을 거두어서 일본에 보내는 것이다.

징용을 위해 영장을 발부받는 장면

징용으로 조선인을 일본이나 외지에 보낸 것은 우선 1941년에 해군의 요구로 남방의 긴급 토목작업에 종사시키기 위해 해군작업애국단海軍作業愛國團이라고 해서 32,248명을 보낸 일이다. 육군의 요구에 따라 북부군경리부 요원 7,061명, 미·영 포로감시요원 3,223명, 운수부 요원 1,320명, 이 밖에 일본, 만주, 중국 본토, 남양 방면 등지에 많은 군 요원을 보내고 있었다. 1944년까지 직접전투에서 전사한 자는 (타라와122, 마킨123 양도의 전사자 1,200명을 포함) 2,142명, 행방불명 735명이었다.

국민징용령에 의해 송출된 조선인 노무자의 수가 1942년 1월부터 1944년까지 22,785명이다. 이 노무자들은 요코스카橫須賀·구레吳·사세

---

122 Tarawa. 길버트 제도의 환상 산호섬으로 오스트레일리아에서 북동쪽으로 4,500km 떨어져 있다. 길버트 제도에서 가장 인구가 많은 타라와는 15개의 작은 섬으로 이루어져 있다. 1943년 이 섬에서 미 해병대가 일본 점령군을 몰아내는 과정에서 치열한 전투가 벌어졌다.

123 Makin. 태평양 중서부에 있는 길버트 제도의 환상 산호섬. 1941~43년 일본군에게 점령되었던 이 섬은 미국의 공군·해군기지로 사용되었다.

보佐世保・마이즈루舞鶴・오오미나토大湊・진해鎭海 등의 각 해군시설부와 남양 지방에서 노동했고 다시 9월까지 9,500명을 송출하도록 수배했다고 한다. 조선인 노무자 수는 다음 두 표에 실린 대로인데 남양제도에 보낸 자 약 5,000명과 사이판 섬의 79명이 전사했다.

표8-1 · 군요원 송출 상황

(단위: 명)

연도	일본	조선 내	만주	중국	남방	계
1939			145			145
1940	65		656	25		746
1941	5,396 (4,895)	1,085	284	13	9,249	16,027 (4,895)
1942	4,171 (3,871)	1,813 (90)	293	50	16,159	22,486 (4,096)
1943	4,691 (2,341)	1,976 (648)	390	16	5,242	12,315 (2,989)
1944	7,997 (4,600)	9,210 (6,205)	1,617	260	4,833	23,917 (10,805)
계	22,320 (15,707)	14,084 (6,943)	3,385	364	35,483 (135)	75,636 (22,785)

(비고) 괄호 안은 징용자 수, 1944년 8월 22일 현재(『제85회 제국의회 설명자료』)

표8-2 · 일본, 화태(樺太, 사할린), 남양이입 조선인 노무자 도항 상황

연도	구분	국민동원계획에 의한 계획수	도항수 석탄	금속	토건	공장기타	계
1939	일본 화태	85,000	32,081 2,578	5,597 190	12,141 533		49,819 3,301
	계	85,000	34,659	5,787	12,674		53,120
1940	일본 화태 남양	88,800 8,500	36,865 1,311	9,081	7,955 1,294	2,078 814	55,979 2,605 814
	계	97,300	38,176	9,081	9,249	2,892	59,398
1941	일본 화태 남양	81,000 1,200 17,800	39,019 800	9,416	10,314 651	5,117 1,781	63,866 1,451 1,781
	계	100,000	39,819	9,416	10,965	6,898	67,098
1942	일본 화태 남양	120,000 6,500 3,500	74,098 3,985	7,632	16,969 1,960	13,124 2,083	111,823 5,945 2,083
	계	130,000	78,083	7,632	18,929	15,207	119,851
1943	일본 화태 남양	120,000 3,300 1,700	66,535 1,835	13,763	30,639 976	13,353 1,253	124,290 2,811 1,253
	계	125,000	68,370	13,763	31,615	14,606	128,354
1944	일본	300,000	13,254	1,151	1,036	944	16,385
	계	300,000	13,254	1,151	1,036	944	16,385
합계	일본 화태 남양	794,800 19,500 23,000	261,852 10,509	46,640 190	79,054 5,414	34,616 5,931	422,262 16,113 5,931
	계	837,300	272,361	46,830	84,468	40,547	444,306

(비고) 1944년도 분은 6월 말 현재로 함. 6월 이후에는 일본에서의 공출당시 100,000명의 요청 있음. 따라서 현재의 국민동원 계획수를 400,000명으로 개정함. 1944년 8월 29일 현재(『제85회 제국의회 설명자료』)

지원병제에서 징병제로

내선일체와 조선인의 황민화皇民化가 진행됨에 따라 이번에는 조선인 청년들의 징병에까지 진전이 되었다. 그러나 징병제를 조선에 시행한다고 하면 어떤 분자가 군대에 들어오는지 알 수 없어서 우선 지원제의 군대교육을 조선인 청년에게 실시하기로 했다.

이를 위해서 조선총독부 육군병지원자 훈련소를 만들고 육군병역에 복무할 것을 지원한 자부터 훈련시키기로 했다. 1938년에는 조선 전토에서 2,946명이, 1939년에는 12,348명의 지원자가 있었던 것은 이상한 일이다. 이 지원자를 도지사가 전형하고 다시 군부선고위원의 전형을 거쳐 결정되는데 적격자 수는 약 반이 된다. 어느 것이건 상당한 수였다.

그리고 훈련소에 들어가서 훈련을 마친 자가 지원병으로 입영하는 것인데 1938년도 전기에 훈련을 마치고 입영한 사람은 192명이었다.

이 지원병제도의 성적에 기분이 좋았던 총독부는 1942년 5월 9일 아무런 예고도 없이 1944년도부터 징병제를 실시한다고 발표를 해서 조선 전체를 놀라게 했다.

태릉 지원병 훈련소(1938.6.13)

제85회 제국의회 설명 자료에 의하면 다음과 같은 언급이 있었다.

"적령 미만의 청소년층은 대체로 징병제의 실시를 환영했지만 반면 노년층, 부인층 내지 하층과 무식자층 중에서는 아직 징병은 즉 전사라고 하는 잘못된 관념에 사로잡혀, 적령適齡 자제를 혹은 도망치게 해서 그 소재를 감추게 했다. 또는 호적연령을 고쳐서 이를 기피하려고 하든가 또는 적령자이기 때문에 결혼을 파기하고자 하는 것과 같은 경향이 없지 않았다. 이들에 대해서는 강렬한 지도와 계몽을 가해 왔던 결과 시일의 경과와 수험기일의 절박과 동시에 이를 인식하지 못하는 분자 중에서도 인식을 고치고 또는 체념하는 태도로 따르게 되었다."

이것은 일본 의회에서의 설명 자료이기 때문에 이것만으로는 진상을 알 수 없다. 1944년 7월 말 현재의 "장정 총수는 266,225명인데 그중 조선 안에 거주하는 자가 213,366명이며, 52,859명은 조선 밖의 거주자였던 관계로 수험자 수는 귀선歸鮮 수험자를 넣어서 218,659명으로 예상했다. 그러나 검사(징병)를 실시했더니 수험자 총수는 206,057명이었고, 불참가자는 10,611명이었다."(계산을 해보면 불참가자 수는 12,602명이 된다. 원 자료의 오식이었을까?)

이렇게 해서 징병에 걸려서 입영을 하고 얼마 안 돼서 전쟁에 나갔던 사람도 상당수가 있었다. 그중에는 전사하든가 상병병傷病兵이 되서 아직도 일본에서 백의의 병사로서 어디서도 보호를 받지 못하고 있는 사람이 많이 있는 것은 널리 알려져 있다.

징병제 실시를 감사하는 시가행진

조선어학회사건

 내선일체라든가 조선인의 황민화라고 하는 것은 '조선민족'이라는 자체를 말살하는 것이었다. 그것을 위해서 조선인이 발행하고 있었던 신문의 제호에서부터 조선 문자를 삭제시키기도 했다. 그리고 나중에는 조선어의 학문적인 연구 그 자체에까지 총독부의 탄압의 손이 미쳐왔던 것이다. 이 사건이 바로 1942년 10월 1일에 일어난 조선어학회사건이다.
 이 조선어학회라고 하는 것은 조선인만으로 만들어졌던 학회이다. 사건 당시는 『한글대사전』이라는 고유의 조선 문자에 의한 조선어 사전을 편찬해서 그것이 바야흐로 완성되었던 때였다. 민족에게 그 나라 언어가 얼마나 중대한 것인가는 예전에 알사스-로렌의 2개 주가 보불전쟁 普佛戰爭에서 프러시아에게 빼앗겼을 때의 일을 알퐁소 도테가 그린 『월요이야기』 가운데의 「마지막 수업」에서도 알 수 있듯이 그 민족에게는 사활의 문제였다. 일본에게 모든 것을 빼앗긴 조선인에게도 민족의 언어가 남아 있었는데 이 사건은 그 민족의 언어까지 말살하려고 했던 것이다.

　조선어학회에 참가했던 사람들은 온화한 민족주의자들이었지만, 조선총독부가 바라는 대로 자발적으로 해산을 하지 않고 『한글대사전』의 편찬을 계속 진행시키고 있었다. 그것 때문에 그 주요 회원들이 치안유지법 위반의 혐의로 체포되어 홍원洪源경찰서에 송치된 것이다. 치안유지법이라고 하는 것은 '국체를 변혁하고 사유재산제도를 부인함을 목적으로 결사를 조직한 자'를 처벌하는 법률인데 조선어학회와 사유재산제도와는 조금도 관계가 없다. 국체의 변혁이라는 항목에 어떻게 조선어학회를 결부시켰는가 하면 전날에 조선 독립운동자의 재판이 있었을 때에 조선의 독립이라고 하는 것은 우리 신성한 국토의 일부를 절취하는 것이기 때문에 치안유지법에서 말하는 국체의 변혁에 해당한다고 하는 대심원의 판례가 있었다. 이 판례에서 공산주의자도 아닌 사람이 했던 단순한 조선독립의 움직임도 치안유지법에 결부시켰던 것이다. 조선어 연구에 이 판례를 확대 해석한다는 것은 아주 조리에 맞지 않는 말이다.

　이 사건으로 1942년 10월 1일에는 이윤재李允宰, 이극로李克魯, 최현배崔鉉培, 김윤경金允經, 정인승鄭寅承, 이희승李熙昇, 장지영張志暎, 한징韓澄, 이중화李重華, 권승욱權承昱, 이석린李錫麟이, 21일에는 이강래李康來, 이병기李秉岐, 이선기金善琪, 이만규李萬珪, 정열모鄭烈模, 김법린金法鱗, 이우식李佑植이, 23일에는 윤병호尹炳浩, 서승효徐承孝, 김양수金良洙, 장현식張鉉植, 이인李仁, 이은상李殷相, 정인섭鄭寅燮, 안재홍安在鴻이, 1943년 3월에는 김도연金度演, 서민호徐珉濠 등이 검거되어 함흥검사국에 송치되었다. 검사국에서도 과연 이 사건을 기소하는 것은 어렵다고 보아 대부분의 사람들을 불기소 또는 기소유예로 하고 이윤재, 한징, 최현배, 이희승, 정태진丁泰鎭(10월 1일 이전에 딴 일로 검거되어 어학회사건에 그대로 말려들었다), 이극로, 이중화, 김양수, 김도연, 김법린, 이인, 장현식 등 12명이 기소되었다. 어쨌든 혹독한 고문과 추위, 거기에 조잡한 음식물 때문에 1943년 12월에는 이윤재, 다음 해인 44년 2월에는 한징이 옥사하고, 그 밖의 사람들은 공판에서 2년에서 6년형의 선고를 받았다. 그리고 정태진은 형기가 짧아서 복역하고 장현식은 무죄로 석방되고, 그 밖의 사람들은 항소를 했다.

조선어학회 기념사진(1935년)
①이윤재 ②한징 ③안재홍 ④이숙종 ⑤이희승 ⑥최현배

1945년 8월 15일 해방이 되기 2일 전에 항소가 기각됐지만 2일 후에는 해방되었다. 이 사건은 아무리 생각해도 엉터리로 날조한 것이었다. 일본의 예방구금소에 있었던 김천해金天海와 같은 사람은 8·15로 조선의 독립을 일본정부가 인정한 후에도 구금을 계속한다고 하는 재판소의 결정이 있었을 정도로 이 당시의 재판은 엉터리였다.

이상에서 기술한 것만을 보면 이때 당시의 조선인은 언제나 총독부로부터 여러 면에서 핍박당하고 있었다고 생각하겠지만 조선인들의 항일운동도 끊임없이 진행되고 있었음을 알 수 있다.

예를 들면 평안북도 경찰부의 직원이었던 노리다케 가즈오則武三雄(1909~1990)[124]라고 하는 사람이 쓴 『압록강』을 보더라도 조선인들의 항일군에 대해서 "그들도 독립혁명군과 공동작전을 취하고 있었다"는 것과 그들의 부대에는 "정치공작부원이 있었다든가 잘 통제돼 있으며 사격이 우수하다"는 것을 기술하고 있다. 그 밖에 이들 항일군 부대는 대체로 겨울에 압록강이 얼어붙었을 때쯤에 조선에 들어온다는 것과 1936년 3월 25일부터 4월 25일에 4회에 걸쳐서 무장 항일군의 습격을 받았다고 서술하였다. 또 노리다케도 수행했던 토벌대가 1937년 3월 25일에 "오랫동안 본도(평안북도) 치안의 암적 존재였던" 조선계의 혁명군과의 전투에서 "본일 오후 1시 신개령新開嶺 북방 1,004고지에서 비적 수십 명과 교전 중 피아의 거리 백 미터의 공격 중이었지만 적은 퇴

---

124 돗도리(鳥取) 현 요나고(米子) 시 출신. 19세 조선에 건너가 약 17년간 살았다. 조선총독부에 근무하면서 압록강을 배경으로 한 문학 활동을 하였다. 패전 후 귀국하여 후쿠이(福井) 시에 살면서 문학·출판 활동을 한 시인이다.

각의 기색이 없고 격전 중 응원 의뢰함"이라는 내용의 통신을 하고 있다. 조선의 항일게릴라가 얼마나 용감했던가를 잘 알 수 있다.

또 총독부의 통계에 의해서도 1931년부터 1936년까지 건너편의 항일 게릴라 출몰이 23,928회, 그 연인원이 1,369,027명, 약탈된 총기가 3,179정이라고 하니 실로 우리들의 상상 밖이었다.

9.

조선통치의 총결산

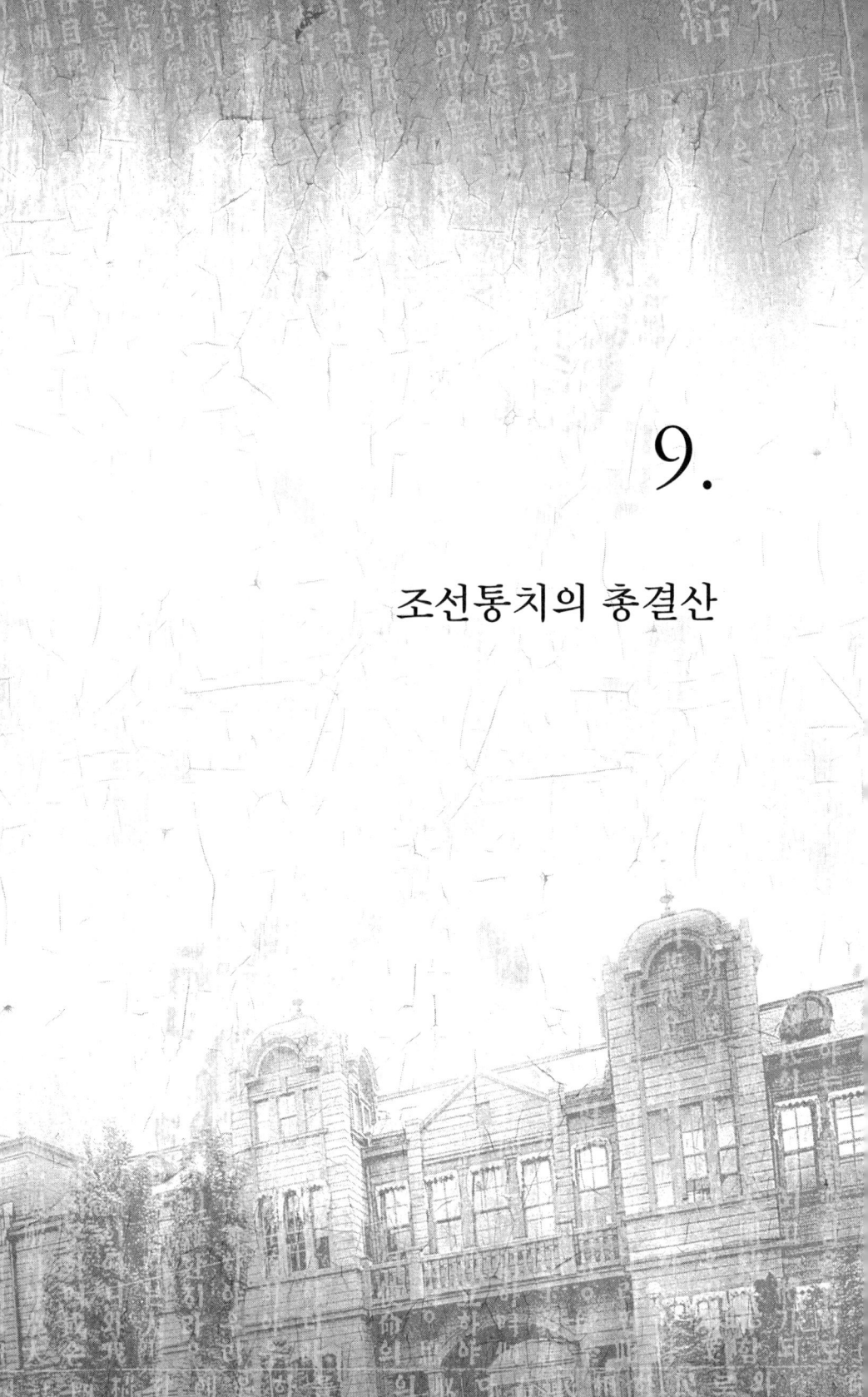

일본의 조선통치에 대해서 통치에 관계했던 사람들은 일본이 '선의善意의 악정惡政'을 했다고 말한다. '악정'은 결과적으로 남아 있지만 '선의'가 있었다고 하는 사실은 증명할 수가 없다. 또 '선의의 악정'과 비슷한 말에 걸핏하면 일본은 '일시동인一視同仁'으로 조선의 인민을 통치했다고 말해 오고 있다. 이것에 대해서는 사실이 그렇지 않다는 것을 증명하고 있다.

예를 들면 일본에서는 충분하지는 못해도 어느 정도의 노동자 보호법이 있었지만 조선에는 전혀 그런 것이 없었다. 조선에는 공장법이나 공업노동자 최저연령법이 시행되고 있지 않았다. 그렇기 때문에 노동자가 공장재해를 입어도 아무런 수당도 나오지 않을 뿐만 아니라, 재해 때문에 공장을 쉬면 그냥 그대로 해고되고 만다. 조선에서는 미성년 노동자가 매우 많았는데 그 수는 1932년 5,895명에서 해마다 늘어서 1940년에는 30,163명이 되었다.

일본의 조선통치를 변호하는 사람은 걸핏하면 조선인의 인구가 늘었다는 것을 말한다. 인구증가만으로는 선정의 증거가 될 수 없다. 아시아의 나라들은 모두 인구가 늘고 있었다. 문제는 이들이 어떠한 생활을 하고 있었는가에 따라서 평가해야 할 것이다.

조선인의 생활이 일본인과 같았다고 말할 수 있는 사람이 과연 있을 수 있을까? 춘궁민과 토막민 그리고 화전민의 생활을 보면 조선인들의 생활은 어떤 것이었는가를 짐작할 수 있을 것이다.

통치자로서의 역대 조선총독을 보면 그 인사가 이상하다. 이것은 육해군의 대장 중에서 가장 고참인 자가 임명되는 것이 관례였다. 데라우치 총독과 아카시 모토지로明石元二郎 사이에 오고 간 편지에 따르면 대만총독의 임명에 대해서도 조슈벌長州閥로부터 나올 것인가 사쓰마벌薩閥125에서 나올 것인가를 문제로 삼고 있었다. 역대총독은 전부 육해군벌의 파벌싸움에서 결정되었다.

총독이 군인이기 때문에 그들은 전부 제국 육해군의 정신주의로 통치를 하고 있었다. 그래서 신사를 만들고 조선인들을 강제적으로 이에 참배시키고 '국체명징'이라든가 '황국신민의 서사봉창'이라든가 실로 미련하고 졸렬한 짓들을 감행하고 있었다.

그중에도 가장 옹졸하여 비굴하기까지 했던 것은 야마나시山梨 총독이다. 야마나시는 취임 전에 다나카 기이치田中義一(1864~1929)126로부터 돈을

다나카 기이치

---

125 현재의 가고시마 현 출신의 인맥이 만든 파벌.
126 야마구치 현 출신. 청일전쟁에 종군 후 러시아에 유학하여 러시아를 연구한 러시아

받고 민정당 의원을 매수해서 정우회에 입당시킨 일로 의회에서 문책결의를 받아서 유명해진 사람이다. 총독이 되었을 때부터 그러한 소문이 있었다. 그런데 총독이 되고 나서는 부산미곡취인소釜山米穀取引所의 설립을 둘러싸고 한 미곡업자로부터 수뢰하고 기소된 바 있다. 재판에서는 뇌물을 준 자와 야마나시의 비서가 방조한 것으로 각기 유죄가 선고되고 야마나시만은 무죄가 되었다.

고이소小磯國昭가 조선총독이 된 것은 1942년 5월 29일의 일이다. 이때에는 일본군이 미얀마의 만달레이를 점령(5월 1일)하고, 5월 7일에는 코레히도르 섬127의 미군이 투항하는 일도 있었다. 이러한 서전緖戰의 승리와 동시에 일본의 패색도 보이기 시작하고 있었다. 즉 7월 이후가 되면 태평양의 여러 섬에서 일본군의 패전 소식이 자주 들려오게 되었다.

그 당시에 총독부가 조선에서 어떠한 바보짓을 하고 있었는가 하면 우선 신사神社 관계의 세출이다. 당시의 총독부 재무국장 미즈다 나오마사水田直昌(1897~1985)가 말하는 데 따르면

"국체명징이라고 하는 일이 일컬어져서 경신敬神사상 배양을 위해 각 도에 1사씩 국폐소사國幣小社128를 봉대하게 되어 있었습니다. 쇼와 16

통이었다. 러일전쟁에서는 만주군 참모를 지냈다. 참모차장, 육군대신, 육군대장을 지내고 정계에 투신하여 정우회총재에 취임하였다. 1927년 다나카 내각에서 총리와 외상을 겸하고 장쭤린 폭살 사건 후 총사직하였다.

127 Corregidor Island. 필리핀의 루손 섬 바탄 군 남쪽 마닐라 만 입구에 있는 섬. 제2차 세계대전 중 미국과 필리핀 군대가 수적으로 우세한 일본군에 대항하여 싸운 전략 요충지다.

128 메이지유신 이후 정해진 社格 제도에 의하면 신사는 神宮(가장 존귀한 신사로 사격제도에서

년도(1941)는 춘천과 광주光州였습니다. 이 외에 오늘날까지 서울, 평양, 대구, 부산은 완성되어 있습니다. 17년도(1942)는 함흥과 해주와 전주에 국폐소사를 열격列格토록 말씀드리기로 되어 있습니다."

실로 바보 같고 어리석은 짓이 아닌가. 문화, 전통, 풍속, 관습이 다른 이민족에게 일본의 국가신도神道를 강제해서 무엇이 이루어질 것인가.129

남산의 조선신궁 전경

제외되었다), 官社와 民社로 나뉜다. 관사에는 官幣大社, 國幣大社, 官幣中社, 國幣中社, 官幣小社, 國幣小社, 別格官幣社가 있다. 민사에는 府社·縣社·藩社, 鄕社, 村社가 있다. 이 제도는 제2차 세계대전 후 GHQ 神道指令에 의해 폐지되었다.

129 자세한 것은 村上重良, 『國家神道』, 岩波新書, 1970.

원산 신궁

조선인들의 원한을 살 뿐 전국戰局에 아무런 공헌도 하지 않는 신사를 세우는 데 돈을 쓴다는 것은 그만큼 조선인들로부터 돈을 착취한 것이었다. 이런 종류의 착취에는 조선으로부터의 군사특별회계 조입금繰入金130이라는 것이 있다. 이것은 1937년부터 시작한 것이다. 1941년도는 94,568,000원이었던 것이 12월 8일에 태평양전쟁이 시작되자 1942년도에는 단숨에 163,212,000원이 되었다. 그리고 패전 전인 1944년도에는 414,075,000원으로 늘어났다. 이것은 패전으로 해서 일본의 부엌이 곤궁하게 되었기 때문이다.

이와 같은 임시군사비를 왜 조선이 부담했는가 하는 데 대해 "조선은

---

130 일반 회계, 특별 회계 및 기금 사이에서 상호 자금운용을 하는 것. 다른 회계로부터 이 회계에 자금이 옮겨지는 경우를 말함.

병합 때부터 쇼와 11년(1936)까지 국방비를 일체 부담하지 않았다"고 하는 사람이 있다. 그러나 국방비라고 하는 것은 군사비를 말하는 것이다. 요컨대 조선인을 지배하고 탄압하기 위한 비용이기 때문에 조선 사람이 부담하는 것은 자기가 자기의 목을 조르는 것과 같은 행위이다. 그렇기는 하지만 경찰비는 조선인도 내게 되어 있었다. 이러한 돈은 1937년도의 '일화사변' 후에는 점점 늘고 있었다.

과거의 역사를 보아도 이민족의 통치는 쉽게 되는 것이 아니다. 어떤 식민지에서도 통치자에게 매수돼서 굴복한 민족의 배신자는 있는 법이다. 대만 통치 때에도 있었고, 또 일본이 합병하기 이전의 한국에서도 그러했다. 무언가 민족의 비극이라고 느끼지 않고서는 견딜 수가 없다.

조선인의 징병과 창씨개명에서도 그렇다. 패전 후 일본에 왔던 미국 점령군이 일본식의 이름 부르는 방법은 진부하다. 이름을 앞에, 성을 다음에 부르는 것이 현대적이니까 그대로 하라고 명령했다면 누가 즐겁게 실행했을 것인가?

징병제에서도 마찬가지다. 태평양전쟁이 처음 시작했을 때쯤 '아군 대승리'의 시대, 중국 전토가 일본의 지배 아래 들어가고 '일본신민으로서의 조선인'이 이 새로운 땅에서 지배민족이 될 수 있다고 하는 환상을 가지고 있었던 자가 절대 없다고는 할 수 없을지 모른다. 확실히 숫자상으로는 이런 사람이 있었던 것이 나타나고 있다. 그러나 숫자에는 권력자의 강제라고 하는 것이 나타나지 않는다.

제85회 일본 제국의회 설명 자료에서는 "대동아전쟁의 양상이 점점 장기화하고 각종 통제경제의 강화, 생산물자의 수급 불조원활, 민중 부

도조 히데키

담의 중대 등 실생활의 양상이 점점 급박함을 고함에 따라 일부 민중들 사이에 염전厭戰·반관적反官的인 기운이 양성되고 있었다. 동시에 각종의 유언, 불온언사 등 반시국적인 악질언동도 증가하는 양상을 띠고 있음을 보여주고 있다"고 말하고 있다.

1944년에는 전후 네 차례에 걸친 북규슈北九州와 남조선의 공습, 사이판 섬의 일본군 전멸, 도조東條 내각131의 사직에 의해 일본군은 반드시 패전하게 된다는 소문이 점점 널리 퍼졌다. 일본의 패전을 기대하고 조선 독립의 "백일몽을 그리고 있는 불온한 도배가 또한 적다고 할 수 없는 현상이다"라고 하는 상황이 되어 있었다.

패전 전의 조선인들의 징용 기피의 움직임에 대해서도 같은 의회자료에서는 다음과 같이 말하고 있다.

"최근 일반징용을 실시하는 취지가 발표되자 일부 지식계층과 더불어 유산계급 중에는 재빨리 중국·만주 방면에 도망쳤다. 혹은 주거를 옮겨 당국의 주거조사를 매우 힘들게 만들고, 혹은 급히 징용이 제외되는 부문에 취직을 기도하여 일반계층에서도 의사를 농락해서 거짓으로 입원을 하였다. 또 고의로 화류병에 걸려 질병을 이유로 면제되려고 기도하든가 개중에는 자기 자신의 손과 발에 상처를 내서 불구자가 됨으

---

131 육군대신 도조 히데키(東條英機, 1884~1948)가 제40대 내각총리대신에 임명되어 1941년 10월 18일부터 1944년 7월 22일까지 계속된 내각을 말함.

로써 기피하고자 하는 자가 많았다. 노무동원은 읍면직원 내지 경찰관이 마음대로 하는 것으로 잘못 판단하고 이에 앙심을 품고 폭행과 협박하는 행동으로 나오는 등의 사안은 실로 헤아릴 수 없을 만큼 많다. 최근 보고에 접한 사범만도 20수건에 이르는 상황에 놓여 있다. 특히 먼젓번 충청남도에서 발생한 송출 독려에 나간 경찰관을 살해한 사건은 저간의 동향을 말해주는 것이다. 특히 최근에 주목해야 할 것은 집단기피 내지 폭행 행위이다. 경상북도 경산 경찰서를 검거한 불온기도사건과 같은 것은 징용기피를 위해 청장년 27명이 결사대인 단체를 결성하고 식료, 죽창, 낫 등의 무기를 휴대하고 산꼭대기에 틀어박혀서 끝까지 목적관찰을 기도하고 있었던 것으로 첨예화된 노동계층의 동향의 일단을 알아볼 수 있다."

'첨예화된 노동계층의 동향'이라고 하는 것도 오랜 동안의 억압에 굴하지 않았던 독립운동의 영향이었다. 그 증거로 함경남북도와 평안남북도의 노동자와 농민들의 저항운동은 태평양전쟁 중에도 계속해서 언제나 급진적이었다. 그것은 건너편에 있는 중국 땅으로부터의 항일무장투쟁의 영향이 있었던 것이다. 또 이 전쟁에서 일본의 패색이 짙어지게 됐던 것도 조선인들에게는 일찍부터 알려져 있었다. 이 점은 일본에 있던 일본인들과는 많이 다르다.

일본이 항복한 1945년 8월 15일을 경계로 조선인들이 독립운동을 위해 일어난 것이 아니라 독립을 위한 태동은 일찍부터 있었던 것이다. 한국의 합병과 이왕조(조선왕조)의 폐지에 반대해서 궐기했던 의병운동, 조선민족의 독립을 높이 외친 3·1만세운동, 원산총동맹파업이나 광주학생운동, 항일빨치산투쟁 등 조선인들의 오랜 세월에 걸친 독립과 해방을 위한 투쟁이 8월 15일에 열매를 맺은 것이라고 해야 할 것이다. 이렇게 해서 35년간의 일본제국의 조선 통치는 끝이 났다.

연표 • 1910〜1945

1910년	8월 22일 한국병합조약조인. 29일 조약공포, 9월 30일 조선총독부 소속관서관제공포. 임시토지조사국 관제공포(10월 1일 실시). 데라우치 마사다케 조선총독이 됨. 12월 10일 조선주차헌병대의 관구·배치 개정공포, 시행. 29일 회사령 공포(1911년 1월 1일 시행).
1911년	3월 29일 조선은행법 공포(8월 15일 시행).
1912년	3월 18일 조선 태형령 공포. 7월 30일 다이쇼(大正) 개원. 8월 13일 토지조사령 공포시행.
1914년	3월 22일 호남선철도 전부개통. 7월 28일 제1차 세계대전 발발. 9월 16일 경원선철도 전선개통.
1915년	12월 24일 조선광업령 공포.
1916년	10월 9일 데라우치 내각 성립. 16일 하세가와 요시미치 조선총독이 됨.
1917년	7월 31일 척식국 관제공포. 조선·대만·화태·관동주 등에 관한 사무를 관장함. 조선국유철도의 경영을 만철에 위탁. 11월 7일 러시아 혁명, 소비에트 정권수립. 9일 레닌의 〈평화에 관한 포고〉, 〈토지에 관한 포고〉. 25일 함경선, 청진—회령 간 개통. 28일 관동주·만철부속지에서의 조선은행권의 통용을 공포(12월 1일 시행).
1918년	1월 8일 윌슨(14개조) 발표. 4월 1일 화폐법을 조선에 시행. 5월 1일 임야조사령을 공포, 시행. 15일 만철, 안산제철소를 설치. 6월 7일 조선식산은행령 공포, 시행. 18일 토지조사사업 완료. 8월 2일 시베리아 출병. 3일 일본에 쌀 소동 발생. 12월 16일 광업령 개정, 외국인의 광산취득금지, 금·은·연·철·사금·사철의 광산세를 면제.
1919년	1월 18일 파리강화회의. 21일 고종 붕어. 3월 1일 3·1운동 일어남. 2일 코민테른창립대회, 9일 이집트에 광범한 반영데모. 4월 13일 인도민중의 반영집회에 영국군 발포, 사상자 약 1600명(암리차르 학살사건). 17일 상해에서 대한민국임시정부수립. 5월 4일 5·4운동, 베이징의 학생 3,000여명 시위운동. 8월 18일 사이토 마코토 조선총독이 됨. 20일 조선총독부관제 개정, 문관 총독을 인정하고 육해군통솔권의 위임을 삭제.
1920년	1월 10일 국제연맹 발족. 3월 31일 조선 태형령 폐지. 4월 1일 회사령 폐지. 8월 13일 역둔토 특별처분령 시행규칙 개정, 소작인에게 10개년 연부로 연고불하를 결정. 10월 1일 임시호구조사. 12일 훈춘 일본영사관. 조선인에게 습격당함(간도사건). 12월 31일 구한국화폐의 유통을 금지.
1921년	2월 16일 조선참정권운동 대표자 민원식 도쿄에서 피살. 5월 16일 동방회의 개최, 하라 다카시 수상·사이토 마코토 조선총독 등 참집.
1922년	1월 21일 극동근로자대회가 모스크바에서 개최됨. 4월 서울청년회 결성. 7월 일본공산당 결성.
1923년	1월 재일조선인유학생에 의한 북성회(北星會) 결성. 9월 1일 간토대지진. 2일 조선인폭동의 유언이 퍼져 조선인 학살이 시작됨. 이해에 조선에서의 소작쟁의 176건.
1924년	7월 22일 조선은행법 개정공포, 조선은행에 대한 감독권을 조선총독으로부터 대장대신에게 옮기고, 8월 29일 다시 일부를 조선총독에게 이관. 9월 1일 시행. 이해의 소작쟁의 164건.
1925년	3월 31일 만철에 철도경영의 위탁을 해제, 조선총독부 철도국을 신설. 4월 1일 조선철도국관제 공포. 4월 17일 서울에서 조선공산당 결성. 이어서 고려공산청년회 결성. 5월 30일 중국의 5·30사건 발생. 12월 4일 제1차 조선공산당사건. 박헌영 등 체포.

1926년	6월 7일 제2차 조선공산당사건. 10일 순종황제의 국장 당일 6·10 독립만세운동 일어남. 12월 25일 쇼와(昭和) 개원.
1927년	2월 15일 조선민족해방의 민족단일당으로 서울에서 신간회 결성. 4월 15일 사이토 마코토 조선총독 제네바 해군군축회의 출석으로 우가키 가즈시게 총독임시대리가 됨. 10월 1일 사이토 귀임. 12월 10일 야마나시 조선총독이 됨.
1928년	1월 제3차 조선공산당 사건. 7월 17일 모스크바에서 코민테른 제6회 대회 개최, 조선문제위원회가 열려 〈12월 테제〉 결정. 9월 14일 원산노동자 대쟁의 발생, 다음해 1월 총동맹파업으로 발전. 4월까지 78일 동안 투쟁계속.
1929년	8월 17일 사이토 다시 조선총독이 됨. 10월 24일 뉴욕주식시장 대폭락. 세계대공황 시작. 11월 3일 광주학생운동 일어남. 17일 조선의옥사건에 관해 전 조선총독 야마나시 소환·취조를 받음. 21일 대장성 금해금에 관해 성령(省令)을 공포.
1930년	9월 12일 부전강(赴戰江)에 조선 질소비료회사 수력발전소 저수지 준성. 12월 1일 지방제도 개혁.
1931년	1월 10일 조선어학회 성립. 6월 17일 우가키 가즈시게 조선총독이 됨. 7월 2일 만보산 사건 발생. 9월 18일 '만주사변' 발발 조선군 출동. 12월 31일 금 수출 재금지.
1932년	1월 8일 이봉창, 사쿠라다(櫻田)문밖에서 천황저격. 3월 1일 '만주국' 성립. 4월 15일 북한 개척사업계획 완성. 29일 조선인 윤봉길 상하이 홍구공원의 천장절(天長節) 축하식장에 폭탄을 던져 시게미츠 마모루(重光葵) 등 부상. 5월 26일 사이토 내각 성립. 10월 11일 정무총감 통첩으로 자작농지설정사업요강 발표. 10월 18일 3일간 전조선 군수, 도사를 소집하고 농산어촌진흥강습회를 서울에서 개최. 25일 정무총감으로부터 민심작흥운동에 관한 통첩을 발송.
1933년	2월 20일 면화 증산계획 발표. 3월 27일 일본 국제연맹 탈퇴. 8월 17일 조선금융조합연합회령 공포. 9월 9일 '만주사변' 이래 조선으로부터 만주에의 정부알선에 의한 최초의 이민 서울을 출발.
1934년	4월 11일 조선 농지령 공포(10월 20일 시행). 5월 30일 산미증식계획에 의한 토지개량사업 중지.
1935년	4월 30일 3일간 전조선 농산어촌진흥 관계자 대회개최, 참가자 600명.
1936년	5월 5일 만주에서 조선의 조국광복회 창립. 10대 강령발표. 8월 5일 미나미 지로 조선총독이 됨.
1937년	7월 7일 중일전쟁 발발.
1938년	4월 1일 국가총동원법 공포. 5월 10일 조선·대만·화태에 시행함을 공포.
1939년	9월 제2차 세계대전 개시.
1942년	5월 9일 1944년도부터 조선 징병제의 실시를 발표. 29일 고이소 쿠니아키 조선총독이 됨. 10월 1일 조선어학회 사건.
1944년	7월 22일 아베 노부유키(阿部信行) 조선총독이 됨.
1945년	8월 15일 일본 항복, 일본의 조선통치 종결.

옮긴이의 말

야마베 겐타로의 『日本統治下の朝鮮』은 1971년에 처음 출간되었다. 그 뒤 2008년에 다시 간행되어 지금까지 14판에 이르렀다. 이 책은 복간본을 완역한 것이다. 저자는 이외에도 『社會主義運動半生記』(1976), 『日韓倂合小史』(1966·1995), 『日本の韓國倂合』(1966·1991), 『現代史資料 社會主義運動篇 13권』(2004), 『아메리카政治史概說』(1954·55), 『코민테른의 역사(コミンテルンの歷史)』(1949), 『現代史資料 臺灣 (1)』(2004) 등의 저·역서가 있다.

저자가 활동하던 당시는 한국에 관한 망언이 빈번하게 등장하던 시기였다. 1963년 제6차 한일회담의 이케다 하야토池田勇 수상, 1965년 제7차 한일회담의 수석대표인 다카쓰기 신이치高杉晋一, 사토 에이사쿠 佐藤榮作 수상이 그 망언의 주인공들이었다. 이러한 한일회담 관련 망언이 쏟아지고 있을 때 저자는 일본에서 객관적인 시각으로 일제강점기의 역사를 서술하려고 애썼다.

2010년은 일본에 의한 한국 강제병합 100년이 되는 해다. 오늘날에는 과거사 문제를 둘러싸고 학계와 언론계를 중심으로 규명작업이 활발하게 진행되고 있다. 8월 10일에 발표된 간 나오토菅直人 총리담화는 과거 아시아의 여러 나라를 대상으로 하던 것과 달리 처음으로 한국 국민만을 대상으로 했다. 총리담화에는 식민지배에 대한 사죄, 조선왕실의궤 전달, 사할린의 한국인 귀국과 유골반환 지원 내용이 담겨 있다. 그러나 총리담화는 병합조약 체결의 불법성이나 강제성에 대한 언급을 피하고 식민지배에 대한 강제성만을 언급하여 역사 인식의 한계를 드러냈다. 1960년대 이후 일본에서 등장하기 시작한 일제의 조선 '진출' 긍정론, 한국병합 합법론은 아직도 해결되지 않고 지금까지 남아 있다.

한국정부는 일제강점기 조선총독부를 경유하여 일본으로 건너간 도서 가운데 조선왕실의궤 167권과 그 외의 도서 1,038권을 일본정부가 '반환'하기로 했다고 발표했다. 그러나 한국정부의 '반환' 주장에도 일본은 '인도'라고 하는 표현을 고집하였다. 이것은 한국병합의 강제성은 인정하지만 불법성을 인정하지 않는 정치적 입장에 따른 것이다. 문화재를 '반환'할 책임은 없지만 우호적인 차원에서 '인도'한다는 입장이다. 두 나라의 입장 차이는 1965년 한일협정 이래 근본적으로 달라진 것이 없다.

이 책은 과거 일본의 아시아 침략과 잔학 행위를 정당화하려고 고집부리는 일본 지배층의 역사의식의 한계를 생각하면서 번역하였다. 과거의 역사를 제대로 보고 배우지 않으면 그 역사에서 교훈을 찾아낼 수 없기 때문이다.

  이 책을 옮기며 원서에는 주가 없지만 필요한 곳에 각주를 달고 사진을 넣어 이해를 도왔다. 가능한 한 원서의 기본 취지와 사료적 가치를 살리기 위해 의역보다는 직역을 택했다.

2010년 12월

최혜주

색인

ㄱ

가쓰라 타로	45
간도에 관한 협약	285
간토대진재	203
고다마 히데오	152
공출미	295
광주학생운동	191, 205
구라치 데츠키치	13
국가신도	314
국민징용령	298
길회선	285
김연수	262

ㄴ

농공병진	271
농촌진흥운동	227

ㄷ

다나카 기이치	312
다카쓰 마사미치	178
다카하시 가메키치	84
대륙병참기지	267
데라우치 마사다케	15
도고 미노루	50
도우바다 세이이치	249
도평의회	153
동양척식주식회사	45
동양척식주식회사법	51
동양협회	45

ㅁ

만보산사건	251
만주사변	223
미나미 지로	223
민대식	262

ㅂ

박흥식	262
범죄즉결례	38
북선 개척	218

325

ㅅ

사노 마노부	184
사쓰마벌	312
사이토 마코토	36
사카이 도시히코	177
산금장려정책	269
산미증식계획	155, 267
3·1운동	91
샤쿠오 도호	28
선만일여	287, 293
시부사와 에이이치	54
신간회	184, 188, 211
신노농당	192
12월 테제	219
쌀 소동	155

ㅇ

아카시 모토지로	30
야나이하라 다다오	53
야마가타 아리토모	278
엔역(円域)무역	262
5·4 운동	93
오오쓰키 마사오	249
우가키	223
원산노동연합회	194
원산총동맹파업	197
6·10만세운동	181
이광수	94
이동휘	130
이마이다 기요노리	233
이사청	17
이승만	133
이치가와 쇼우이치	184
일화사변	270
임야조사사업	68

ㅈ

제2차 봉직(奉直)전쟁	225
제암리의 학살	137
조림대부제도	70
조선공산당	179
조선식산은행	78
조선어학회사건	304
조선은행법	76
조선임야조사령	69
조선질소비료주식회사	268
조선토지개량주식회사	158
조슈벌	312
중요산업통제법	269
지방금융조합령	79
지원병제도	301
징병제	301

ㅊ

창씨개명	288

ㅌ

태평양전쟁	316
토막민	241
토지조사령	61
토지조사사업	63

ㅍ

파리 강화회의	98

ㅎ

하라 다카시	110
하세가와 요시미치	55
하야시 센주로	223
한국병합에 관한 조약	19
한상룡	47
해군작업애국단	298
헌병정치	35
혈통주의	18
혼죠 시게루	223
화전민	241
회사령	52, 258
후쿠모토(福本)주의	191

일본의 식민지 조선통치 해부

초판 1쇄 발행일 | 2011년 2월 28일

지은이 야마베 겐타로
옮긴이 최혜주
펴낸이 박영희
편집 이은혜·김미선·성소연
표지 강지영
책임편집 강지영
펴낸곳 도서출판 어문학사
    132-891 서울특별시 도봉구 쌍문동 525-13
    전화: 02-998-0094 / 편집부: 02-998-2267
    팩스: 02-998-2268
    홈페이지: www.amhbook.com
    e-mail: am@amhbook.com
    등록: 2004년 4월 6일 제7-276호
ISBN 978-89-6184-067-5 93900

정가 16,000원

※ 잘못 만들어진 책은 교환해 드립니다.

이 도서의 국립중앙도서관 출판시도서목록(CIP)은 e-CIP홈페이지(http://www.nl.go.kr/ecip)와 국가자료공동목록시스템(http://www.nl.go.kr/kolisnet)에서 이용하실 수 있습니다. (CIP제어번호: CIP2011000790)

인지는 저자와의 합의하에 생략함